フィギュール彩 59

DRAGONSLAYING:
REPRESENTATIONS OF TERROR IN FILM AND LITERATURE
TOMONORI NISHIYAMA



# 恐怖の表象

## 映画／文学における〈竜殺し〉の文化史

西山智則

figure Sai

彩流社

目次

# まえがき――なぜ今「竜殺しの物語」を問うのか

闇は恐ろしくない。むしろ、恐ろしいのは光だ。こう反対《さかさま》に言うことから始めてみたい。二〇一五年に最新作『スター・ウォーズ／フォースの覚醒』が公開されたが、『スター・ウォーズ』シリーズでは「光」を表すルーク・スカイウォーカーと闇のダース・ベイダーとの「光と影の戦い」がきわだっている。しかしながら、アナキン・スカイウォーカーが悪に染まってゆきダース・ベイダーになってしまったように、光という正義はおぼつかないものである。「蒙き」を「啓く」と書く「啓蒙主義〈Enlightenment〉」は、闇を光《ライト》で照らすという意味だが、イギリスがアフリカを植民地化してゆく帝国主義、アメリカが新大陸を開拓してゆく西進運動などにおいて、現地にいた住人たちは啓蒙化のもとに迫害されてきた。時代を遡ってゆくと、こうした異民族抹殺は英雄が竜を退治した物語としてかたられ、その迫害が正当化されてきたことがよく見えてくる。竜を殺した側がかたる光の「ものがたり」である。だが、何かを「語り」直すときに、そこには語り手の主観が入り、必然的にそれは「騙り」となってしまうことは言うまでもない。こうした光による啓蒙の構図は、二代にわたるジョージ・ブッシュ大統領がフセイン独裁政権という悪を退治し、民主主義を樹立しようとしたイラク戦争にも健在だろう。いわば「聖《セイント》ジョージの竜退治」の現代版だ。

考えてみれば、究極の光の兵器とは原子爆弾だろう。原爆投下直後のトルーマン大統領による公式声明では、「原爆は宇宙の根源の力を利用したものであり、太陽からひきだされたこの力が、極東に戦争をもたらした者に放たれたのである」と述べられていた。太陽の力を背負ったアメリカが、闇の日本を成敗するという図式である。しかしながら、太陽の光にたとえられた閃光が、広島と長崎を殲滅したことに変わりはない。しかも、その光は地面に人間の影を焼きつけたのだった。これは映画の原理と同じだ。映画は映写機の強烈な光でスクリーンにフィルムの影を「投影」するものである。そして、映画の「銀幕《スクリーン》」には我々の深層に「隠蔽《スクリーン》」されてきた欲望や恐怖が投影されてきた。かつて「竜退治」は神話や叙事詩などでかたられてきたが、近代では小説や映画によって竜が形をかえて再現されている。近代に成立したため神話のないアメリカは、神話の代わりに映画を使って国家を固めてきた。「映画国家《フィルム・ネーション》」となったアメリカは、映画という光の武器を使ってスクリーンに敵の歪められた姿を映し直して、「竜殺し」を繰り返してきたのである。たとえば、黒人がいかに悪のステレオタイプとして、映画に登場してきたかを思いだせばよいだろう。恐怖を形にして封じ込めるのが、「竜殺しの物語」なのだ。

こういえば、なぜ恐怖の君臨する現代に「竜殺しの物語」を再考するのか、この問いに少しは答えたことになるだろうか。恐怖の表象としての竜とは、かつて人類を脅かした蛇、鷹、豹などの敵の姿を混ぜ合わせたものである。だからこそ竜は、手足があっても蛇のようで、かつ、翼までもそなえている。だが、敵とは最初からそこにいるものだけではなく、我々ではない他者として、必要に応じて捏造される存在でもある。共通の敵をつくることで、我々は団結するのだ。敵には嫌悪する自己の負の部分が投影されることがあるが、それならば、敵の集合体である竜もまた、我々の影だと呼べるのかもしれない。そして、八岐大蛇《やまたのおろち》退治のように、敵対する集団を制圧したとき、それは竜退治の形で語《かた》／騙られてきたのである。神話などで抹殺されてきた竜は、現代に形を変えて再生している。たとえば、白鯨、ホオジロザメ、ゴジラ、甦る女マデライン、黒猫プルート、ドラキュラ、吸血鬼ルーシー、貞子。竜の末裔であるこの怪物たちは、その口をひらいて覇権を握ってきた男たちを飲み込もうとする。文化には体制を維持しようとする保守的な力、それを攪乱しようとする転覆的な力、二つの力が拮抗している。とりわけ、体制に挑むゴシック小説は、復讐する他者たちの脅威を見せつけ、悪を抹殺する側にひそむ悪を暴いてきた。本書ではそうした二つの力のせめぎあいを眺めてみたい。

人間の恐怖の表象が竜ならば、それは時代に応じて形を変えることだろう。ひょっとすると、現代の竜とは、黒づくめで覆面に姿を隠したテロリストたちかもしれない。「テロ」はむろん「恐怖」を意味するが、人間の恐怖を煽るテロリストたちを殲滅しようと、イスラム圏は空爆の光に包まれている。本書が扱うのは竜そのものの形ではなく、時代の不安や恐怖が形にされた竜を殺すことで、その恐怖を克服してきた「竜殺し」の変形である。敵がいかにつくりだされ排除されてゆくのか、そして、それがいかに語《かた》／騙られてきたのかという「竜殺しの物語」を分析してみたいのだ。本書はもともと関西学院大学英米文学会の大学紀要『英米文学　第四八巻第一・二号』(二〇〇四年)に、「アメリカン・ドラゴン・クエスト」というタイトルで掲載した小論を大幅に膨らませたものである。十年以上も「眠っていた竜」をぜひともくすぐり起こしたいと思ったのは、二〇一五年の夏に安倍政権による安保法案が強行採決されたことが大きい。いわば日本がアメリカと同盟を組んで、「テロ／影との(終わりなき)戦い」という「ドラゴンクエスト」に参加するかもしれないという不安からだ。こうした恐怖の時代にこそ、「竜殺し」が最も頻繁になされるだろう。だから今こそ、「竜殺しの物語」を考え直してみたい。そう、僕はかつての小論が再び甦ることを願ったのである。できるだけ批評用語は使わず、簡潔に書いたつもりである。小説からの引用は主に僕が訳してみた。読者の方々に僕の語／騙《かた》りを楽しんでいただければ幸いである。最後にメアリー・シェリーの『フランケンシュタイン』の有名なあの言葉をあげておこう。

醜い我が子よ。世に出てゆけ、そして栄えよ。

# 序説　恐怖／テロ／ポーの世紀――絶望の国

人類の最も古く最も強烈な感情は恐怖である。
H・P・ラヴクラフト『文学における超自然の恐怖』

# 第一章　エドガー・アラン・ポー／江戸川乱歩の世紀
## ――悪夢のなかの日本

二〇一五年の一月二〇日、後藤健二と湯川遥菜の二名がイスラム国を名乗るテロリストによって拉致され、二人の映像と共に二億ドルが要求されるという邦人拉致事件は、日本を恐怖に陥れた。そして、この二名の日本人は「恐怖の捕囚体験」から生還することはなかった。「殺人映画《スナッフ・フィルム》」のような不気味な映像が配信され、「闇の力」を見せつける黒い覆面《ヴェール》のテロリストは、これから日本が恐怖に怯え続けることを予言したのである。「安倍、勝ち目のない戦争に参加するというお前の無謀な決断のために、このナイフは健二を殺すだけでなく、お前の国民がどこにいようとも、虐殺をもたらすだろう。日本の悪夢が始まったのだ」と。また、二〇一五年の一一月一三日の金曜日にパリ同時多発テロが起こり、バタクラン劇場では皮肉にも「イーグルス・オブ・デス・メタル」というバンドのライブ中に、イスラム国のテロリストが自動小銃を乱射し、九十名近くの観客が死亡する。パリ同時多発テロは、難民にまぎれて入り込んでくるテロリストの脅威をつのり、移民流入にたいする警備が強化されることになる。イスラム国を殲滅するために、いっそう徹底的な空爆もなされる。しかしながら、はたして恐怖は消えるのか。むしろ、さらなる恐怖に進化して回帰してこないのか。

恐怖はたえず新しい姿に更新されて、我々につきまとう。同時多発テロの脅威はオサマ・ビンラディンという一人の「存在《モンスター》」へと凝縮されていた。そして、その十年後の二〇一一年五月三日、隠れ家に米国の特殊部隊が突入し、ビンラディンは抹殺されたのだった。ビンラディンが「形《かお》のある恐怖」だとすれば、イスラム国のテロリストたちは「形《かお》のない恐怖」となる。イスラム圏は連日の空爆の閃光に包まれているが、顔のないテロリストたちは増殖することをやめない。光をあてればあてるほど、影が濃くなるように。人類は恐怖に形を与えることで恐怖を封じ込めてきた。第一部第二章で論じるように、人類が恐れを抱いてきた敵が「投影《プロジェクト》」されて「影」になったもの、それが竜である。蛇、鷹、豹などの敵の「恐怖《かげ》」を集めれば、竜になるのである。映画もまた光を照射してスクリーンに影を映しだす「投影《プロジェクト》」の装置だ。竜を殺すことで人間は恐怖の克服を試みてきた。そして、それを竜退治の物語のもとに語《かた》／騙《かた》ってきた。スティーヴン・キングの最高傑作『IT』（一九八六年）では、子供たちが恐れるものに姿を変える怪物が下水道にひそむが、竜が過去のものになった現在、恐怖の表象として竜は様々なものに形を変える。たとえば、巨人に、ゴジラに、エイリアンに、そしてテロリストに。本書では竜そのものを扱うのではなく、形をかえゆく竜退治のことを考えたいのだ。

ここでふと思いだしたファンタジー小説がある。米国作家アーシュラ・K・ル＝グィンの『ゲド戦記』の第一巻『影との戦い』（一九六八年）だ。宮崎吾郎が監督として第三巻の『さいはての島へ』を原案に映画化し、「かつて竜と人間はひとつだった」というキャッチコピーで竜の映像を見せたのは、二〇〇六年のことでまだ記憶に新しい。ル＝グィンの『影との戦い』において、ゲド少年は魔法で自分の影を呼びだしてしまい、ずっとその影につきまとわれてしまう。ゲドがその影から逃れることができるのは、影を抹殺するのではなく、影のことを自分の名前で呼び、それを自分だと認めて「ひとつ」に「統合」することによってであった。心理学者カール・ユングは、「影《シャドウ》」とは嫌悪する自己像であり、それを自分の一部だと認めることを説いたが、ゲドは自分の負の部分を認めたのである。こうした影との対決は古くから現在まで存在するテーマであり、二〇〇九年のゲーム大賞を受賞したプレステ2用RPGソフト『ペルソナ4』でも、深夜に自分の顔を映したテレビから現われる「シャドウ」という怪物が起こす事件を、主人公が解決することになるという話が展開する。「テロとの戦い」が「影との戦い」であるように、影の問題は現代でも重要なテーマだ。

同時多発テロ後の二〇〇三年の一一月一四日、映画監督マイケル・ムーアは、「アメリカは多くのモンスターを創造した……モンスターが狂気に走り人間を虐殺したとき、アメリカは驚愕し、そして、知らないふりをするのである」と、自分のウェブサイトに書いていた。かつてのソ連南下にそなえ訓練されていたビィンラディンは、アメリカが誕生させたフランケンシュタインの怪物だとも考えられ、創造主に反逆する存在なのである。イスラム国のテロリストたちもまた、欧米諸国のグローバリゼーションによる貧困問題や宗教紛争が生み落としたのならば、それはゲドが呼びだした自分の影にもひとしい。アメリカは影を呼びだし続け、それに苦しめられる。影の追跡は第三部第三章でポー文学についても論じるが、「影との《テロ》(終わりのない)戦い」にあけくれることになったのが、現在のアメリカである。同時多発テロで幕をあけた二一世紀は「テロの世紀」である。「テロ」は「恐怖」を意味するのだから、それは「恐怖の世紀」だろう。連日テロについての報道がなされ、我々は「恐怖《テロ》」のことに思いをはせずにはいられない。恐怖の表象である竜殺しを考える意味もそこにある。そんな「恐怖の君臨」する「テロの世紀」は、世界じゅうで最も恐怖を追及し続けた「エドガー・アラン・ポーの世紀」になるのかもしれないのだ。

関西学院大学の英文科にてゼミの指導教諭であった大井浩二先生のもとで卒業論文のテーマに選んだ一九九二年以来、二十五年にわたってずっと僕はポーとつきあってきた。とにかく今世紀はポーが喜びそうな時代だ。フランシス・フォード・コッポラ監督の『Virgina／ヴァージニア』（二〇一一年）は、ポーの「鐘楼の悪魔」を題材に、吸血鬼らしき「V」という名の少女が絡むミステリー映画である。かつてポーが滞在した歴史があり、七つの盤面がある時計台がそびえ、過去に牧師が一二人の子供を惨殺した街を訪問した小説家に、幻想のなかで小説について教えを施すポーの亡霊が登場している。「恐怖の君臨」する「テロの世紀」は「ポーの世紀」である。人間の恐怖を吸いとって「ポーの子供たち」は、数限りなく生み落とされ続けるのだ。商品を流通させるためのブランドとして、使い続けられる亡霊となって市場をさまようポー。恐怖が人間の欲望の商品として流通する限り、ポーの亡霊が安心して「使い切った男」となり、この世から消え去ることは「けっしてない」。

　二〇一五年はポーの「分身的存在《ライバル》」になろうとした日本のエドガー・アラン・ポーこと、江戸川乱歩の没後五〇周年であった。この年には「人間椅子」「芋虫」『パノラマ島奇談』などの設定を使い、明智と二十面相の戦いを描いたTVアニメーション『乱歩奇譚 Game of Laplace』、グラビア・アイドルの祥子が主演した窪田将治監督の『D坂の殺人事件』などが映像化されている。「明」るく「治」めると書く「明治」から後に、西洋に「なりすまし」その文化を「模倣」する日本において、探偵の理性が奇怪な謎を「解明」し、混沌とした闇の世界を「統治」する推理小説は、重要な文学ジャンルであった。「模倣」するポーなどの「影響の不安」に怯えながらも、時代の寵児「明智小五郎」を活躍させる江戸川乱歩は、積極的に推理小説を借用し、西洋の作家たちに肩を並べようとするひとりだった。世界初の探偵小説だといわれるのはポーの「モルグ街の殺人」(一八四一年)であり、モルグ街の密室において母娘が惨殺され、その犯人は部屋に侵入したオランウータンであったという密室殺人のトリックが使われた。日本なりの推理小説を成立させようとする乱歩もまた、天井裏や床下につながった空間があり密室が成立しがたい日本建築において、密室殺人のトリックに挑戦し、明智小五郎が初めて登場する「D坂の殺人事件」(一九二四年)を執筆したのである。

D坂にある古本屋の奥の障子で仕切られた部屋でその妻が絞殺されるが、出入りしたはずの犯人の姿が発見されることがなく、密室殺人が起こる。古本屋のある安長屋の奥の方は縁側があって、庭と便所になっており、「夏のことで、あけっぱなしだから、すっかり、見通しなのだ」といわれるきわめて開放性の高い日本建築において、密室殺人のトリックが可能かどうかを「D坂の殺人事件」で乱歩は実験したのである。「君はポーの『ルー・モルグ』やルルーの『黄色い部屋』などの材料になった、あのパリの Rose Delacourt 事件を知っているでしょう」と明智が問い、「そうですね。じつに不思議ですね。よく日本の建築では外国の探偵小説にあるような深刻な犯罪は起こらないなんていいますが、僕はけっしてそうじゃないと思いますよ」と語り手が答えている。「読者諸君、諸君はこの話を読んで、ポーの『モルグ街の殺人』やドイルの『スペックル・バンド』を連想されはしないだろうか。つまり、この殺人事件の犯人が、人間ではなくて、オランウータンだとか、印度の毒蛇だとかいうような種類のものだとか想像されはしないだろうか」と語り手は問う[四七頁]。しかしながら、この殺人は陰謀うごめくものではなく、SM趣味に耽溺した男女の間に起きた事故にすぎなかった。

「D坂の殺人事件」において密室殺人を描いたその二年後、それとは逆に、パノラマという広大な空間の恐怖を乱歩は描いた。ポーの「アルンハイムへの道」を下敷きにした『パノラマ島奇談』（一九二六年）である。財閥の死亡した当主になりすました人見広助は、その財力で孤島に奇怪な人間たちの溢れる悪夢の楽園をつくりだすが、明智小五郎に見抜かれて、花火もろとも打ちあげられバラバラになって爆死する物語である。一八九〇年の上野に日本初のパノラマ館が開園して以来、異国や戦場の風景のスペクタクルを見せつけるパノラマは、中国へ欲望のまなざしをむけ「膨張」をたくらむ日本の植民地主義を煽ってきた（「海は広いな、大きいな……海にお船を浮かばして、行ってみたいな、よその国」と、唱歌「ウミ」が文科省発行の『ウタノホン』に掲載されたのは一九四一年のことである）。人見広助はパノラマ館の印象をこう述べる。「一度パノラマ館の中へはいると……広々とした満州の平野が、遥か地平線の彼方までも打続いているではないか。そこには見るも恐ろしい血みどろの戦いが行なわれているのだ」［二七一頁］。乱歩が描いたパノラマ島とは、当時パノラマ装置が広大な領土への欲望を煽った満州国の恐怖の表象にほかならない。『パノラマ島奇談』は、男と女を結合させたシャム双生児などの奇形人間をつくりだすという『孤島の鬼』をミックスして、石井輝男監督のカルト映画『江戸川乱歩全集――恐怖奇形人間』（一九六九年）として映画化されている。

乱歩文学にはフリークスに変形した人物たちが跋扈する。『孤島の鬼』のフリークスを人工的につくりだす医者は、一九二五年から優生学が導入され、人種の改良が唱えられていた時代の陰画だと考えることもできるし、犯罪者を動物に退化した人間だと定義したチェーザレ・ロンブローゾの犯罪人類学の着想を使ったのは『人間豹』（一九三四年）である。身体の変形ではないが、「人間椅子」（一九二五年）の主人公も精神的フリークスに位置づけられるだろう。自分の醜い容貌を恨むこの男は、製作した椅子の内部にひそみ、そこに座る女性のことを想像しながら身体の感触を楽しみ、母胎回帰にも似た安堵感を憶えていた。パノラマ的な広大な空間でなく、椅子内部の密室に隠れた男は、時折そこに座る外国人の身体の感触に思いをめぐらせるが、それは西洋コンプレックスに襲われている大正の日本人の姿かもしれない。また、内部からナイフを突き立てることを想像する点は、現代的なひきこもりにも通じ、「密室化する日本」を思わせないわけでもない。そして、一九九五年より人々を熱狂させた庵野秀明監督の『新世紀エヴァンゲリオン』において、母の身体が溶けた汎用人型決戦兵器エヴァの初号機に膝をかかえた胎児のような姿勢で乗り込み、母胎回帰に浸る碇シンジのことも連想されたりするのである。

江戸川乱歩のフリークスたちは、時代の悪夢を映しだす身体である。植民地への欲望によって日本の領土が拡大してゆき、やがて戦争へと向かってゆく「恐怖の時代」を乱歩は予言しようとした。日露戦争によって手足を失った兵士のグロテスクな顛末を描いた「芋虫」(一九二九年)は、戦争と乱歩の嗜虐趣味が結びついたグロテスクの極みである。だが、安倍政権にはこうした想像力が何と欠けていることか。恐怖を煽るのではなく、恐ろしがるという想像力が。二〇一〇年に若松孝二監督は、舞台を日中戦争へとずらして、「戦車《キャタピラー》」を連想させる『キャタピラー』という題名で「芋虫」を映画化した。日中戦争で負傷した黒川久蔵は両手両足を失い、耳は聞こえず言葉も喋れない「芋虫《キャタピラー》」のような畸形になり、妻に看護される身となる。食べては寝て性行為だけを求める久蔵を妻は虐待し始める。中国では無力な娘たちを強姦した久蔵だが、今度は自分が文字通り「性の慰みもの」として妻に責めさいなまれるのだ。迫害されてきた弱者による復讐である。第七部第二章で見るように、『四谷怪談』（一八二五年）から『リング』（一九九一年）まで、女たちの復讐は終わることがない。

江戸川乱歩の「芋虫」からは、ポーの「使い切った男」（一八三九年）が連想されはしないのか。インディアンとの戦争で負傷したジョン・スミス代将は、完全無欠な身体の英雄として賛美されている。だが、その身体には謎の雰囲気が漂っていた。やがて、スミス代将がインディアンとの戦争で手足を失った「得体の知れないもの」になっているフリークであり、普段は不足部分を機械で補綴し、完全無欠な身体へと「変装」している、いわば「半機械人間《サイボーグ》」であるという謎が解明される。『白鯨』の白鯨に喰いちぎられた足に義足をつけたエイハブ船長、『スター・ウォーズ』の切断された手足を機械で補綴し、大火傷した顔をマスクで隠すダース・ベイダーと、本書でも「半機械人間《サイボーグ》」のフリークスは登場するが、「芋虫」は「使い切った男」を乱歩なりに「変奏」させ、戦争を批判した作品だったのかもしれない。ＳＦ映画『アバター』（二〇〇九年）や『バトルシップ』（二〇一二年）などには、戦争で足を負傷した兵士が現われ足の障害を克服しようとするが、米国経済を支えた二本の脚である世界貿易センタービルが崩壊し、その報復としてのイラク戦争以後、アメリカでは障害をもつ帰還兵が目立ってきている。安保法案が可決した日本で、こうした傷痍軍人が溢れないことを願ってやまない。

# 第二章　密室化する身体／国家——穢れ、POV映画、虚構と現実

日本において安全のための軍事的法整備が「粛々」と進んでいる。ポーや乱歩が見せつけた「恐怖の世紀」に、突入しているかのような気がしてならない。まだテロリストの侵入という恐怖こそ日本ではないが、そのかわりに、様々なウイルスの侵入に怯えている。ノロウイルスや鳥インフルエンザ、二〇一四年の夏にはデング熱が日本でも流行が懸念された。代々木公園などで蚊という「寄生虫」の徹底的な駆除が実行され、デング熱の「封じ込め」が成功したのである。二〇一五年夏には、MERS（中東呼吸器症候群）が襲来するという「マーズ・アタック」的事態も心配され、ティム・バートン監督の火星人襲来のパロディ映画『マーズ・アタック』（一九九六年）のような事態が到来していた。また、西アフリカでのエボラ出血熱のパンデミックは、日本を、そして、世界を震撼させた。ペットとして密輸された猿が疫病で米国を崩壊に近づけるダスティン・ホフマン主演の映画『アウトブレイク』（一九九五年）は、エボラ出血熱の脅威を反映させた映画だが、まさしく映画的状況が二〇一五年に展開する可能性があったのである。

エボラ出血熱の流行時に、ポーの「赤死病の仮面」（一八四二年）のことが頭をよぎった。「赤い病」が国じゅうを襲い、生き残った人間たちは僧院に閉じこもる。この病になれば、体内の穴から出血が始まり体が溶解して、真っ赤な斑点が体や顔を覆ってしまう。ポーのいう「赤い病」とは、一八三〇

年のインディアン強制移住政策で、保留地へと隔離されつつあったインディアンとの混淆を意味していたのかもしれない。後の東西冷戦期には「赤い病」は、『絶対の危機』(一九五八年)の人間を食べて巨大化する赤いアメーバ、地球に赤い草をはびこらせる火星人襲来を描くH・G・ウェルズの一八九八年の小説を映画化した『宇宙戦争』(一九五三年)のように、アメリカ全国内に広がる「共産主義《アカ》」の脅威を意味するようになってゆく。「赤死病の仮面」では、「密室」であるはずの僧院にも赤死病が入ってくる。密室における恐怖をポーはしばしば描いてきた。第三部第三章でも触れるように、「モルグ街の殺人」の密室殺人は、その典型だといえる。この密室で起こる惨劇は、現在、ほんの少し前に日本を覆っていた恐怖ではないのか。たとえば、福島第一原発事故において、原発という絶対であるべき密室が崩壊したのである。ちなみに、長井彬の推理小説『原子炉の蟹』(一九八一年)では、原発という完全密封された空間で殺人事件が起こるが、情報が隠蔽された陰謀渦巻く原発という建物自体が、もとより二一世紀の最大の「謎/ミステリー」のひとつであったのかもしれない。

ゼロ年代には「空気を読めないこと」を意味する「KY」という言葉が流行語になり、空気が意識され、福島第一原発事故前後からマスクをつける人たちが目立ち始める、言うなれば「マスクのパンデミック」が勃発している。この「身体の密室化」ともいえる現象にたいして、フェイスブックやツイッターなどによって私生活を投稿し心境を告白する「精神の露出化」が起こっている。そもそも江戸時代の「穢」が「多」いと書く「穢多非人《えたひにん》」という差別構造があったためか、日本は穢れに敏感な文化だった。入浴にこだわる日本では、「湯」をテーマとした映画も製作されている。トンネルを抜け異世界にきた千尋が銭湯において働くことで自分を取り戻す『千と千尋の神隠し』(二〇〇一年)では、

(図1)『希望の国』防護服で身を固める妻

外には黴菌がいると怯える「ひきこもり」の表象である「ボウ」というキャラクターが登場し、千尋が悪臭を放つ腐れ神の体を洗うと、それが竜神に変身するという光明皇后の物語も反復された。また、古代ローマの建築技師が現代日本にタイムスリップする『テルマエ・ロマエ』(二〇一二年)において、日本の温泉文化が疲弊したローマ帝国を救うように、主人公たちは湯によって自己を再生させるのである。

また、東日本大震災を扱った園子温監督の『希望の国』(二〇一二年)では、原発事故が勃発し、自宅の敷地内に危険区域との境界線がひかれ、立ち入り禁止の柵が建てられた家庭が崩壊してゆく。妊娠した妻は放射能恐怖症となり、部屋の隙間をガムテープでふさいで、人目もはばからず防護服で通院しだすようになるのだ。穢れを恐れる妻は「見えない弾やミサイルが飛びかっている」といい、「これは(見えない)戦争だ」と断言する(図1)。夫はそんな妻に手を焼く。部屋の隙間を埋めようとすればするほど拡がる、夫婦の心の隙間。それはただ一本の境界線のためだった。県という行政上の分割ではなく、「穢れ」と「清浄」を分ける奇妙な線。『希望の国』はこの境界線の不条理を映しだすのだ。ちなみに、東日本大震災で津波が襲来した二〇一一年、竜巻大国アメリカでは、ジェフ・ニコルズ監督の『テイク・シェルター』において、竜巻がくると信じて警告して廻り、財産をつぎ込み地下にシェルターを建築する夫の恐怖が描かれている。「ノアの箱舟」を連想させる映画だが、雨が降りだした夜、竜巻がきたと考える家族は、地下シェルターの密室に立てこもる。しかしながら、翌日、扉を開け外にでてみると、何も変わらない朝の風景が待っていた。

福島第一原発事故は、放射能という「見えない穢れ」を意識させた。清潔で安全な「密室」であるべき原発の崩壊である。だが、中央が地方にいかに危険なものを背負わせてきたのか、それを鮮明に見せつけることになった。そもそも、東北は大和政権に抵抗した「蝦夷《えみし》」といわれる異民族の土地だった。国家を統一した徳川幕府は、敵がいなくなっても徳川家康が「征夷大将軍」を名乗ったように、この称号を重要視したが、しばしば、蝦夷征伐も鬼退治などの物語として語《かた》/騙られてきたのである。七四五年に奈良の東大寺に建立された金メッキの大仏は、悪霊を鎮めて都《みやこ》を明るく輝かせる権力の象徴とされたが、逆に東北からは大量の金が流出することになる。この構図は、東京都を明るく輝かせるために、地方に置かれた原発のエネルギーが首都に流入され、廃棄物だけが残される構図と重なるのである。原発では下請けの「見えない労働者」たちが被爆を前提とした作業に従事していたが、除染が必要となった福島の土地において、かつて鬼として征服された蝦夷たちの慟哭が東から今でも聞こえてきそうな気がする。そして、米軍基地問題に揺れる沖縄からも同じ怨みの声が。南方からきたゴジラの「咆哮」のように。迫害されてきたものたちの「咆哮」はやむことがない。

「マスクのパンデミック」が巻き起こる日本において、インフルエンザなどの病源体、花粉、放射能などの異物が侵入してくるという恐怖に人々が戦慄している。だが、この「空気恐怖」の背後には、竹島・尖閣諸島の国境を越えて、日本に敵が侵入してくるという「他者恐怖」も重なりはしないのか。外から入ってくる疫病は、外と内を区別する「想像の免疫体（Imagined Immunities）」をつくりだし、国家という「想像の共同体（Imagined Communities）」の再強化に向かうことになる。たとえば、外と内を区別する境界線を犯そうと、他者が侵入してくるという「領土の物語」が好んでつくりだされるのだ。そして、領土が盗まれるかもしれない脅威を、まざまざと見せつけることになった禁断の映像流出事件があった。二〇一〇年九月七日の尖閣諸島における中国漁船の衝突事件のことである。日本の領海に侵犯してきた中国漁船が、警告のサイレンが鳴り響くにもかかわらず、日本の巡視船に体当たりをかけて破損させた映像がネットにアップされ、人々の間に流出したのである。しかも、この流出行為を行なったのは、憂慮すべき事件を公表しなくてはならないと考えた海上保安官であった。

この中国漁船による尖閣侵犯映像を見ていると、どこか最近流行しているＰＯＶ映画を見ているような錯覚を起こしてしまう。「ＰＯＶ（Point of View）映画」とは、登場人物が手持ちカメラの一人称視点から映画を撮影し、映画が実際に撮影された本物のＶＴＲだとする映画形態のことである。ＰＯＶ映画の誕生として重要なのは、ダニエル・マイリック監督の『ブレア・ウィッチ・プロジェクト』（一九九九年）だろう。魔女がいるという森でドキュメンタリーを撮影していた男女が行方不明になり、発見された秘蔵フィルムが公開されるとインターネットで宣伝することで、「真実のフィルム」だと観客に信じ込ませて大ヒットにいたる。そして、現実が映画化したような同時多発テロ以後、アメリカ国防省が極秘保管していたＶＴＲが発見され、そこには、謎の巨神兵のような怪物がニューヨークの都市を破壊する様子が撮影されていたとするマット・リーヴス監督の『クローバーフィールド――HAKAISHA』（二〇〇八年）をきっかけに、「ＰＯＶ映画のパンデミック」が始まる。禁断の映像が公開される本物だという「構造《かたり》」のＰＯＶ映画だが、それを現実だと錯覚する人間は少ないだろう。むしろ、「記録への欲望」を揶揄し、現実と虚構の「間」を楽しむ感覚が生まれているのかもしれない。禁断の映像としてネットに流された中国漁船衝突の記録映像は、きわめてPOV映画的な枠組みであったがゆえに、リアリティを増し、よりいっそう衝撃的ではなかったのだろうか。

低予算で撮影ができて雑音が入り揺れる粗雑な映像がリアリティ感覚を増すからか、POV映画は大流行している。発見された禁断のフィルムが公開されるというPOV映画の構造は、ゴシック小説の古典的な語《か》／騙《た》りの流れを汲むものである。ホレス・ウォルポールの元祖ゴシック小説『オトラント城』(一七六四年)は、この物語が英国北部のカトリック教徒の書斎で発見された古文書だという設定だし、ポーも「壜の中の手記」(一八三三年)で、難破船に乗った筆者が綴った手記が壜に入れられて漂着したという枠組を使い、虚構と現実の境界線の撹乱を狙っていた。虚実を撹乱させ、本当にあった物語だとするゴシック小説の禁断の書物という構造にたいして、英国女流作家ジェーン・オースティンは、ゴシック小説のパロディ小説『ノーサンガー・アベイ』(一八一七年)において、ゴシック小説を愛好するキャサリンが、幽霊のでそうな「古い屋敷《ノーサンガー・アベイ》」を散策し、鍵のかかった長持に文章の束を見つけるが、それは秘密を記した古文書でもなく、たんに女中が忘れた請求書の束だったというエピソードで、ゴシック小説の仕掛けを嘲笑している。

二〇一六年には、小野不由美の疑似ドキュメンタリー・ホラー小説『残穢《ざんえ》』(二〇一二年)が映画化され、『ほんとにあった！ 呪いのビデオ』(一九九九年)シリーズを演出した中村義洋が監督を務めている。怪異現象を収集している怪談雑誌の作者の「私」に読者から奇妙な音がする幽霊マンションについての手紙が届き、その地所を調べてゆく。家が取り壊され「更地」になり、またさらに家が建てられるという歴史を遡ってゆくと、「ウイルスが増殖していく……ように増殖し、汚染が広がっている」という土地に染みつく死の穢れが浮かびあがる〔二五六頁〕。この『残穢《ざんえ》』の原作は、怪談作家の平山夢明、評論家の東雅夫、都市伝説収集家の木原浩勝などの実名も持ちだされ、現実と虚構の間《あわい》を攪乱させる「疑似ドキュメンタリー」の形を取った。だが、「私」が調査を続け過去に遡ると、次々に因果の糸がたぐられてきりがなく、その確信的な原因の遡及を断念して、物語は閉じられることになる。「起源」のない恐怖。それは封じ込めることができない。隙間を恐れるあまりゴミを隅々まで詰め込んだゴミ屋敷が描かれ、穢れの原因にひとつに炭鉱事故のこともあがる『残穢《ざんえ》』において、穢れに感染した土地は、福島第一原発事故で放射能汚染された土壌のことも連想させはしないか。三津田信三の小説を映画化した『のぞきめ』(二〇一六年)でも、隙間から覗いてくる「のぞきめ」を恐れて部屋じゅうにガムテープを張った密室が描かれ、被害者の口からは土がこぼれ落ちる。虚構と現実は本書が扱うテーマでもあるが、国土が放射能汚染されるというありえないSF的事態を迎え、様々な穢れに怯える日本において『残穢《ざんえ》』は異様なリアリティをもって迫ってくる。

# 第二章　壁のなかの領土——『進撃の巨人』と『寄生獣』

平和なはずの日本に、言いようのない不安が重く垂れ込める。『エヴァンゲリオン新劇場版Q』（二〇一二年）と同時上映された短編映画『巨神兵東京に現わる』において、庵野監督は、東京の都心上に巨神兵が浮かぶ空を見せつけ、終末観を見事に映しとっていた。『風の谷のナウシカ』（一九八四年）において、巨神兵は核兵器の隠喩として世界を焼き尽くしていたが、巨大な円盤のように空に浮かぶ巨神兵は、何かが空を飛んでいる不気味な上空を見せつけ、ただならぬ終末観を醸しだしていた。そして、二〇〇九年から連載中の諫山創のコミック『進撃の巨人』が、劇場アニメーション版、実写版と二〇一五年に劇場公開され、そこでは、人間を捕食する巨人たちから逃れ、壁に囲まれた領土の格差社会のなかで生活する人類と巨人との「戦争」が展開するのである。『進撃の巨人』において、スペイン宮廷画家ゴヤの『我が子を食らうサトゥルヌス』やその弟子が書いた『巨人』を思わせる、巨人が人間を喰らう「食人行為《カニバリズム》」を観客は目撃することになる（図2）。

（図2）ゴヤの弟子による『巨人』

巨人伝説は古代より世界じゅうに存在する。二〇〇七年にロバート・ゼメキス監督が映画化した一〇世紀末の英文学最古の叙事詩『ベオウルフ』は、勇者ベオウルフが領土を荒らす巨人グレンデルや火を吹く竜と戦うという物語だが、ベオウルフに腕をもぎとられた巨人グレンデルの母親が復讐にやってくる。怪物が切り取られた腕を取り戻しにくるという物語は、日本の愛宕山の鬼退治などでも反復されるものである（こういった意味では、巨人退治とはじつは女退治であり、女性原理の抑圧の寓話なのかもしれない）。そもそも、長谷川一夫・市川雷蔵主演の『大江山酒呑童子』（一九六〇年）でも、鬼や土蜘蛛が朝廷に反目する集団の妖術がつくりだしたものだったように、鬼退治とは権力者が抵抗勢力を制圧したことを正当化するために、怪物退治にして語《かた》／騙《た》り直したものである。「鬼畜米英」のスローガンのように、たがいに敵を鬼と呼びあうことは戦争ではよくあることだ。日本初の長編アニメーション『桃太郎の海鷲』（一九四三年）は、桃太郎を隊長とする機動部隊が鬼ケ島を奇襲するもので、戦意高揚を狙っていた。いっぽう、戦時下で中国人は日本人のことを「日本鬼子《リーベン・クイズ》」と呼んだが、松井稔監督の『日本鬼子《リーベン・クイズ》』（二〇〇一年）は、元皇軍兵士一四名が大戦時に中国で行なった虐待行為をかたり直すというドキュメンタリーである。こうした鬼退治の構図は、「鬼」という追うもの、「子」という逃げるものという「役割《ロール》」を交代しながら演じる「鬼子《おにご》っこ」に継承され、無意識に我々を権力と排除の構図に順応させ、なおかつ、それを遊戯《ごっこ》にすることで無効化しているのかもしれない。

巨人とは人間の不安が投影されて生まれてくるものである。第六部でとりあげるように、吸血鬼が大英帝国に侵略してくるという『ドラキュラ』（一八九七年）を書いたブラム・ストーカーは、「見えない巨人」（一八八一年）という短編も書いている。荒廃した国に、ひとりだけ巨人の姿を見ることができる少女は、高い塔がそびえる街の向こうの空に、巨大な影が腕を伸ばしてくるのを目撃する。街の人々は嘲笑うだけで、彼女の警告には耳を貸さない。やがて人々は疫病に倒れてゆくのである。口承文化豊かなアイルランド出身のストーカーの母親は、一八三二年のコレラの大流行、一八四七年のアイルランド大飢饉のことを息子に話しており、疫病の脅威が巨人の姿で表象されたといえる。このストーカーの「見えない巨人」は『進撃の巨人』と似ていなくもない。やがて核戦争の脅威に震える東西冷戦期には、放射能が蜘蛛などを巨大化させるSF映画が量産されてゆく。また、そのいっぽうで放射能の影響で朝鮮戦争に従軍した陸軍中佐が巨人へと変身し街を破壊する『戦慄！ プルトニウム人間』（一九五七年）では帰還兵のトラウマが、エイリアンの光線によって夫に騙されてきた妻が巨大化する『妖怪巨大女』（一九五八年）では蹂躙された妻の憎しみが、それぞれ苦悩する巨人の姿で示されていた（『戦慄プルトニウム人間』の帰還兵の苦悩は、人々に冷遇されたベトナム帰還兵ランボーが筋骨隆々の巨体で街を破壊する『ランボー』（一九八二年）によって反復される。ちなみに、枯葉剤のためにガンになり、母親に抱きかかえられるほど体が小さくなり死亡するランボーの戦友の「縮みゆく人間」としてのエピソードも含まれる）。

『進撃の巨人』では、巨人から領土を守るために建設された巨大な壁は圧巻的イメージであり、最近は『パシフィック・リム』（二〇一三年）、『ワールド・ウォーZ』（二〇一三年）のように、巨大な壁に目を奪われる。もともと「杭」を打ち囲んだ土地の「杭根《くね》」といわれた垣根が「国《くに》」の語源なのだが、『進撃の巨人』の外界と内部を区切る巨大な壁に、二一世紀における国際紛争やアイデンティティへの不安を読み込むのはたやすい。ひきこもりがちだった作者の諫山は、自分の世界に入ってくるいじめっ子たちを巨人に投影したというが、現在の国際情勢を絡めて見れば、「壁」「境界線」「領土」のイメージがきわだつ『進撃の巨人』は、すぐさま日本を映しとった「政治的寓話」に変貌する。南シナ海に人工島をつくり侵入してくる中国、あるいは北朝鮮の弾道ミサイル実験など、国際情勢の恐怖を

（図3）『進撃の巨人』の口裂け女のような巨人

ほのめかしながら、「積極的平和主義」という奇想天外な名称を使い、安全保障法案を強引に可決させることになった日本の不安が、そこに何と鮮明に投影されていることか。また、三重の壁を破壊する火のように燃える巨大な巨人の出現を「想定外」だとかたることから、東日本大震災の巨大津波や原発事故のことも連想させる。

　不穏な国際情勢の変化に怯える二〇一五年、樋口真嗣監督の実写版『進撃の巨人――エンド・オブ・ザ・ワールド』において、巨大な経済軍事国家の中国という巨人の恐怖が示唆されている。アニメーション版では西洋人としての巨人のイメージが強かったが、実写版では、中国人を思わせる東洋系の巨人がきわだつのである（図3）。そのいっぽうで、巨人は放射能汚染でつくられた国家の秘密兵器であり、破壊された壁の穴から入ってくる巨人の恐怖を利用して、政府への忠誠を誓わせる恐怖政治が行なわれるという、安倍政権下の日本の縮図をほのめかすような設定がなされた。政府はむしろ巨人の恐怖を必要としていたのである。戦後七〇年の夏に公開された実写版では、家が倒壊して母親が巨人に食べられる姿を、主人公エレンはなすべもなく目撃することになる。また、実写版は軍艦島で撮影されたが、軍艦島は全盛期には東京都すら比較にならない人口密度で、すでに屋上庭園も行なわれた最先端の「未来都市《メトロポリス》」であった。廃墟になり果ててしまった軍艦島は、奇妙なノスタルジーを伴い日本の今後のありかたを迫ってくる。

　さらに、二〇一五年には、一九八八年から連載された岩田均のコミック『寄生獣』が、二十年の時を経て映画化されたことも見落とすことはできない。エイリアンが腕に寄生し、自己と他者の境界線を撹乱する「相棒《バディ》」となった少年が、体を乗っ取りその人物になりすまし、人間を食料にするエイリアンたちと戦うという『寄生獣』の原作は、隣人が恐ろしい他者かもしれないという恐怖を呼び起こしたオウム真理教の地下鉄サリン事件が起こった一九九五年に終了していた。ネット上ではフェイスブックやツィッターから2チャンネルまで、「私」の内面が溢れている。侵略恐怖については第一部第三章で『ロビンソン・クルーソー』(一七一九年)に関しても論じるが、ネット上で「領土」について愛国的な議論を展開し、過激に反応する「ネット右翼」にとって、「領土」は「自我」の一部なのである。他人が息子になりすます「オレオレ詐欺」でも、盗まれるのは金銭だけではなく、じつは自分であるように、これらの現象は、「私」とその「領土」が盗まれるアイデンティティの危機なのだ。こうした時代に『寄生獣』は大ヒットを飛ばすのである。だが、恐怖だけではなく、人間こそが地球に寄生して地球を喰い荒らす「寄生虫」ならぬ、「寄生獣」だという原作のセリフに加え、深海生物のイメージに造形された寄生獣が深海から現れることで、宇宙という「外部」からではなく、地球の「内部」から生物全体を救うために送られてきたのかもしれないという演出がなされた。

『進撃の巨人』『寄生獣』などの怪物は、現代における我々の恐怖の投影として生まれてきたものである。この両作品において、謎の巨人たちとエイリアンがすりかわった人間による「人喰い《カニバリズム》」が、恐怖をつくりだすのに使われている。「人喰い《カニバリズム》」は絶対的な悪を示す記号であり、自己と他者を区切る境界線を構築するのに用いられてきた。そして現代では、小泉政権下での弱肉強食の方向へと向かう構造改革以後、人が人を喰うという経済的な「人喰い《カニバリズム》」の恐怖がこれらの映画に投影されているのかもしれない。しかしながら、映画はただ恐怖を煽るだけではなく、国家の体制をもまた批判するというように、二つの力がスクリーンで拮抗しているのである。『寄生獣』は、侵入されるという恐怖に便乗して映画を売り、そのいっぽうで他者との「共生」を追及しているといえるし、また『進撃の巨人』では、侵入してくる巨人の恐怖が煽られる半面、その恐怖を使い国民をコントロールしていた政府が暴露されるように、映画ではふたつの相反する力が衝突しているのだ。

　エイリアンが人間の体を侵略するというSF侵略映画が大量生産されたのは、五〇年代の冷戦下の赤狩りのときだった。共産主義という「見えない敵」が、エイリアンなどのわかりやすい脅威に「翻訳」されることになる。『寄生獣』の原型でもあるエイリアンが人間になりかわってしまう『ボディ・スナッチャー／恐怖の街』（一九五六年）などのSF侵略映画が量産され、共産主義の侵入の恐怖が煽られたのである（中国人から譲り受けたモグアイという生き物が深夜に餌を食べて「子鬼《グレムリン》」に変身して大混乱を起こす『グレムリン』（一九八四年）では、「子鬼《グレムリン》」たちはアメリカから餌を貰いすぎたバブル期の「日本の子鬼」を表象するが、モグアイはテレビで『ボディ・スナッチャー』を観ていた）。それから半世紀が過ぎると、たとえば、アンドリュー・ニコル監督の『ザ・ホスト――美しき侵入者』（二〇一三年）のような「共生」の物語も紡がれる。この映画では、体を乗っ取ったエイリアンのワンダラーと意識が残った人間のメラニーは、一人の体に二つの意識をもち、言葉を交わし合う「葛藤／共生」が描かれる。そして、それはまた一種の多重人格映画の変形であることにも興味をひかれる。そもそも、分身小説の「原型《オリジナル》」のひとつは、ポーの「ウィリアム・ウィルソン」（一八三九年）であり、内部にひそむ自分の知らない自分という「他者《エイリアン》」の問題が考察されていたが、「ドッペルゲンガー」はポーの得意《おはこ》のテーマである。

## 第四章　変奏される恐怖――頭上の黒い影と聖戦という戦争

南北戦争を控えた時期は奴隷の反乱に怯える「恐怖の時代」であり、密室殺人が起こりその犯人はオランウータンだったという世界初の推理小説「モルグ街の殺人」をポーは一八四一年に書いていた。フランスの博物学者ビュフォンは、美女をさらう猿の報告を一八世紀に発表していたし、日本でも枯れた田に水をひいたお礼として、娘を嫁に要求した猿が策略によって殺されるという「猿婿入」の民話があるが、「モルグ街の殺人」に猿と同一視されてきた黒人奴隷に白人女性が強姦されるという「エイプ・レイプ恐怖」を読むのは難しくない。ポーの詩「大鴉」で部屋に入ってきて白い胸像にとまった巨大な鴉が「けっしてない《ネヴァーモアー》」という言葉の変奏を繰り返すように、「モルグ街の殺人」のオランウータンが白人女性を襲う恐怖は、歴史を横断して「複製《リプリント》」され続け、無数の変奏を生み落としてきたのだ。たとえば、『キング・コング』(一九三三年)において、美女を手につかんでエンパイア・ステイト・ビルの頂上で「咆哮」するキング・コングは、最も有名な「ポーの子供たち」だろう。ペットのコングに誘拐された恋人をマリオが救出に向かうという任天堂のゲーム『ドンキーコング』、さらにいえば、荒木飛呂彦のコミック『ジョジョの奇妙な冒険』の第三部で、船舶で檻に入ったオランウータンだけを残し船員が皆殺害され、その犯人は超能力を使う人間の女好きなオランウータンだったというエピソードも、ポーがいなければ存在しなかったのかもしれない。

最近のアメリカでは、警官の横暴に黒人たちが耐えかね、暴動に発展する事件が後を絶たないが、ポーのテクストでは、迫害されてきた他者たちが報復してくる物語が少なくない。秩序を覆そうとする他者たちはときに悪の竜の姿を与えられて抹殺されていた。しかしながら、ポー文学では、竜退治の物語が差し挟まれている「アッシャー家の崩壊」、竜退治の変形のような場面が展開する「黒猫」などにおいて、壁のなかに監禁されていた他者たちが抜け出し、主人たちに復讐を遂げるのである。長らく白人至上主義の人種差別者だとされてきたポーは、じつは、マイノリティの視点からもテクストを書いていたといえるだろう。インディアンを土地から排除し、西部開拓が進むことが「明白なる使命」だと考えるスローガンが一八四五年に掲げられ、帝国の領土が拡張されていった一九世紀前半、密室の恐怖を描くことで、ポーは他者を締め出す帝国の閉鎖性を突いていた。ポーは文壇のアウトサイダーとして、詩人ヘンリー・ワーズワース・ロングフェローを「帝王」とする北部文壇に抵抗していたのである。ポーの人生は彼を踏み潰そうとする巨大な体制との戦いでもあった。

二〇一五年九月一九日、安保関連の法案が衆議院において与党の賛成多数によって可決されたように、巨大なものがマイノリティを踏み潰してゆくのが現代なのかもしれない。一九九八年の雑誌『エコノミスト』(九月一二日号)の「文化戦争《カルチャー・ウォーズ》」という記事では、ローランド・エメリッヒ監督の『GODZILLA』(一九九八年)のゴジラが人間を踏み潰す図版を掲載し、世界の多様な文化を根こそぎにするハリウッド映画文化が批判されていた。そして、二〇一五年、新宿歌舞伎町のコマ劇場跡地には、国内最大の映画会社東宝のTOHOシネマ・コンプレックスが入った高層ビルが建てられ、その頂上にゴジラの像が君臨している。エンパイア・ステイト・ビルの頂上で「咆哮」するキング・コングは、迫害された黒人の表象であり、帝国への報復としての「恐怖の君臨」を示していたが、TOHOシネマ・コンプレックスの屋上にいるゴジラは少々違うような気がする。新宿バルトナインや新宿ピカデリーなどの映画館のほうを向いて睨んでいるゴジラは、東宝という巨大資本がほかの映画館を踏み潰してゆくかもしれない未来を表象しているように思えてならない。もともとゴジラは放射能の被害者であり、マイノリティであったはずが、皮肉なものである。

人間の最も古い感情である恐怖は、我々の頭上に黒い影として君臨してきた。「クトゥルフ神話」の創始者であるH・P・ラヴクラフトは、『ダンウィッチの怪』(一九二九年)を書いている。人間の女と異世界の怪物が交わって誕生したウィルバーは、屋敷に隔離した正体不明の弟に牛の血を飲ませて育てている。黄色く黒い肌で、縮れた髪の毛、分厚い唇、長く尖った耳をしたウィルバーは、黒人のイメージだけではなく、世紀末の犯罪人類学者ロンブローゾのいう生来性犯罪者を思わせる。やがて、屋敷に隠されていたウィルバーの弟は、ダンウィッチ一帯を襲うが、悪臭と粘液の足跡を残すだけで、姿は見えない。そして、ある粉をかけられ、触手と複数の眼をもつタコ型エイリアンのような巨大な怪物の姿が見えてくる。だが、全貌が露になったときよりも、見えなかったときのほうがいっそう恐ろしい。一九二〇年代には、白人人種が退化するという危機への解決策として、台頭していた優生学が黄金時代を迎えていた。ユダヤ人や障害者を北欧人種を汚染する腫瘍や蛆虫にたとえたヒトラーの自伝『わが闘争』に感銘を受けたラヴクラフトが、黒人や精神薄弱者などが白人と混淆して人種が汚染されるという恐怖を共有していたのは間違いない。ウィルバーの弟は人種の退化と混淆の恐怖を表象していた。ラヴクラフトはアメリカを包んだ恐怖を形にして、封じ込めようとしたのである。

現在の日本が「恐怖の世紀」だとすれば、国家を覆っている最大の恐怖は、自分の将来がどうなるか見えない経済的不安である。国境を越えて侵入してくる他者の恐怖に、経済的不安がすりかえられてはいないのだろうか。不安が国家に垂れ込めるとき、不安を形にする存在が生みだされ、敵として殲滅されるのである。二〇一五年に日本は国家を防衛するための「積極的平和主義」という安保法案を可決させたが、そもそも、戦争とは「守る」という意識から始まるものである。ドラゴンとの戦争にあけくれる北欧のバイキングたちのなかで、一頭のドラゴンと友情を交わした少年を描くアニメーション『ヒックとドラゴン』(二〇一〇年)は、「戦争」とは「防衛」の別名であることを痛烈に見せつけてくれる。野蛮で人間を殺すドラゴンから人間は身を守っているだけだという父に、人間もドラゴンを殺しているし、ドラゴンも自分たちを守っているにすぎないと、少年は反論する。そう、いかなる戦争も守るための「聖戦」だと双方は考えている。イスラム国でさえ、侵入してきた敵から領土を防衛しているにすぎないと思っていることだろう。だからこそ、この「恐怖/テロ/ポーの世紀」において、敵を捏造しそれを抹殺してきた「竜殺しの物語」を、とらえ直さなくてはならない。

それでは、竜とはいったい何なのか。竜とは我々の恐怖が形になったものだが、人類は竜殺しのレトリックを通して、敵を征服することを正当化してきたのである。ところが、近代に誕生したアメリカは、古い国のような神話をもつことができない。そもそも、国家という存在は「神話という物語」によって構成される共同体だが、その物語の原型のひとつが「竜殺しの物語」である。古代に成立した日本のような国では、『古事記』(七一二年)や『日本書記』(七二〇年)に記された須佐之男命《すさのおのみこと》による「八岐大蛇《やまたのおろち》退治」のような古い竜殺しの神話があるが、近代に成立したために神話をもたない「アメリカ合衆国〈The United States〉」は、神話のかわりに映画によって「縫合〈United〉」された「フィルム・ネーション」だともいえる。そして、このアメリカこそ、物語という虚構によって、現実をつくろうとする国家なのではないのだろうか。オタクの少年たちだけが虚構と現実を混同しているわけではないのだ。映画館の闇を貫く映写機の「光」によって、アメリカは銀幕に「影」にすぎない帝国の物語を語《かた》／騙り続けているのだから。現代の「竜殺しの物語」を。

アメリカでは竜そのものの姿はあまり描かれず、植民地時代にはインディアンが竜にたとえられてきた。アメリカの竜殺しは、ハーマン・メルヴィルの『白鯨』（一八五一年）、その「変奏」であるスティーヴン・スピルバーグ監督の『ジョーズ』（一九七五年）のように、時代に応じて形を変えてきたのである。映画のなかでは、体制を維持しようとする保守的な力と体制を変革しようとする転覆的な力、この二つの力が衝突する。ポーの「アッシャー家の崩壊」（一八三九年）や「黒猫」（一八四三年）では、挫折する「竜殺しの物語」を描くことで、迫害されてきた女性や黒人の報復が示され、二つの奴隷制の罪が暴露される。だが、そのいっぽうで、「竜殺しの物語」やメデューサという記号は、他者たちの抹殺に活用されてきた。国家の記憶を構築する映画は、スクリーンにおいて他者たちを竜という悪に造型し、殲滅させるという力を行使してきたのである。世界を映《う》／移《つ》しかえる映画を巨大産業とするアメリカにおいて、悪を捏造する竜退治のレトリックは帝国を守る盾である。虚構と現実の境界線が見出せなくなった若者の犯罪が懸念されるが、ヒーロー幻想に犯されたアメリカもまた境界線を見失っているのかもしれない。現実と虚構、影という分身、ものがたり、こうしたテーマを主軸に竜殺しのレトリックを考え直してみたい。

人類は恐怖を体現する敵をつくりだし、それを退治してきた。竜とはまさにそうした役割を背負った存在だった。集団が団結するために、敵がいることが最も望ましいが、この意味では敵は最初から存在するのではない。不安のなかで敵は捏造されるのだ。たとえば、ナチスがユダヤ人をつくりだしたように。どんな家族にもよく眺めてみれば、否定されるものが必ずいるともいうが、集団が集団として団結するためには、排除される敵が必要なのである（藤子F不二雄のSF短編コミック「イヤなイヤなイヤな奴」では、閉塞状況が続く宇宙船内部であえて憎まれる役を演じ、船員たちを団結させて無事に帰還させることを生業とするプロの嫌われ屋が描かれていた）。そして、いま中国や北朝鮮という敵が立ちはだかっているように、国家が不安定なときには、敵となる他者を捏造し、それを抹殺することで、恐怖を和らげるという排除の構造が繰り返されてきた。竜は人間の恐怖が形になった最も古い表象であるが、恐怖を糧とするイスラム国のテロリストもまた、現代の竜だともいえるのかもしれない。この恐怖は封じ込めることができるのだろうか。ポーの有名な詩「大鴉」の最後、詩人の部屋に入ってきた悪魔のような瞳の鴉は、白い胸像に止まったまま、その影を床に落としていた。

そこで我々は問いたい。

この恐怖の影から逃れることのできる日はやってくるのかと。

大鴉は何と答えるだろうか。

# 第一部

## 竜の文化史――捏造される怪物たち

人生が芸術を模倣することだってあるんだ。

アンヌ・フォンテーヌ『ボヴァリー夫人とパン屋』

# 第一章『ドラゴンクエスト』をめぐる犯罪と物語
## ——虚構、現実、酒鬼薔薇聖斗

二〇一五年、ある一冊の手記の出版をめぐり、大きな議論が展開された。一九九七年の神戸児童連続殺傷事件において、酒鬼薔薇聖斗と名乗った当時一四歳の少年Aが、事件とその後の人生を綴った実録手記『絶歌』を太田出版から発行し、遺族感情を顧みないと、回収騒ぎを巻き起こしたのである。「さあゲームの始まりです。愚鈍な警察諸君、私を止めてみたまえ、私は殺しが愉快でたまらない、人の死が見たくてしょうがない。汚い野菜共には死の制裁を、積年の大怨に流血の裁きを」と始まっていた不気味な犯行声明はまだ記憶に新しいが、そのときの事件が加害者自身の言葉によって綴られたのである。七月二日のNHKの「クローズアップ現代」においては「元少年A——手記出版の波紋」という特集が組まれた。「手記には贖罪意識が感じられない一方、Aの自己肯定感が全編にあふれている」と非難する元東京都少年鑑別所法務教官であった草薙厚子は、少年Aの広汎性発達障害を疑い、「ホラー映画や残酷な描写など過激な映像を好む傾向があり、そうした映像を模倣しようとする」と指摘している[六七、一二七頁]。はたして、ホラー映画がこの事件を誘発したのだろうか。

ホラー映画と殺人事件が結びつけられた最初期のものとして、一九八九年の日本を震撼させたあの事件に遡ることができる。「東京・埼玉連続幼女誘拐殺人事件」において、あたかも「幼女狩り」を展開した宮崎勤のことだ。宮崎勤は一九八八年の八月二二日から四名の幼女を殺害し、その身体を解体してビデオテープに録画して、死体の一部を食べるという人食行為《カニバリズム》を行なっている。そして、「今度はいう」を意味する「今田勇子」という偽名の犯行声明と遺骨を被害者宅へ送りつけていた。芹沢俊介は『〈宮崎勤〉を探して』において、当時の潔癖症や対人恐怖のはてに「密室」と化してしまった部屋に、「胎内空間」を見出す母胎回帰願望の若者たちのひとりに宮崎を位置づけたが、彼の部屋には五七八三本のビデオテープが所蔵され、そのなかに監禁された女性が解体されてゆく様子をリアルに再現したスプラッター映画『ギニー・ピック2——血肉の華』(一九八五年)などのホラービデオがあったことから、ホラー映画やロリコンアニメの悪影響が指摘され始めた。宮崎の部屋の「装飾品《コレクション》」は、彼の「精神内部《インナー・スペース》」をあらわす「悪夢の部屋」としてメディアで繰り返し放送され、映画を観過ぎて現実と虚構の区別がつかなくなった狂気の「オタク」の物語が、ここに誕生したのである。

宮崎勤に非難が渦巻くさなか、「TVに映し出された彼の部屋の本棚にはぼくがかつて編集した単行本の背表紙がちらりと見えた。ぼくが最初に編集者として足をふみ入れた雑誌のバックナンバーも並んでいた。彼がぼくの読者であった以上、ぼくは彼を守ってやる」と述べたのは、文芸批評家の大塚英志である〔『Mの時代』八頁〕。五七八三本のビデオテープのなかで、ホラー・ビデオは三九本、幼女関係のビデオは四四本にすぎなかったことに大塚は注目する。『ギニー・ピック2』を所有していたと報道されたが、押収されたのはコメディ調の『ギニーピッグ4——ピーターの悪魔の女医さん』であった。大塚によれば、むしろ彼のコレクションで注目されるべきは、その一貫性のなさであるという。「そこにはコレクションの『意味』なり、コレクターの『意図』といった類のものが一切、欠落している……彼の『収集物』はその主体の不在ぶりを正確に再現している……その収集の対象が、すでにマニアが存在し、何を集めればいいのかがある程度マニュアル化されている領域をほぼすべて網羅していることに気がつく……彼は彼の内側に価値を見出せずレディメイドの価値を模倣したにすぎない」［大塚『「おたく」の精神史』二三八－九頁］。そして、宮崎勤こそは「〈おたく〉になろうとして叶わなかった青年である」とも考えている［大塚『戦後民主主義のリハビリテーション』四三六頁］。

大塚が企画した『Mの時代』には、「虚構と現実の混同」というメディアが好んだ図式を批判する者たちが論を並べる。「現実だけでできあがった純粋な現実、などというものが本当にまだ存在するんだろうか」という山崎浩一は、「六千本のビデオに埋まったあの部屋の映像によって、この事件の最初のストーリーができあがった」と指摘している。そして「日本では、裁判の前に報道機関からたっぷり知識を仕込まれた一億人の陪審員によって、すでに判決は下ろされているのだ」と皮肉ったのである［一六八頁］。また、宮崎勤があっけなく逮捕されたことに物足りなさを感じたという横内謙介は、「白昼堂々、しかも家のそばで同じような犯行を繰り返そうとする。こんな殺人犯を間抜けな奴だと思った」といい、宮崎の部屋と膨大なビデオコレクションは、「希代の凶悪犯としてはどこか物足りない宮崎勤に再度、大きな謎と恐怖のベールを纏わせることに成功したのだ」と指摘した［一五〇－一頁］。そして、熱海で起こった平凡なはずの女工殺しを、犯罪史上稀な殺人事件に仕立てあげようとする検察側を描いたつかこうへい原作の『熱海殺人事件』（一九七四年）を思いだしたという。

サブカルチャーの影響を凶悪事件と結びつけるメディア報道は、いくらでもあげることができる。二〇〇四年の「佐世保小六女児同級生殺害事件」では、同級生の首を「カッターナイフ」で切りつけた加害者が、太田出版の高見広春の『バトル・ロワイアル』（一九九九年）を愛読して、それを模倣した自作まで執筆しており、この殺傷事件は中学生同士が生存をかけて殺し合う『バトル・ロワイアル』のワン・シーンを現実になぞったと指摘された。深作欣二によって映画化がなされた二〇〇〇年には、一七歳少年による西鉄バスジャック事件も起こっており、国会でもこの映画の規制を求めて議論が交わされていた。高岡健は『バトル・ロワイアル』が被告少女の誰も信用できない内面の反映だとし、芹沢俊介は大人たちがこの小説に示した嫌悪感を、新自由主義下の競争による日本型福祉企業の崩壊にたいする不安だと読み、社会がバトル・ロワイアル化する恐怖を見取っていた〔二七、三三頁〕。また、二五歳であった加藤智大が白昼に一七人の人間を殺傷した二〇〇八年の秋葉原連続殺傷事件は、アニメーションの聖地である「光の街」に人間の闇を見せつけたが、加害者が『ドラゴンクエスト』『バイオ・ハザード』などに登場する「ダガーナイフ」を使用したことが話題になっていた。

そもそも、少年犯罪における現実と虚構の混同という概念をつくりあげた論のひとつが、一九八八年の中学二年生の両親殺害事件について、写真家藤原新也が『朝日新聞』に掲載した七月一九日の記事「虚構から現実を侵す──奇妙に『ドラクエⅢ』と一致」ではないのか。東京都目黒区の中学二年生が両親と祖母を計画的に殺害したこの事件において、少年が両親殺害の凶器に金属バット、包丁、電気コードの三つを用意し、事前に三人の友人に声をかけたという事件の概要と『ドラゴンクエストⅢ』が酷似していると藤原は指摘し、「虚構から現実を侵す」というタイトルを与えたのである（単行本では「意識下のドラクエ」に変更）。社会が切り捨て管理された現実にはない理想が、『ドラゴンクエストⅢ』の世界には存在し、「より現実らしい虚構の中に脱出」していた少年は、三種類の「凶器」ではなく「武器」を手に「少年の将来を期待する祖母という巨大なメドゥーサーを退治」しようとしたのではないかと藤原は考えた［八六―九一頁］。『ドラゴンクエストⅢ』が本当に少年に影響を及ぼしたかどうかはわからない。虚構が現実を侵犯するという物語に侵犯されていたのは、この少年ではなくむしろ藤原新也であり、「氏自身こそが最も深くその中に浸入してしまっているのだ。あの少年よりも深く、無批判に」と劇作家いとうせいこうはいちはやく牽制している［一〇四頁］。

虚構が現実を侵犯するかどうかについては膨大な研究がなされ、難しい問題だろう。しかしながら、虚構が現実と交錯するという懸念を、『ドラゴンクエストⅢ』という「竜退治のＲＰＧ」はひき起こす契機となったのである。そして、この目黒区の両親殺害事件のおよそ十年後に起こり、いわば「心の闇」という言葉を時代の流行語にのしあげたのが、酒鬼薔薇聖斗の神戸児童殺傷事件だったのである(1)。犯行声明に「これからも透明な存在であり続けるボク」と自分のことを称した少年Ａの「見えない」心の闇を「可視化」しようと、メディアでは様々な分析がなされた。少年Ａの部屋に『13日の金曜日』など大量のホラー映画があり、少年Ａが殺人鬼ジェイソンをよく描いていたこと、格闘技ゲームに没頭していたこと、「バモイドオキ神」というキャラクターを創造して「聖なる実験」を行なっていると信じていたこと、「さあ、ゲームの始まりです」と事件をゲームにたとえたことなどから、少年とサブカルチャーとの関係が頻繁に議論されたのだった。少年Ａが描いた手足だけで胴体のない「バモイドオキ神」とは、「バイオ」と「モドキ」の言葉の合成であり、「非生命」「偽物」を意味するが、少年Ａもまた「フランケンシュタイン症候群《シンドローム》」らしき兆候を見せている(2)。

『絶歌』において少年Ａは、「当時の僕にとってのスターは……世界に名を轟かせる連続猟奇殺人犯たちだった。映画『羊たちの沈黙』の公開を皮切りに九十年代に起こった連続殺人鬼《シリアル・キラー》ブームに僕も乗っかり……異常犯罪心理関係の本を読み耽った」と書いている〔一二一―三頁〕。また、当時新聞社に送った犯行声明にも、「今となっても何故ボクが殺しを好きなのかは分からない」「持って生まれた自然の性としかいいようがない」、そして「殺しをしているときだけ」「安らぎを得る事ができる」のだと書き、連続殺人鬼《シリアル・キラー》の陳腐な物語の定型を真似しているような印象を与える。こう見てみれば、少年が読んだ殺人鬼の手記などの読み物によって、彼の現実がつくられたとするのは簡単だ。虚構が現実を侵犯したという図式は、この不可解な事件を明快に整理してくれるひとつの「語／騙り《ナラティヴ》方」である。だが、こうした少年の行動をホラー映画の影響かどうかは決めがたい。この犯行声明は少年Aがイメージした理想的な犯人の動機を、いわばメディアに向けて意識的に書いたものだからである。メディアの期待にあえて応えるかのように、少年Aは犯行声明で自己像を構築していたのかもしれない。

　そして『絶歌』では、エドワード・ファーロング主演の映画『ブレインスキャン』（一九九四年）を、犯行後に繰り返し観ていたと告白する。「足が不自由な孤独なオタクの高校生が、友人から勧められた仮想殺人ゲーム『ブレインスキャン』をプレイする。ゲームの中で行なったはずの殺人が現実世界でも起こり、次第に空想と現実の区別がつかなくなっていく……僕は『ブレインスキャン』を再生したまま、ウトウトと眠りに堕ちた。眼をあけると、ビデオが終わってテレビ画面が白黒の砂嵐になっていた。僕はじっとその砂嵐の画面を見つめた」〔九二―三頁〕。まるで『リング』の貞子が出現しそうな雰囲気である。あるいは『マトリックス』の世界だろうか。少年Aは『ブレインスキャン』の影響を受けたことを告白している。それは、ホラー映画を観過ぎて殺人鬼になるという、因果関係がはっきりした虚構による現実侵犯という図式に、ぴたりと当てはまる。アリストテレス風にいえば、芸術は現実を再現／模倣《ミメイシス》するが、むしろ現実も芸術を再現／模倣《ミメイシス》するのだ。ところが、そのいっぽうで、少年Ａはメディア好みのこの図式を確信犯的になぞっているかのような印象を受けなくもない。読者が期待する殺人鬼の「役割《ロール》」を「演技《プレイ》」しているのである。そうだとすれば、その定型の「メタフィクション」としてパロディにさえなりえるだろう。そう、事件当時の犯行声明で「さあゲームの始まりです」とかたった少年Ａの Ｒ Ｐ Ｇ《ロール・プレイング・ゲーム》は、『絶歌』においても、まだ続いているのだ。

「テレビ画面の砂嵐。葉型にひろがるカーテン。カーテンの裂け目から部屋の中へ零れ落ちる月の光。家庭訪問にきた二人の教師。屋根裏に隠した淳君の頭部……とにかく、目の前の砂嵐画面のように、僕のバグった脳の中で、これらのファクターが一本のレールで繋がった。その狂った思考のレールの終着点に、水色のペンキで塗られた中学校の正門が聳えていた」〔九三頁〕。だが「一本のレールで繋がった」のは、むしろ、ホラー映画やＴＶゲームが少年Ａを殺人鬼にしたとする、虚構が現実を侵犯するというメディア好みの「直線」の図式である。少年の凶悪事件が起きるたびに、サブカルチャーの悪影響による虚構と現実の侵犯がメディアによって指摘される。だが、そもそも、いかなる現実も虚構によって補完されるものではないのか(3)。物語の世界を生きるのが人間なのだから。国家の最小単位である家庭でさえも、父親という「記号」が示す「役割《ロール》」を「演技《プレイ》」することで、「家族ゲーム」という遊戯《ごっこ》、いわばＲＰＧをしているにすぎない。この役割をうまく演じれば、それだけ実在感《リアリティ》が増すのである。かつては神話として竜殺しがかたられていたが、現代でそれは、ゲーム文化においてだけ流通しているわけではない。竜殺しの物語は様々な変奏をかなでて、語《かた》／騙《かた》り続けられているのだから。たとえば、それを積極的に戦争に活用しているアメリカに。

# 第二章　竜とは何か——神話、文学、ゲームを横断する表象

　前章ではゲームや映画が現実におよぼす影響について触れたが、クリス・コロンバス監督の『ピクセル』（二〇一五年）は、ギャラ、パックマン、ドンキーコングなど、アーケードゲームの「虚構」のキャラクターたちが、エイリアンの兵器として「現実」に出現して都市を破壊し、過去のゲーム・チャンピオンであった「オタク」たちが、世界を救うという抱腹絶倒のSFコメディ映画である。八〇年代のゲーム文化にオマージュが捧げられノスタルジーに満ちあふれるが、主人公がゲーム中に「フォースを使え」といったり、登場人物がチューバッカの仮面を被ったりと、『スター・ウォーズ』についても言及されている。日本において八〇年代の最も有名なゲームとは、もちろん『ドラゴンクエスト』だろう。一九八六年に任天堂から発売された『ドラゴンクエスト』は爆発的人気を誇り、『ドラゴンクエストⅡ』は井上ひさしの小説『吉里吉里人』や大友克洋のコミック『童夢』と並んで、一九八八年のSF大賞の候補作ともなり、ゲームが新しい形の文学になるかもしれない可能性を示していた。じじつ、『ドラゴンクエスト』シリーズは、「宮崎駿のアニメーションと並ぶ、国民文学最大の古典《カノン》となっている」という後の評価も二〇〇九年には聞かれたのである〔中田 一〇九頁〕。

　我々が竜を恐れ、また竜に魅惑される証拠として、映画史では古くから竜が登場している。たとえば、最初期の竜を考えてゆくならば、ドイツの英雄叙事詩を映画化し、アーリア民族の優越性を誇示しようとしたフリッツ・ラング監督の『ニーベルンゲン／第一部ジークフリート』（一九二四年）におい

て、英雄に剣で片眼を潰され退治される巨費をかけてつくられた機械で動く竜のことをあげることができる。軍事訓練を受けていた映画のエキストラは監督の指示の通りに動いたが、内部に十人ちかくの人間が入って動かし、外部と電話機で連絡を取り合い、藤崎康が「戦車的メカニック」だというこの「機械じかけの竜」は進化をみせて[二三頁]、現代ではウーリー・エデル監督の超大作テレビ映画『ニーベルングの指環』(二〇〇四年)などにおいて、最新のCG技術によって見事に再生している。また、クリスチャン・ベールが主演した『サラマンダー』(二〇〇二年)では、地下工事で現代に目覚め人類を餌として大繁殖するドラゴンと人類との対決が鮮明に描かれる。ドラゴンは一匹だけいるオスを除いてすべてメスであり、生き残った人間たちは、ドラゴンの増殖を絶つためにオスの抹殺を考える。『サラマンダー』においての戦いとは、ドラゴンの増殖力という恐怖のセクシャリティとの戦いを意味していた。

　どこの国の文化にも竜のようなものが必ずいることからも、人類にとって竜は欠くことのできない存在であることがわかる。我々を恐れ慄かせ、それでいて魅惑する竜とは、どうして誕生したのか。人類がまだ猿だった頃、人類を脅かした蛇、鷹、豹などの動物たちを合成すると、竜の姿になるという[ジョーンズ 七頁]。それゆえに竜は蛇のようでありながらも、手足があり、翼までもそなえている(図4)。この意味では、竜は分類できない「混沌《カオス》」そのものだといえる(丸井諒子のコミック『竜のかわいい七つの子』(二〇一二年)に収録の「竜の小塔」では、戦争をしている二つの国の国境にある壁の入り口のうえに、蛇、鷹、豹を混ぜあわせたような竜が巣をつくっていて、境界線のことを喚起させる)。しかしながら、日本では水稲栽培が定着すると、蛇の悪いイメージは薄れ、水をつかさどる竜は敬われるべき自然の神となってゆく。原初の水にまつわる竜は創造主かつ破壊者であり、竜を神として敬う東洋とは違って、西洋では邪悪な蛇のイメージが強く、悪魔の化身としての悪のドラゴンの印象が一般的である。たとえば、東洋と西洋の竜の比較は、『千と千尋の神隠し』(二〇〇一年)、その翌年に公開された『ハリー・ポッターと秘密の部屋』(二〇〇二年)のクライマックスを比べてみるとよい。ハリー・ポッターが地下迷宮にひそむ大蛇の頭に乗って剣で突き刺すのにたいして、溺れていた千尋を助けたという忘れていた記憶を思いだした白竜は、千尋を背に乗せて空を飛ぶのである。

(図5)「ヨハネの黙示録」の七つの頭の赤き竜

　東洋の水が重要視される水稲栽培の文化において、竜は守護神的存在であったが、西洋においては、聖書に書かれたエデンの園で、アダムとイヴをそそのかし禁断の果実を食べさせた蛇と竜は関連がふかい。悪魔の化身とされてきた竜は、悪と恐怖を意味する記号となる。たとえば、聖書の「ヨハネの黙示録」の第一二章には、七つの頭がある「レッド・ドラゴン」という「赤き竜」が登場する。「竜は子を産まんとする女の前に立ち、産むのを待ちてその子を食いつくさんとかまえたり」という人を喰う脅威の竜である(図5)。英国詩人ウィリアム・ブレイクの絵画『大いなる赤き竜と日をまとう女』(一八〇二―五年)は、「禍々《まが》／曲々《まが》」しい竜の姿を見せつけている。社会が恐れたものは、ドラゴンのような姿

（図６）『レッド・ドラゴン』背中の刺青

となって現われる。排除する相手にドラゴンのレッテルを与えれば、敵を悪に仕立てあげ、退治することが正当化されるからだ。「ヨハネの黙示録」にでてくる「レッド・ドラゴン」の七つの頭は、キリスト教を弾圧したローマ帝国の七人の皇帝をあらわしている。

『羊たちの沈黙』は人肉を食べるハンニバル・レクター（アンソニー・ホプキンス）という天才殺人鬼を誕生させたが、シリーズ第三作目にあたるブレット・ラトナー監督の『レッド・ドラゴン』（二〇〇二年）では、ブレイクの『大いなる赤き竜』の刺青を背中に入れた映像技師フランシス・ダラハイドが連続殺人を重ねる（図６）。兎口の容貌から祖母に虐待された過去に悩むダラハイドは、入れ歯をはめて被害者の体を噛みまくり、女性たちを殺害してゆくのである。(4) 森でフランケンシュタインの怪物と盲目の老人が心を交わしたように、容貌にコンプレックスがあるダラハイドは、目の見えない女性だけに心を許し関係をもつことになる。この女性にフェラチオをされながら、ダラハイドはプールで遊ぶ女性の姿を撮影したビデオを見ているが、被害者となるこの女性が口をひらき歯が画面にクローズアップされることで、彼が怯える「牙の生えた膣《ヴァギナ・デンタータ》」のことが暗示される。部屋にはブレイクの『大いなる赤き竜』の絵画が飾られ、彼を虐待した祖母の「恐ろしき母」としての力を表象するが、ダラハイドはこの呪縛に打ち勝とうとして、博物館にあるブレイクの絵画を食べることで竜に変身しようとする。人間を生贄として喰らってきた竜を逆にダラハイドが喰らい、彼の精神内部で竜との戦いが展開する『レッド・ドラゴン』は「内なる竜殺しの物語」で

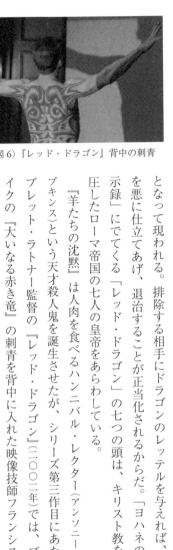

あると解釈できるだろう。(5)

七つの頭をもつ「レッド・ドラゴン」はキリスト教を弾圧した七人の皇帝だったが、『古事記』(七一二年)『日本書紀』(七二〇年)にでてくる八岐大蛇《やまたのおろち》にもこうした背景は指摘できる。出雲の国を旅していた「須佐之男命《すさのおのみこと》」は、生贄になろうとする「櫛名田比売《くしなだひめ》」を助けるために、酒を飲ませて八岐大蛇を退治すると、その尾からは「草薙剣《くさなぎのつるぎ》」がでてくるという神話である。「櫛名田比売」とは「田の姫」を意味するが、洪水が起こる川を治水し、水田をひらいたことを八岐大蛇退治は意味している。また、八岐大蛇の正体は皇室への敵対者として砂鉄から鉄を生産し、河を赤く汚染した罪を背負わされた出雲の製鉄集団であり、この産鉄民族を討伐し川の穢れを浄化した戦いが、八岐大蛇退治におき換えられたともいう。『竜の起源』の荒川紘がいうように、「八岐《やまた》の大蛇退治」は「大和《やまと》の大蛇退治」のことだったのかもしれない[一六一頁]。八俣大蛇の尻尾から剣がでてくるが、小野俊太郎が指摘するように、製鉄には金属を「吹く」ことが欠かせず、出雲には「吹く」という金属製造の技術をそなえる「伊福部《いふくべ》」という一族がおり、北方の金属神を崇拝していた。『ゴジラ』の作曲家の伊福部昭は、この一族のゆかりの末裔なのである[『大魔神の精神史』一四三―四頁]。釧路に生まれアイヌ人たちの生活に共感を寄せた伊福部昭が、抹殺されてゆくゴジラを「海で死んだ英霊」と考えて、あの雄々しいテーマ曲を書きあげたことはなかなかに面白い。

すでに見たように、稲作文化の日本では水をつかさどる蛇は重要な存在であった。蛇神信仰の名残として、蛇の皮を模した布や衣服を身につける習俗がアジア一帯にあり、歌舞伎の衣装などにも継承されてきた。ひょっとすれば、かつて特撮方法が米国では主に粘土細工のコマ撮り方式なのにたいして、日本では着ぐるみの怪獣が定着して、ウルトラマン・シリーズの円谷プロのように、ミニチュア特撮方式が日本の誇る文化となったのは、蛇神信仰によるものかもしれない。そして、蛇を殺すことは、洪水や疫病をもたらす害悪を統治することだけではなく、「八岐《やまた》の大蛇」が「大和《やまと》の大蛇退治」だったように、異民族を支配することとも関わってくる。鬼や土蜘蛛に姿を移しかえられた異民族が、武士集団によって討伐されるという「蛮神殺しの物語」がかたり継がれてきたのである。『酒呑童子』において鬼退治をする源頼光たちは、現代でみれば『ウルトラマン』の科学特捜隊のような怪獣退治を請け負うプロフェッショナルであり、その様子を描いた歌舞伎や浄瑠璃は当時の怪獣映画に相当するともいえるものだった。

竜とは人間内部に巣くう破壊的な力の象徴であり、これを殺すことは、理性によって本能を馴致することである。権力は混沌を善と悪に分割し、秩序を築きあげる。原初の混沌を、光と闇に、天と地と海に分割してゆくことが万物の創造であり、それはやがて、動物と人間に、男と女に、西洋と東洋などに細分化され、理解されてゆく。様々な生き物の混合である竜は分類のできない「混沌《カオス》」だが、竜を退治することは、境界線をひき、秩序をつくることでもある。境界線をひくことが、「知」と呼ばれる営みであり、自然の「理《ことわり》」とは、もの「こと」を「割る」ことなのだ。それゆえに、境界線の中間にあり「割る」ことができない竜は、抹殺されなくてはならない。英雄と竜の戦いは、単純化された善と悪の戦いである。キリスト教で蛇は悪の象徴であり、竜があらわす曲線的な本能を、理性の英雄が直線的な槍などで制するのだ［シュテッフェン九七頁］（図7）。「須佐之男命《すさのおのみこと》」という名前には「男」が入っているが、竜と人間の戦いには、秩序と混沌、技術と自然、男と女、キリスト教と異教

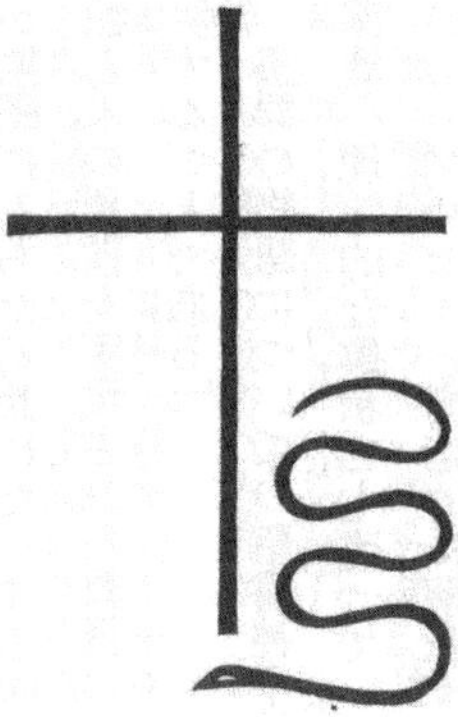

（図7）蛇の曲線を制する十字架の直線
〔シュテッフェン 九七頁〕

などの対立項目が重ねられる。すでに述べたように、権力に敵対する他者たちは、竜とされることで退治されてきた。悪を仮託した敵をつくりだし、それを鎮圧することでしか維持されないのが、権力である。かくして、竜は殺され続ける。これまで神話や文学や映画で描かれてきた竜退治を、我々は通過儀礼のように読んできたが、まだまだシリーズ化が続く『ドラゴンクエスト』のように、現代で竜殺しの通過儀礼はゲームの形で実際に体験するものへと移行しているのである。

一九七二年にアタリ社のピンポン的商業ゲーム『ポン』が開発されたことによって、コンピュータ・ゲームの歴史は始まる。そして、一九七八年にタイトー社が開発した『スペース・インベーダー』は社会現象となり、ゲームの歴史に大きな一歩が踏みだされた。これまでは、たんなる球を打ち合う対戦型のピンポン・ゲームの『ポン』、単純に球を当ててブロックをなくす日本では『ブロックくずし』の名前で知られるアタリ社の『ブレイクアウト』のようなゲームしかなかったが、そこにエイリアンによる「侵略」という「物語」が与えられたのだ。『スペース・インベーダー』のタコ型のエイリアンは、H・G・ウェルズの小説『宇宙戦争』（一八九八年）以来、火星人のステレオタイプだが、エイリアンがタコ型という不定形なものにされるのは、未知の存在は形のあるものに把握できないからだろう。心臓の鼓動と『ジョーズ』の効果音などをミックスしたサウンドで効果をあげた『スペース・インベーダー』は、「敵」の「侵略《インベード》」という物語によって、ゲームを飛躍的に進化させたのである。「侵略」してくる「敵」がいて、それから「守る」という図式。この単純な図式は戦争という最大の暴力を正当化する最も基本的な図式《ものがたり》だといえる。戦争とは守るという意識から発生するものである。そして、この『スペース・インベーダー』の前年に、そのアイディアのひとつとして封切られていた映画が、ジョージ・ルーカス監督の『スター・ウォーズ』(一九七七年)だ。

ケネディ大統領の時代には、西部開拓のフロンティアは月におき換えられて、「スペース・フロンティア」が追及されたが、一九六九年のアポロ11号のアームストロング船長が月面着陸をなし遂げて以後、新たなフロンティアも見出せず、正義が失墜したベトナム戦争から撤退したアメリカは未来志向ではなくなっていた。それゆえに『スター・ウォーズ』は「未来」の映画というより、「昔々、はるか銀河系の彼方で」という冒頭が示すように、「過去」の映画を詰め込み、善と悪の戦いを凝縮した「ノスタルジー映画」でもあった。「ルーク」という名が光をあらわすルーク・スカイウォーカーには、宿敵ダース・ベイダーがいる。このダース・ベイダーは、もとは奴隷のアナキン・スカイウォーカーという名であり、奴隷的身分の男が成長してゆく姿を描く叙事詩映画『ベン・ハー』のように、やがてジェダイの騎士へと出世するが、シスの闇黒卿にそそのかされ悪に染まってゆく。エピソード3の『シスの復讐』で大やけどを負い左腕と両足をなくし「芋虫」のような姿となったアナキンは、機械で補強され再生するという、ポーの「使い切った男」の子孫のようなサイボーグである。伊達政宗の兜やナチスのヘルメットのイメージを持ち込んだ悪のマスクは印象的だが、シスの闇黒卿に仕えることになるアナキンはもと奴隷であった。『スター・ウォーズの精神史』で小野俊太郎が「アナキンは生まれたときからたえず何かに従属してきた」というように〔一五三頁〕、反逆が重要なテーマのこのシリーズでは、悪に傾倒するアナキンの姿は、奴隷が悪に陥りやすいと考えてきたかつての奴隷制の名残である。そして、「父親《ダーク・ファーザー》」であったアナキンこそ、ルークが抹殺すべき影なのだ。
西部劇と騎士物語の要素が強い『スター・ウォーズ』が「受けた／与えた」という「影響関係《インターテクスチャリティ》」を考えると膨大なリストが作成されるが、「デス」と「ダーク」と「インベーダー」などの混成語であるダース・ベイダーは、「米国映画協会（ＡＦＩ）」の「アメリカ映画百年史の悪役ベスト」の堂々の第三位に選ばれている。父であるダース・ベイダーと戦うルークは、腕を切り落とされてしまう。切断のモチーフが去勢を意味するように、息子を去勢しようとする「父親《ダーク・ファーザー》」とのエディプス的戦いが展開される。ライトセーバーを使いジェダイの騎士が暗黒の存在と戦う『スター・ウォーズ』は、『スペース・インベーダー』を生み落とすことになったのである。やがて、敵の姿は「未来」の侵略してくるエイリアンから、魔法使いや騎士が登場する「過去」を舞台とした竜に移し変えられ、『ドラゴンクエスト』に「進化」してゆくことになる。神話や文学の形で読み継がれた竜殺しは、『ドラゴンクエスト』などのゲームに形を変えて、現代の通過儀礼として継承されていった。ゲームは受動的な文学と比べると、強い参加意識と達成感を可能にし、『ドラゴンクエストＸ』はオンラインゲームになり、ほかの人間とも交流する形になっている。最近のゲーム文化の発展は著しいが、言葉を「読む」という形態はかわることはなく、画面上の文字を「読む」ことで、情報を得てゲームを進めるＲＰＧはさらに「進化」を遂げて、「文学としてのＲＰＧ」へより「深化」してゆくだろう。[6]
初期ＲＰＧではファミコンの『ヘラクレスの栄光』（一九八七年）『桃太郎伝説』（一九八七年）のように、プレイヤーは伝説的な英雄の「役割《ロール》」をプレイし、王の命令で魔物を倒して宝を取り戻すといった原型的な筋を反復するだけだった。しかしながら、『ドラゴンクエストⅢ』(一九八八年)においては、父がキングヒドラに敗れてしまったという傷をもつ主人公が冒険におもむくという、父を越えようとするエディプス・コンプレックス的な物語が与えられ、主人公が内面化される進化を遂げている[中田]。妖精の村での悲愛などメロドラマ要素が詰まった『ドラゴンクエストⅢ』には、父と息子の間の葛藤の物語が描き込まれたのである。人間は物理的な現実だけでは生きていけず、リアリティをつかむためには物語を必要とする。ゲームはそのためのひとつの手段である。ゲームが犯罪につながるかどうかはさておき、「人はときに世界を救う必要がある」と文学研究者の中田健太郎がいう所以だ。この「文学としてのRPG」という発想は、転じれば「RPGとしての文学」となり、世界最大のベストセラー、J・K・ローリングの『ハリー・ポッター』シリーズの人気を説明をする。ハリーという孤児が修行を積みながら魔術を覚え、偉大な魔術使いに成長してゆくという物語は、「人は誰かになれる」をキャッチコピーとした『ドラゴンクエストⅦ』のようなRPGそのものだし、分厚いシリーズを一巻一巻と読破してゆくことは、RPGのレベル・アップ行為に匹敵するといってよい。

いくつかの小説のジャンルや題材が満載の『ハリー・ポッター』シリーズは、読者を退屈させることがない。孤児のハリーが自分探しをしながら成長してゆく姿は児童文学の定型であるが、箒で空を飛び空中球技クィデッチをする場面はスポーツ小説であり、ホグワーツでの寄宿生活はトマス・ヒューズの学園小説『トム・ブラウンの学校生活』(一八五七年)の寄宿学校で過ごす少年たちの物語の伝統を継承する。古い学校の地下迷宮、幽霊、森に出没する狼男はゴシック小説の要素だし、生徒が次々と石になる事件とその謎の解明は推理小説として読める。そして、ジャンルの「異種混淆」たるこのシリーズの中核にあるのは、「竜退治の物語」である。クリス・コロンバス監督の『ハリー・ポッター秘密の部屋』(二〇〇二年)には、見た者を石に変える大蛇が地下迷宮に出没するが、蛇の這う音から派生した「ずるずる進む」を意味する単語〈slither〉を連想させる「スリザリン〈Slytherin〉」という名の寮には、悪役の「ドラコ・マルフォイ」が寄宿している。むろん、「ドラコ〈Draco〉」の名は「ドラゴン〈Dragon〉」の変形であり、ハリーとドラコの対決はドラゴンとの戦いになる。空中球技でドラコと戦ったハリーは、地下では見たものを石にする大蛇と戦うのだ。数々の生き物が混ざりあった異種混淆の表象である竜は、神話・文学・ゲームをなどあらゆる領域の境界線を横断し、形をかえて息づいてゆくことだろう。人間が敵を必要とするかぎり。

# 第三章　野蛮幻想と人喰いの記号
## ——『ロビンソン・クルーソー』から『グリーン・インフェルノ』に

前章では人間を喰らってきた「赤き竜」の絵が使われたスリラー映画『レッド・ドラゴン』について触れたが、『羊たちの沈黙』の人喰いキャラクターのハンニバル・レクター博士は「米国映画協会」の「アメリカ映画百年史の悪役ベスト」第一位の魅惑の悪役であることを考えると、我々もまた「食人幻想」をずっと「消化」してきたともいえる。(7) 人肉でソーセージを生産している屠殺業者一家の恐怖を描く『悪魔のいけにえ』(一九七四年)のように、ホラー映画では食人行為はよく利用されてきた。(8) 映画史を遡れば「人喰い人種」がたやすく「発見」できるように、人類は「文化的人喰い《カルチュラル・カニバリズム》」を行なってきたのである。この章では「人喰い《カニバリズム》」という記号を考えてみたい。これまで実際にあった食人行為を報告する書籍が数多く出版されているが、じつはその真偽のほどは定かではない。快楽殺人、呪術としての儀式、遭難した飢餓状態時などの食人行為は別として、人間が人間を食用に食べるということはありえるのだろうか。この食人行為を否定したのが、W・アレンズの研究書『人喰いの神話』(一九七九年)である。最も残忍な行為とされる「人喰い《カニバリズム》」とは、ある集団を異常なものとして排除し、自己を正常な他者として確立するための「悪の記号」だというのである。

アレンズによれば、食人行為は野蛮な他者を捏造するのに利用されてきた。「集団は他の集団を範疇的に正反対のものと想定し、自らの存在の意味をより深く確認しようとする……その場合、差異はしばしば発明されなければならない。人間の肉を食う者と食わぬ者の間の境界ほど、はっきりしたものがあるだろうか。事実上、それは文明的な存在様態と野蛮な存在様態、我々と彼らを分ける線を意味している」〔一九四頁〕。「人喰い《カニバリズム》」とは、部族同士の紛争、あるいは植民地征服のために、相手を野蛮な存在へと捏造する「悪の記号」であり、神話にすぎない。それは野蛮と文明の間の境界線を最も確かにひき直す装置なのだ。「およそありとあらゆる人間集団が、食人者のレッテルを、一度は誰かに貼られている……普遍的なのは、食人行為そのものではない。むしろ、『他者』を食人者と考える現象である」とアレンズはいう〔一八六頁〕。「人喰い《カニバリズム》」は相手を非難するのに使われ、この「悪の記号」は依然として健在である。[9] たとえば、アンジェリーナ・ジョリーが製作した日本未公開の映画『UNBROKEN』(二〇一四年)をあげておこう。ベルリン・オリンピックにも出場した実在の米兵ルイス・ザンペリーが、第二次世界大戦中に日本軍の捕虜となり、食人行為の目撃も含む日本軍の残虐行為を受けたという捕囚体験をもとにした反日映画であり、その時代錯誤には驚かざるをえない。

そもそも、「人喰い《カニバリズム》」という言葉が初めてヨーロッパに残した「足跡」は、コロンブスが第一次航海時に執筆した『日誌』の一四九二年一一月二三日、カリブ海西インド諸島の民族に関する記述にまで遡れる。「この土地は広大で、そこには額に一つしか目のない人間や、カニバルと呼ばれる連中が住んでいると語った。この連中をインディオたちは大変に恐れ……彼らに食われてしまう……といって黙り込んでしまった」〔ヒューム二一―二頁〕。この報告についてヒュームは疑問を投げかける。コロンブスの『日誌』は、彼自身が「人喰い《カニバリズム》」を実際に目撃した記録ではなく、原住民のかたったことの記述である。それも現地の言葉の聞き取りを始めてから六週間しかたっておらず、不慣れな言語を聞いたことの報告にすぎない。『日誌』の白人と原住民の間の「対話」は、西欧人の思い込みによる「独話」であった可能性は捨てきれないのだ〔ヒューム 二七頁〕。そして、最初はなかなか食人物語を信じなかったコロンブスだが、エスパニョーラ島北部に上陸して砦を築くべく原住民と協力するとなると、「食人カリベ族」のことを信じ始めるのである〔正木 四七―五〇頁〕。言うなれば、原住民と団結するために、「共通の敵」としての「人喰い人種」が捏造されたことになる。こうしたカリブ海の原住民の表象はずっと「漂流」を続けている。たとえば、カリブ海のドミニカ共和国で撮影されたディズニー映画『パイレーツ・オブ・カリビアン／デッドマンズ・チェスト』（二〇〇六年）には人喰い人種がお決まりのように出没し、その「露骨な姿《ステレオタイプ》」に現地のカリブ海系住人から批判があがっていた。

「人喰い《カニバリズム》」という記号は、野蛮な他者を捏造し、正常な自己を構築する格好の記号、アレンズのいう「我々と彼らを分ける線」である。それは怪物の生産装置として働いてきた。コロンブスの『日誌』を食人幻想の「はじまりのテクスト」だとヒュームは呼んだが〔二二頁〕、かつてイギリス小説の「はじまりのテクスト」とされていたのは、孤島に漂着した主人公がその島を開拓してゆくダニエル・デフォーの『ロビンソン・クルーソー』（一七一九年）である。岩尾龍太郎はロビンソンの「物語」が「文学史」を「漂流」して、新たな変奏が文学史に誕生してゆく姿を追跡している。最近の作品でいえば、孤島に三一人の男とひとりの女（木村多江）が流れ着き、女は女王として君臨するという桐野夏生の小説を映画化した『東京島』（二〇一〇年）、火星にただひとり残された宇宙飛行士（マット・デイモン）がジャガイモを栽培するなどして、四年間を過ごすというリドリー・スコット監督の『オデッセイ』（二〇一五年）と、永遠に果てしのない「漂流」を続けているといえよう（デフレ時代の日本において、芸能人が無人島でサバイバル生活をしたり、都市で金銭を使わず過ごす姿をリポートする番組が増えているが、それもまたその変奏かもしれない)。

ロビンソンは浜辺に上陸してきた「足跡」を見つける。不思議なことに、足跡は人間がいたという安堵ではなく、悪魔がやってきたという恐怖の徴としてしか認識されない。やがて、ロビンソンは捕虜が食べられたと思われる人骨が散乱する跡を目撃する。「人喰い人種」は姿を見せないが、まるでホラー映画のように、その妄想が肥大化してゆき、貪り喰われるという強迫観念を繰り返し述べるのである。周囲の人間が自分を食べるのではないかという妄想にとりつかれた主人公を描いていた魯迅の短編「狂人日記」(一九一八年)も顔負けである。だが、ロビンソンの恐怖は、食べられることだけではなく、むしろ侵入されることにありはしないだろうか。たとえば、沖にイギリス船舶が近づくのを見ると、ロビンソンは手放しに喜ぶのではない。むしろ、「どこから来たのかわからないが、ひそかな疑いが胸に生じてきて、警戒を命じたのである。貿易の場所でもないこんな土地になぜ船がやってくるのか不信に思い始めた」といい、「もし彼らがイギリス人であれば、悪の企みがあるにちがいない」と、まず不安が浮かぶのだ[一九七頁]。ロビンソンの脳裏には恐怖が君臨する。

また、どうやらロビンソンは自分の身体の延長として、この島を把握しているようである[ウィバーリーハイタワー]。「所有した領土の皇帝か王」と自分のことを称し、島を所有していると考えるロビンソンは、「植民地幻想〈I-Land Fantasy〉」に満ちているいっぽうで、領土内に侵入者が来ることを恐れている[一〇二ー三頁]。誰もいない場所で誰も見ないのに、わざわざ衣服で身を覆うロンビンソンの行為もまた、身体に何かが入ってくるという侵入恐怖からではないのか。この島の開拓は欲望よりもむしろ侵入される恐怖によって突き動かされていたのかもしれない。恐怖が人間の原動力なのである。この島がロビンソンの身体的存在であれば、島への侵入を恐れている姿は、「マスクのパンデミック」が勃発し「密室化する身体／国家」の日本の現状に似てはいないか。「身体レベル」ではウイルスや放射能の侵入に怯え、「国家レベル」では中国や北朝鮮あるいはイスラム国に戦慄している日本に。こういった恐怖への準備として、二〇一五年の夏、安全保障案が可決されていったのである。ロンビンソンと我々はけっして無関係ではない。

ロビンソンは住居の周りに先の尖った「杭」を打ち「柵」で囲んでいる。垣根で自分の領土を囲っているのだ。そして、土を固めてつくった壁の七つの穴に「大砲としての七丁のマスケット銃を砲架がわりの枠の中にはめ込み、二分ほどで全部発射できるようにしておいた」といい、二重の壁で囲まれた住居を「要塞」と呼んでいる〔一二八頁〕。この「要塞」の柵には入り口がなく、梯子で出入りをしなくてはならない。ロビンソンにとって密室としての要塞は「自我」であり、そして「島（I-Land）」は「私の身体」でもある。完全に遮断された空間を望んでならない彼の姿に、どれだけ確認しても安心を感じることのできない強迫神経症を感じてならない。安全を求めれば求めるほど、わきあがる不安。「いくら運んでも満足がない難破船からの悪無限的な搬出衝動。いくら築いても安全がありえない砦の建築衝動……それなのにさらにバロック的増築を続けてしまうロビンソンの中に、展望なき現代資本制・大量消費社会の中の我々の姿が見えないだろうか」と岩尾はいう〔『ロビンソンの砦』一一頁〕。人喰い人種を恐れて柵の内部に閉じこもるロビンソンの姿は、『進撃の巨人』の壁の世界といかにも似ている。ロビンソンの言いようのない不安は、人喰い人種という形になって現われたのである。

浜辺の足跡に怯えるロビンソンは、それを「自分の足跡にすぎないと思い込むことで、私は自分の影に怯えているといえるのだ」と片づけようとする〔一二五頁〕。分身小説のように、人喰い人種がロビンソンの分身として出現するのだ。実際、人喰い人種たち以上の殺戮を行なうことになるロビンソンは、血生臭い原住民とたいして違わないのだが、彼はこの影を自分の分身としては認識できなかった（もしこの島が彼の身体であれば、その洞窟の奥に文明化されたフライデーを連れてくるロビンソンは、腸内部にフライデーを飲み込み、「摂取《ひとくい》」を行なったことになる〔ウィバー─ハイタワー九九頁〕）。ロビンソンは人骨が散乱する焚き火の跡を目撃すると、気絶しそうになり、嘔吐してしまう。「私はこの恐ろしい光景から顔をそむけた。胃に不快感を覚えて気絶しそうになったが、激しく嘔吐し胃から悪いものを吐きだすと、楽になった」といい、住居のほうに向かって歩きだす。体内から悪いものを嘔吐する行為は、後に彼が行なおうとする原住民の抹殺に重なるのだ。そして、「目に涙をためて、こんな恐ろしい野蛮人たちとは違う世界に自分が生まれたことを、神に感謝したのである」〔一三一頁〕。食人行為によって、あちら側とこちら側という境界線がひかれ、自己形成がなされるのである。(10)

恐怖に駆られたロビンソンは、原住民たちの焚き火の下に火薬を埋めて爆破させることや、三挺の銃を二重装填し同時に発砲させることなど、人喰い人種を抹殺する様々な計画を考える。身体に侵入した黴菌を消毒するかのように、領土に入ってきた原住民を一掃しようとするのだ。しかしながら、それと同時に脳裏に疑問も生じてくる。「神は蛮人にこういう行為を続けさせ……黙認してきたのに、その彼らを罪人と見なし裁き、処刑しようとする権利がどうして私にあろうか……我々が牛を殺す場合と同様に、彼らは戦争でつかまえた捕虜を殺すことを罪だと考えていないし、我々が羊の肉を食べるように、人肉を食べることを犯罪だと思ってはいないのだ」〔一三五頁〕。さらには文化相対主義的な発想も頭をよぎる。「彼らは危害を加えていない……それゆえに私のほうから彼らを攻撃する必要はない。そうすれば、スペイン人がアメリカで行ない、幾百万の原住民が殺されたあの虐殺も正当化してしまう」〔一三六頁〕。ところが、肉片が散らばる生々しい人喰いの饗宴の跡を目撃すると、「怒りに燃え、誰であろうと、何人であろうと、きっと皆殺しにしてやると考えだした」といったり〔一四五頁〕、「彼らは私の生命の敵で、私を食べようとしている」と〔一五七頁〕、正当防衛の攻撃を主張しだすのである。ロビンソンの頭のなかでは、二つの意識が葛藤している。

やがて、ロビンソンは原住民と戦い、食べられる危機にあった捕虜の原住民を救って、フライデーと名づける。死体を掘り返して食べようとするフライデーに、山羊の肉の味を覚えさせ言葉を教え、衣服を着せて文明化し、見捨てるなら殺してくれと忠誠を誓うまでの主人と奴隷の絆が刻まれてゆく。ロビンソンはインクが少なくなったと書くことを意識しているが、「白紙」の無人島を開拓することを「白紙」に書き込んだ『ロビンソン・クルーソー』は、島を労働によって生産性のある場所へと変える旧約、新約に続く「資本約の聖書」となり、植民地主義そのものを物語化し、支配を正当化する白人帝国主義の「神話的燃料」としても機能した〔岩尾『ロビンソン変形譚小史』一二頁〕。たしかに、開拓者が島を所有する「植民地幻想(I-Land Fantasy)」を読み込みたくなるが、そう単純ではない。帰国した後に再び訪れた島を「新しい植民地」と呼んだロビンソンは、所有権だけを残して土地を分割し、そこを後にする。また、第二部でも、トウキビなどを栽培する入植者によって島の人口は増加するものの、ロンビンソン自身はこの島を去ってしまう。「『ロビンソン・クルーソー』は植民地的状況を扱いながら、ついには植民地の物語を語らなかったテクストだと言わざるをえない」と、「ロビンソン・クルーソー・パラドックス」を正木は読み込んでいる〔二四〇頁〕。植民地幻想と人喰い幻想を煽りながら、それを揶揄するという二つの力が、このテクストでも衝突しているのである。

「はじまりのテクスト」の頃から文学では「食人幻想」が「消費《しょうか》」されてきたが、映画にも人喰い人種があふれている。一八八八年にトマス・エジソンが発明した映画カメラ「キネトグラフ」は大型で持ち運ぶには不便であり、カメラの前で人が演技することになった。これにたいしてフランスのリュミエール兄弟が発明した「シネマトグラフ」は持ち運べる小型で、世界をありのままに捉えるのに理想的だった。工場から人々が出てくる様子を撮影したリュミエール兄弟の世界最初の映画『工場の出口』(一八九五年)は、まぎれもないドキュメンタリーだといえるだろう(ある意味では企業の宣伝でもある)。そして、エスキモーの過酷な生活を数年にわたるロケでとらえたロバート・フラハティ監督の『極北のナヌーク』(一九二二年)で、ドキュメンタリーは完成を迎える。評価の高い『極北のナヌーク』だが、フラハティ監督がエスキモーに何度も演技させたり、光を入れて撮影するために住居を半分に切りひらいたりと、その演出《やらせ》が批判されている。だが、こうした演出は別にして、現実をありのままに撮影するはずのカメラでも、どの視点から撮り、どう編集するかという「語り方《ナラティヴ》」次第で、事実がまったく違って見えるのである。客観性のあるドキュメンタリーなどはもとより存在しないのだ。

この意味では、グァルティエロ・ヤコペッティ監督の『世界残酷物語』(一九六二年)を代表とする、イタリアの「モンド映画」はたくましい。「演出《やらせ》」が少なくないにもかかわらずドキュメンタリーを装って、世界の蛮習を記録する(しかし、ヤコペッティは野蛮ばかりを強調するのではなく、文明の闇も同時にとらえ、文明と野蛮の区分を相対化している。貧困にあえぐニューギニアの村では、乳児ではなく豚に母乳を与え、豊かな日本では、肉を柔らかくするために牛にビールを与えるのである）。イタリアではウンベルト・レンツィ監督の『怪奇！　魔境の裸族』（一九七二年）、ルッジェロ・デオダート監督の『カニバル――世界最後の人喰い族』（一九七二年）などカルト的食人映画が多い。この系譜において最も有名なデオダート監督の『食人族』（一九八〇年）は、アマゾン川上流で撮影隊全員が食人族に食べられ、残された映像を公開したと宣伝することで、その虐殺シーンについて真偽論争を巻き起こした。「モキュメンタリー」という模擬ドキュメンタリーとして『食人族』は、現在の「POV映画」のルーツだともいえるが、人喰い人種は「リアル」な「他者恐怖」の表象として、映画史において神話化されてゆくのである[11]。

『食人族』において消息をたった撮影隊の残したフィルムの題名は『グリーン・インフェルノ』であり、ここからタイトルを拝借したイーライ・ロス監督の『グリーン・インフェルノ』が二〇一五年に公開されている。ジャングルを開発から守ろうとした一行がアマゾンの密林に墜落し、自分たちが保護しようとした食人族の捕虜になり食べられてしまうという物語が、二一世紀においても残酷きわまりない描写で展開するのだ。かつてのコロンブスのように、植民地幻想が「秘境」と「食人」を生み落としたが、田中聡によれば、日本でも高度経済成長後の一九六〇年代からの自我と日本の拡大時期に、秘境を覗き見ることの好奇心、辺境を知的に支配したいという欲望のまなざしなどが秘境ブームをつくりだし、多くの書籍が出版されていた〔一四―三五頁〕。たとえば、ニューギニアの奥地に食人種マネキョン族を求めた写真家風見武秀の『人喰い人種の国』（一九六一年）がある。人喰いの現場は目撃できないが、原住民の住居に置かれた頭蓋骨が読者の想像力を煽るかのように紹介され、戦時中に部族に拉致され食べられてしまった戦友の話が紹介されるのである。また、「日本のヤコペッティ」と呼ばれた井出昭がニューギニアの食人行為を記録しようとし、日本・イタリア合作のドキュメンタリーとして映画化もされた『残酷人喰大陸』(一九七四年)の猟奇的映像はそのきわみであろう。

ここでぜひ思いだしておきたいのが、一九七七年から放送された「川口浩の探検隊」シリーズである。このシリーズでも、一九八〇年一〇月の「恐怖の首狩り族、ルソン島未踏の奥地にウロン族は実在した」、一九八一年四月の「首狩り族か、人食い人種か、最後の魔境ボルネオ奥地に恐怖のムル族は実在した」など、人喰い人種が扱われている。だが、一九八三年には秘境をクイズ仕立てのバラエティ番組にした『なるほど! ザ・ワールド』が始まり、秘境は秘境であることを終えつつあった。一九八五年には川口浩が癌をわずらいシリーズは終了し、嘉門達夫のパロディ曲「ゆけゆけ川口浩」が大ヒットするにいたる。この歌では「さらに未開のジャングルを進む、道にはなぜかタイヤの跡がある、ジャングルの奥地に新人類発見、腕には時計の跡がある」と秘境幻想が嘲笑される。しかしながら、食人幻想の「はじまりのテクスト」としてのコロンブスの『日誌』は、二一世紀においてもまだ終わりなき漂流を続けている。たとえば、池田智子の『カニバリズムの系譜』の冒頭は、「現代において、もしあなたが本気で人肉を食べてみたいと思うのなら、唯一、食べることができる可能性のある国がある。それは隣国、北朝鮮である」と、まことしやかに始まっているのだから[八頁]。

この章で最後にあげたい山本透監督の『探検隊の栄光』(二〇一五年)は、川口浩の探検隊シリーズのパロディ的な映画である。秘境に存在する伝説の「三つの首の大蛇ヤーガ」を撮影するために、探検に向かう探検番組を描き、レポーター(藤原竜也)がヤラセなどに当惑する姿を通して、いかに秘境や野蛮が捏造されてきたのかと抱腹絶倒で見せつける。ヤーガが生息する洞窟に到着すると、そこには三人の反政府軍ゲリラが潜伏しており、探検隊は現実の冒険に巻きこまれてゆくのである。三つの首の大蛇のかわりに洞窟にいたのが三人のゲリラだという設定は、テロリストが現代の竜になったことを物語ってはいないだろうか。密林で人喰い族に拉致され食べられてしまうという「グリーン・インフェルノ」的映像は、砂漠において外国人がイスラム国のテロリストに拉致され、処刑されるという「デザート・インフェルノ」のような現実映像に取って代わられているのである。ビンラディンはその悪の顔をメディアに映し続けられていたが、顔のないゆえに増殖を続けるテロリストたちは、恐怖で人間を喰らい尽くそうとする。パリ同時多発テロのように、いつ何時、都市が秘境になるのかわからない。そして、人を喰うゾンビが抵抗するヒーローとして脚光を浴びる時代が到来しているのだ。(12)

# 第二部　竜殺しの進化論――『白鯨』、『ジョーズ』、『ゴジラ』

ただしゴジロは、物語を鯨の視点から語らなかった点は作者の失敗だったと感じていた。

マーク・ジェイコブソン『ゴジロ』

# 第一章　『白鯨』における竜殺し――白鯨／テロとの戦い

竜退治の物語は姿を変えて文化のなかを跳梁してきた。「禍々《まがまが》／曲々《まがまが》」しく「女性」をあらわすような「曲線」のドラゴンを、「男性」の騎士が「直線的」な槍で仕留めるのが竜退治であるならば、それはキリスト教が異教を制圧してゆく物語でもあり、男性による女性の迫害の記録なのかもしれない。「ナラトロジー学」的に考えれば、文という単位の最も基本的な構造は、「主部」と「述部」である。たとえば、「騎士（主部）が剣を使って竜を殺した（述部）」という文があるとして、竜と騎士の戦いは、神と悪魔との戦いのように、文学の根源的なテーマだが、たいていの文学は、この「主部」と「述部」という構造がアレンジされ、別のものにおき換えられて変奏が誕生するのである。『エイリアン』（一九七九年）の場合では、「リプリーという女性（主部）が宇宙船からエイリアンを外の空間に放りだした（述部）」というように、変奏されている。この意味では、すべての物語は竜退治の物語の変形といえるだろう。ラファエロの『聖ゲオルギウスと龍』（一五〇五年）などの古典的なドラゴン退治の絵画群は、ジョン・コプリーの絵画『ワトソンと鮫』（一七七八年）へと流れてゆき、これらの小説版ともいえるハーマン・メルヴィルの『白鯨』（一八五一年）は、ジョン・ヒューストン監督によって一九五六年に映画化され、スティーヴン・

（図9）ラファエロの『聖ゲオルギウスと龍』（一五〇五年）

(図10)コプリーの『ワトソンと鮫』(一七七八年)

(図11) ヒューストンの『白鯨』(一九五六年)

スピルバーグ監督作品『ジョーズ』(一九七五年)へと変貌を遂げるという、「竜退治の進化論」が見えてくる(図9、10、11、12)。

　メルヴィルの『白鯨』は、捕鯨という資本主義的利益ばかりを主張する一等航海士スターバックの名前が「スターバックス・コーヒー」の由来となり[13]、尾田栄一郎のコミック『One Piece』の白ひげ海賊団の船名が「モビィ・ディック」でもあるように、原作を読んだ人は少ないにもかかわらず名前だけは知られているという世界十大文学のひとつである。『白鯨』は語り手が「僕をイシュメールと呼んでくれ」という有名な一文で幕をあける。筋だけを要約すれば、この大著は足を喰いちぎった白鯨モビィ・ディックを追い続けるエイハブ船長のピークォッド号に、語り手イシュメールは銛打ちのクィークエッグと一緒に乗り込むが、白鯨に追突された船は沈没し、棺につかまり浮きあがったイシュメールを除いて全員が命を落としてしまうという単純なものになる。ポリネシアの人喰い族と噂されたタイピー族の間で生活したという「実体験」を売り物にして、

(図12)スピルバーグの『ジョーズ』(一九七五年)

『タイピー』(一八四六年)でメルヴィルは名をあげていた。いわば自分自身(の体験)を読者に「消費《たべ》」させるような擬似的カニバリズムを行なったわけだが、『白鯨』第三章の汐吹亭においても、イシュメールが全身に刺青を施して干首を売っているクィークエッグを見たときに、人喰い族だと思い込んでしまった「食人幻想」を笑いの種にしている。

本書の第二部では、難破したエセックス号の船員たちが飢餓から仲間を食べてしまった事件を描くロン・ハワード監督の『白鯨との闘い』(二〇一五年)をまず見てゆく。エセックス号の難破に影響を受け、視覚文化に満ちたメルヴィルの『白鯨』が、竜退治の物語を摂取しつつも、いかに当時の国家的危機を映しとっていたのかを眺めた後に、それが同時多発テロ以後の文脈に合致するさまを考察するとともに、共通の敵をつくりだすことによって、集団の絆がつくりあげられることを見てゆきたい。そして、『白鯨』をアレンジした『ジョーズ』において、サメに投影された様々な脅威を読み取り、男たちが団結して女性的存在を抹殺してきたことを指摘したい。また、冷戦期の『ジョーズ』にひそむ原爆恐怖から、原爆という現代の竜のことを考察するつもりである。『ジョーズ』には『ゴジラ』の影が隠れていたが、怪獣映画によって核の脅威を描き続けた戦後日本において、放射能の恐怖が飼い慣らされてゆく過程を概観し、最後に原発増殖炉がテロリストによって攻撃される『天空の蜂』を、『フランケンシュタイン』の副題「現代のプロメテウス物語」として読み解いてみる。

ハワード監督の映画『白鯨との闘い』は、ナサニエル・フィルブリックのノンフィクション『復讐する海——捕鯨船エセックス号の悲劇』(二〇〇〇年)を映画化したもので、原題は『大洋のど真ん中で(In the Heart of the Sea)』だが、『白鯨』の名前を掲げることで収益を狙った邦題がつけられている。

それでは「エセックス号の悲劇」とは何だったのか。一八二〇年に南米ガラパゴス諸島付近で、巨大な鯨が攻撃してきたために捕鯨船エセックス号は難破し、ジョージ・ポラード船長や一等航海士オーウェン・チェイスら二十名ほどの乗組員たちは、マルケサス諸島の人喰い人種を避けるべく、別の方向にボートの航路を変更したが、三隻のボートに別れて漂流することになる。やがて、飢餓に陥った彼らは、死亡した黒人船員たちの肉を食べるという食人行為に陥ってしまう。ポーはこの事件から『ナンタケット島出身のアーサー・ゴードン・ピムの物語』（一八三七年）において、漂流中に飢餓に苦しむ船員たちが籤びきをして、食べられる人間を選ぶというエピソードを書いたが、漂流中にやむなく人肉を食べたチェイスによって、『捕鯨船エセックス号の難破』という実録手記が一八二一年に出版され話題を呼んでいた[14]。メルヴィルはこの本を所有し、実際に出会ったチェイスの印象を「これほど魅力的な男は見たことがない」と余白に書き込んでいる［フィルブリック 三〇八頁］。

『白鯨との闘い』は、売れない作家ハーマン・メルヴィルが、難破事件から三十年以上が経過した後、唯一の生存者となった当時の船員トマス・ニッカーソンから、事件の真相の聞き取りを行なうことで始まる。史実ではエセックス号を難破させたのは白鯨ではないが、当時の船乗りたちに目撃されていた白鯨伝説を持ち込み、ニッカーソンの話をもとにメルヴィルが『白鯨』を執筆するにいたったという外枠で映画を囲っている。そして、白鯨に襲われ難破して食人行為に及んだという事実を、捕鯨業界に打撃を与えないよう隠蔽することを要請されたにもかかわらず、チェイスやポラード船長がありのままを公表したという「真実の告白」のクライマックスを構成している。初代大統領ジョージ・ワシントンの「桜の木のエピソード」以来、連綿と継承される「真実の告白」というアメリカの伝統に組み込んだのである。さらには、終わり近くのシーンでニッカーソンは土地から油が湧くことに驚くが、鯨から精製した鯨油から石油へのエネルギー転換を見せ、鯨油のために鯨を追い続けたアメリカが、ブッシュ政権になっても石油の利権を求めイラク戦争を勃発させ、「白鯨との闘い」から「テロとの闘い」へと戦争をひたすら続けることになる未来までも示唆してみせたのだ。

一八二〇年代以降、この「エセックス号の難破」が猟奇的事件にとどまらず、全米を震撼させる衝撃的事件となったのには、二つの理由が絡み合う。ひとつめは、一八一二年の第二次英米戦争時にイギリス艦船と戦ったフリーゲート艦と同じ名前であるエセックス号が鯨の攻撃で沈没したこと、ふたつめは「人喰い人種」を恐れたエセックス号の白人たち自身が、最初に死亡した黒人を貪り喰った「人喰い人種」となりさがってしまうことで、これまで黒人の血肉を搾取してきた奴隷制の疑似的「食人行為《カニバリズム》」が現実化し、世に黒人虐待を見せつけたことである。この二つの要因により「エセックス号の難破」は、国家の難破を予感させる事件になった〔巽『リンカーンの世紀』二七六頁〕。『白鯨』が「エセックス号の難破」が暗示する国家の難破という恐怖のうえに構成されたテクストだとすれば、それは現代においても、どう読むかで読者の政治的無意識が明らかになる「ロールシャッハ・テスト」のように機能するのも不思議ではない。現代美術家のマット・キッシュは、『『モービー・ディック』という小説が自分にとって真にどんな意味を持っているかを掘り下げる」べく、五五二頁のシグネット版『白鯨』にあわせて毎日一枚の絵を描き、五五二枚の挿絵の入った『白鯨』を完成させた〔五八二頁〕。絵という視覚芸術によって原作の真髄を「捕鯨《はあく》」しようとしたキッシュは、「だんだんエイハブに同化していって、白鯨という観念に取り憑かれ、アートを完成させてモンスターを殺すのだという思いを募らせていった」と書いている［五八三頁］。それではこの「恐怖／テロの世紀」における『白鯨』の現代的意味を読んでみたい。

著作家ジョン・オサリヴァンが合衆国の拡大は神に課された使命であるという「明白なる使命」という考え方を説いて、領土拡大を正当化していた一八四五年の三年後の一八四八年に、ベンジャミン・ラッセルとケイレブ・パリントンによって、この難破を描くパノラマ画が製作されていた。ポラード船長を訪問までしたメルヴィルが「エセックス号の難破事件」のパノラマを目撃した可能性は低くはないと巽は考え、メルヴィルが「演劇／映像的想像力」の洗礼を受けていたという。物語の冒頭でイシュメールは、「僕の捕鯨の旅は、はるか前から神が仕組んだ壮大な出し物の一部なのである。それは大きなパフォーマンスにはさまれた短い間奏曲であり、ソロとして演じられる。もし、この出し物の宣伝用のポスターに見出しをつけるならば、『米国大統領選挙の接戦』『イシュメール、ただひとりで捕鯨の旅に』『アフガニタンの血まみれの戦闘』のようになるだろう」と、二つの当時の事件のキャッチコピー的宣伝見出しに、自分の旅をはさみ書いている［七頁］。こうしたキャッチコピー的宣伝感覚は、パノラマの宣伝によって培われたもので、実際に、ラッセルとパリントンのパノラマには「鯨の旅で世界一周」という宣伝文句が躍っていた［巽『リンカーンの世紀』二七九頁］。スペクタクル的要素の強い『白鯨』が、早くから映像化されてきたのも無理はない。

たとえば、ミラード・ウェブ監督のサイレント映画『海の野獣』（一九二六年）では、恋人をめぐる三角関係で弟に謀られたエイハブ（ジョン・バリモア）が、白鯨に足を奪われ恋人にも捨てられたという設定が創作される。復讐するハムレットが当たり役だった名優ジョン・バリモアによる、「ジャズ・エイジ」に製作された「恋に落ちたエイハブ(エイハブ・イン・ラブ)」とでもいうべき映画だが、最後に白鯨を仕留めてエイハブは恋人と復縁する。名優グレゴリー・ペックが冷徹な機械的エイハブを演じたジョン・ヒューストン監督の『白鯨』(一九五六年)は人々の間に鮮烈な記憶を残し、巨匠フランシス・フォード・コッポラが製作総指揮を務めたTV映画版『モビー・ディック』(一九九八年)では、グレゴリー・ペックが牧師として再登場し鯨についての説教をし、エイハブ船長には多文化主義的テレビ版『新スタートレック——ネクストジェネレーション』で宇宙船エンタープライズ号の船長を務めたパトリック・スチュワートが扮している。また、エイハブには原作では「若くて綺麗な妻」としか描写されない妻がおり、それをセナ・ジータ・ナスランドは外伝的な『エイハブの妻』(一九九九年)で発展させたが、マイク・バーカー監督による最新版『白鯨』(二〇一〇年)は、奴隷主から救った黒人少年ピップに「僕をイシュメールと呼んでくれ」と言うことで始まり、その後に転倒し義足の外れたエイハブ(ウィリアム・ハート)が立ちあがるのを助ける妻が登場する(イラク戦争の負傷兵との関係か、このエイハブは再三にわたって義足を外した惨めな姿が描写される)。はたまた、艦長エイハブが原子力潜水艦で白鯨を攻撃する『バトルフィールド・アビス』(二〇一〇年)では、白鯨がエセックス号という潜水艦やオスプレイを撃沈したり、ミサイルにフェダラーという名がつけられたりと楽しめる。

視覚的想像力に満ちた『白鯨』だが、第八二章「鯨の栄光」で鯨が竜にたとえられ、生贄として鎖で縛られたアンドロメダ姫を、怪物《リヴァイヤサン》を退治し救って結婚するというペルセウスの物語が言及される。「ジュピターの勇敢なる息子ペルセウスは最初の鯨とりである」と書かれ、「シリアの異教徒の寺院では巨大な鯨の骨が保存され、言い伝えや人々によれば、それはペルセウスが殺した怪物の骨だと信じられていた」と、鯨と竜が同一視されている〔三九五―六頁〕。「誰でも蛇なら殺せるが、勇ましく鯨と対決できるのはペルセウスや聖ジョージのような人物」だというように、エイハブはペルセウスにも匹敵するほどの英雄である〔三九六頁〕。しかしながら、それと同時に新しい義足を製作させる鍛冶工をプロメテウスにたとえ、「身長は五〇フィートで……真鍮の額で心臓のない……完全な人間をつくるのだ」といい、五〇フィートの巨人に自己をイメージしているエイハブは、死体の断片をつないで製造されたフランケンシュタインの怪物的存在ともなる〔五一二頁〕。また、エイハブは「大量生産された人間たちの本質は醜いものだ」と考えているように、船員たちを道具として束ねる独裁者だともいえる〔一三一頁〕。クリス・ボルディックは、プロメテウスの役割を担ったエイハブの意思に操られて、「大量生産された人間たち」は「海原に漂う一個の独立国家を形成するに至る」と指摘している〔一二九頁〕。エイハブにそそのかされた船員たちは、悪を投影された一九世紀の竜としての白鯨にこぞって銛を投げかけるのである。しかしながら、追うものも、追われるものも、どちらも悪意に満ちた怪物であることは動かしがたい。

第三六章「後甲板」において、エイハブは甲板で船員たちを集めた演説において、白鯨を「底知れぬ悪」と呼び、見つけたものには金貨を与えると懸賞金をかけて、船員たちを「煽動／先導」してゆく。「眼に見えるものは、すべて厚紙の仮面にすぎない……その仮面を打ち破れ。囚人が壁をぶち抜かずして、どうして外に出られよう。白鯨こそわたしにとって押しつけられたその壁だ」というエイハブは、「壁」を破壊しようとする「進撃の巨人」である〔一七八頁〕。「白鯨を喜望峰だろうと、ホーン岬だろうと、ノルウェイの大渦だろうと、地獄の業火の果てだろうと追いつめてやる」というエイハブに、スターバックは「私たちは鯨を取りに来たんです。船長の復讐のためにじゃありません。復讐が成功すれば、油が何樽取れるのですか」といさめるが、「この白鯨に強大な力とはかりしれぬ悪を見出すことができる。この不可解な悪が憎いのである」と、エイハブは憎悪をかたるだけである［一七七–八頁］。捕鯨という船の「商業的目的」を、白鯨を殺すという「個人的復讐」にすりかえるエイハブは、復讐をたくらむ「個人の敵」を「全員の敵」に仕立てあげ、それを皆に合意させるのだ。そして酒の盃を廻し飲みし、切ることができない液体を分け合うことで団結した船員たちは、エイハブの憎しみにそそのかされ、白鯨を追い続けることになる。これは白鯨のほうから見れば、ゲドが影にずっと追跡される『ゲド戦記――影との戦い』のようなものだ。

巨大な鯨が鯨油を生産する資本主義体制の船に体当たりをして沈没させるという『白鯨』に、同時多発テロの惨劇がしばしば重ねられる。第八部第三章でも触れるが、現代思想家エドワード・サイードがいうように、世界貿易センタービルという米国経済の二本の脚を倒壊させたビィンラディンを執拗に追跡するブッシュは、容易にエイハブを連想させるのである。エイハブの「演説」の伝統を継承し、テロリストを自由の敵に捏造する第四三代大統領ジョージ・W・ブッシュは、二〇〇二年一月二九日の一般教書演説において、北朝鮮、イラン・イスラム共和国、イラクを「悪の枢軸国」と呼び、「ヒステリック」ともいえる演説を展開して支持を集めた。「独立宣言」という言葉によって国が誕生したアメリカにおいて、演説は重要な文化であり、たしかにエイハブ船長の演説は、ブッシュ大統領の演説を思い起こさせるのである。下河辺美知子は「ブッシュの説得」という論において、「穏健な大統領であったはずのジョージ・ブッシュが、就任して一年もたたずにこれほど好戦的な大統領に変身したのである。そこには、記号の指示作用における過剰な意味付けのなかで国家を維持していこうという共同体の衝動が見えている。共同体とは、説得のエネルギーを内包し、エイハブ的レトリックを根源に宿すものなのである」と述べている〔一〇五頁〕。共通の敵を前にして人々はひとつになる。

危機的状況のときにひき合いにだされる『白鯨』は、いかに国家が狂信的指導者によって戦争へと駆り立てられてゆくかを示す格好の見本である。ちなみに、オリバー・ストーン監督の伝記映画『ブッシュ』(二〇〇八年)では、湾岸戦争で勝利を収めた第四一代大統領の父親を、息子のブッシュ大統領が越えようとするオイディプス・コンプレックスからイラク戦争がひき起こされ、フセイン政権を倒すことでブッシュ大統領は偉大な存在の「父殺し」を果たすという個人的復讐を発見している。『白鯨』が一九世紀の「竜殺しの物語」だとすれば、「竜殺しの物語」は戦争に向かうときに使われる公式なのかもしれない。そして、憎むべき敵に銛を突き立てようと団結する男たちは、第六部で論じるブラム・ストーカーの『ドラキュラ』において、女吸血鬼に杭を打ち込む男たちの姿とよく似ている。自然という存在が表象する女を、男たちは抹殺してきたのである。白鯨を追い続けるエイハブ船長から『ジョーズ』のサメ殺しを続けるクイント船長に、その姿が継承されるのを想像するのは難しくないが、スピルバーグはクイント船長が映画館で『白鯨』を観賞するというエピソードも考えていた。第二次世界大戦の影が刻印された冷戦期の『ジョーズ』に形を変え、『白鯨』は反復されることになる。

# 第二章　『ジョーズ』における竜殺し――水面下にひそむもの

「ユニバーサル・スタジオ・ジャパン」には、『ジョーズ』というアトラクションが設置されている。映画の舞台のアミティ島が実際に存在する場所のように再現され、その歴史、風景、産業が紹介される。さらには、そこで実際に起こったサメの襲撃事件をもとに、スピルバーグが『ジョーズ』をつくったとナレーションで紹介されるのである。現実と虚構が交差するこのアトラクションで、観客たちはクルーと共に船に乗って、サメの襲撃を体験するのである。映画が観客を心理的に「別の空間《スクリーン》」へと運ぶ媒体だとすれば、映画の創立者リュミエール兄弟の『シオタ駅への列車の到着』（一八九五年）において最初期の映画が始まったのだから、映画は「乗物《ライド》」と最初から関わっていたといえる。すでに一九〇二年ごろから、遊園地の環軌道上を走る列車の客室の前方スクリーンに撮影された風景を上映する「ヘイルズ・ライド」と呼ばれる体感型の映画興行が催されていた（加藤『映画館と観客の文化史』一七一―九九頁）。むろん『ジョーズ』のアトラクションはこの延長線上に位置づけられる。『シオタ駅への列車の到着』では、駅に入ってくる列車を見て衝突すると錯覚し、観客が逃げだしたというエピソードが残っているが、およそ百年後、映画を思わせた同時多発テロの中継において、飛行機が衝突して、原爆のキノコ雲のような粉塵をあげ世界貿易センタービルが崩れ落ちるという、映画のような終末的光景が現実に起こったのを人々は目撃することになった。

ピーター・ベンチリーの小説を映画化した『ジョーズ』は、米国作家ジェイムズ・フェニモア・クーパーの古典小説『ディア・スレイヤー』(一八四一年)のような「アメリカン・ハンターの神話」を現代に再生させたものである。そして、それはまた現代の「ドラゴン・スレイヤー」の物語として、『白鯨』の「変奏」をかなでることになる。夜の浜辺のパーティで若者たちが酒を飲みキスを交しているが、男と抜けだした女は、男が眠ってしまった後、ひとりで沖へと泳ぎでてゆく。そして、彼女を巨大なホオジロザメが襲撃してくるのである。やがて、浜辺で女の腕が発見されるが、そこには長い爪を赤く塗ったマニキュアと複数の指輪が光っていた。一九七五年にこのように幕をあけた『ジョーズ』には、ベトナム戦争終結後の放埓な若者たちの姿が何気なく刻印されていたのである。深夜に男と肉体の快楽に浸ろうと規範を破る奔放な女は、罰されて肉片へと還元されたのだ。また、警告にもかかわらず、海びらきの日に、年老いた母親がひとりで息子を海水浴に連れてくる。ベンチリーの原作ではこの女性は離婚しているという設定だったが、罰を受けるかのように、その息子はサメに喰いちぎられる。原作では警察署長ブロディの妻と不倫をした海洋学者フーパーもサメに喰われてしまうが、この映画が保守的意識に絡めとられているのがよくわかるだろう。

そもそも、タブーを破るかに思える不道徳なホラー映画は、じつは「異常」を見せつけることで、「正常」とは何かを規定し、結果的に規範を維持してゆくものである。禁止された行為をする「怪物《モンスター》」は、我々が何を禁止し、何を肯定しているかを示す「他者／影」であり、我々は怪物を呼びだして、怪物との関係で「自分とは何か」を「例示《デモンストレート》」しているともいえる。親の言いつけにそむき、寄り道をした少女が狼の恐怖に遭遇するという『赤頭巾』は、いわばホラー映画の原型であり、それは『13日の金曜日』シリーズなどに継承されている。このシリーズでは、禁断の森クリスタル・レイクに入りセックスに耽溺する若者たちは、罰として性交渉中に二人が殺人鬼ジェイソンに串刺しにされるという、残酷かつ滑稽なシーンが頻繁に展開する。こうしたシーンは初デート時に男に襲われるかもしれない「男は狼なのよ、気をつけなさい」という女の不安を意味するとともに、婚前交渉を戒める保守的意識を含んでいる。ジョン・カーペンター監督の『ハロウィン』(一九七八年)は最初の殺人鬼映画《スラッシャー》であり、殺人鬼の視点に合わせカメラで映像が進んでゆくシーンがあった。だが、それよりも先に製作された『ジョーズ』では、「見る」という特権的立場にいるサメの視点から、カメラを使って海中が映されて映画が始まり、ホラー映画の要素を含んでいた。(15)「処女/妻/母親」の枠組みを逸脱する女たちは罰され死亡することになる。逸脱者を罰するサメは規範を維持するのである。

一六世紀前半の宗教改革をきっかけとして、旧世界の腐敗を逃れ、新たに発見された新大陸へと入植してきたピューリタンたちが、東海岸に町を建設し始めたのがアメリカの始まりだった。白い砂浜がある牧歌的なアミティ・アイランドは、ピューリタンが理想として抱いてきた原型的風景である[レミキン]。七月四日の独立記念日に海びらきをしたこの理想的な島に、インディアンのように外の海域から「出没《しんりゃく》」してきた「黒い脅威」のホオジロザメは人々を恐怖に陥れる。警察署長ブロディは犯罪の多いニューヨークからアミティに転勤してきた都会のインテリであり、まさしくピューリタンの歴史をなぞっているが、テクノロジーを操る富豪の海洋学者フーパー、「サメ殺し《シャーク・スレイヤー》」の古参漁師クイント船長と一緒に、オルカ号に乗ってサメ退治に出かけることになってしまう。フーパーがクイントに手を握られて嘲笑されるときに、「労働階級の代表」とクイントをなじるように、この二人の対立は資本階級と労働階級の対立であり、『白鯨』のエイハブとスターバックの対立を思い起こさせる。

それぞれ出身の異なる男たちが、対立しながらも集団の敵ホオジロザメに立ち向かうのだ。

巨大なサメは映画ではなかなか全貌を見せずに緊張感を盛りあげるが、このサメが表象するものについて、様々なことが指摘されている。たとえば、暴走するマシーン（別のサメが解剖されると、車のナンバープレートが腹から出てきて、「パーフェクト・エンジン」「人喰い機械《イーティング・マシーン》」と呼ばれ最後には大爆発を遂げる）、資本主義社会の怪物（利益のみを追求する観光地に出没し、人をむさぼり喰う）、連続殺人鬼（検死の際に「切り裂きジャック」という言葉が囁かれる）、連続レイプ犯（原作では黒人が白人女性七名を次々強姦した事件が描かれ、ブロディの妻は巨大な黒人ではなく白人に強姦されたいというレイプ願望をかたり、フーパーとセックスをしている最中にフーパーが一心不乱に腰を振り歯ぎしりをするように、サメの食欲と白人男性が秘めている性欲が重なる）など、多岐にわたる。とりわけ、英語名で「グレイト・ホワイト」と呼ばれるホオジロザメと原作で描かれた黒人のレイプ犯との関係は興味ぶかい（映画のポスターのサメは「男根的象徴《ファリック・シンボル》」のようでもある）。ベンチリーの原作では黒人のことが多く言及されるが、映画の白い砂浜には黒い身体は登場せず、黒人という黒い血の脅威はスクリーンから削除されている。白いスクリーンを白く塗りこめれば塗りこめるほど、サメの色が黒さを増し、よせ餌にまかれる血、喰われる流血など血のイメージが濃くなる。抑圧された黒い強姦者の脅威は、サメの「牙の生えた膣《ヴァギナ・デンタータ》」のイメージがもたらす去勢の恐怖へと転換されるのだ。そうすると、このサメは男女の脅威が合わされた境界侵犯の怪物と考えられはしないか。

ブロディに溺れた過去があるように、『ジョーズ』には「心的外傷《トラウマ》」の物語が刻まれている。数日目の夜に酒を酌み交わしながらフーパーとクイントは、体じゅうの傷痕を男らしさの証として見せ合う。『白鯨』の第百章「足と腕」では足を喰いちぎられたエイハブと腕を失ったイギリス船の船長が出会うが、クイントは魚から傷を受けた足を机に自慢げに載せるのである。以前に腕相撲の選手権でクイントは巨大な「中国人《オリエンタル》」に腕をひねられ、筋が戻らなくなったことを話す。傷だらけのクイントにたいして、フーパーは何の傷もない胸を見せ、過去の失恋の傷に触れ、女が僕の胸をひき裂いたと爆笑する。クイントとフーパーの会話において、女性にたいする憎悪がさりげなく露呈されるのだ。そして、話題はクイントの腕にある「インディアナポリス号」という消された刺青の跡に向かう。第二次世界大戦の元海軍兵士クイントは、過去の戦争体験を話しだすのである。広島に投下された原子爆弾の原料ウランを運んだインディアナポリス号は、日本の潜水艦の魚雷で沈没してしまい、乗組員たちは海中で数日間漂流し、サメに次々と襲撃されてゆく。ここで原爆について言及されていることは見逃せない。また、腕相撲の巨大な「中国人《オリエンタル》」のこと、日本の潜水艦のことをつなげると、無意識下に隠れたクイントのアジアにむけた恐怖が表面に浮かびあがってきはしないか。

水面を叩いてサメを追い払いつつ過ごした三日目の夜、クイントは眠っている仲間を起こそうとする。だが、その男はサメに下半身を喰いちぎられていた。水面に漂う下半身のない身体によって、原爆と日本の脅威と並んで、去勢の恐怖もつけ加えられる。言葉だけでかたられるこのシーンを、映画中で最も恐ろしいと記憶する観客も多いのだが、それはサメの姿が見えないからだろう。見えないものこそ、最大の恐怖なのである。実話に基づくクリス・ケンティス監督の『オープン・ウォーター』(二〇〇三年)は、このことを実感させる映画である。ダイビングのツアーに参加し、とり残されて水面に浮かぶ夫婦が、水面下にひそむサメに襲われる恐怖が特殊効果なしで描かれる。どこかクイントのエピソードを連想させないだろうか。白鯨に足を喰いちぎられたエイハブ同様に、サメに去勢されたクイントは、復讐することでそのトラウマを解消するためにサメを殺し続けるのだろう（ベンチリーの原作では女が暴漢の急所をナイフでえぐる『恐るべき処女』という小説をブロディが読んでいた）。「インディアナポリス号」という腕の刺青を消そうが、彼の過去の恐怖が消え去ることはない。

　ホオジロザメという敵に団結して銛を打ち込んだ男たちは、夜に酒を酌み交わし、「男たちの絆《ホモソーシャル・ボンド》」を築きあげる。だが、『白鯨』の結末のように、その最中にサメが船に体当たりをして、男たちの絆が切り裂かれようとする。『ジョーズ』がオマージュを捧げた『白鯨』であるが、第八部第三章で触れるように、ヒューストン監督の映画版では、分身同士のような「白いモビィ・ディック」と「黒いエイハブ」がロープでつながれて、ひとつになって海中に消えてゆく姿が記憶に残っている。コッポラ製作総指揮の『白鯨』では、ロープでつながれた白鯨とエイハブが視線を交し合い、しりあがり寿の短編コミック「白鯨」では、エイハブ船長に運命の女を追い求め続けるストーカー男の姿が重ねられ、白鯨を刺殺した後にストーカーは「もう離れない」と鯨にしがみつく。『白鯨』の映像版においては、絡み合った愛憎や「エロスとタナトス」などが強調される（『白鯨』を恋愛物語にした『海の野獣』（一九二六年）では、恋人に対する二つの恋敵ともいえる義理の弟デレックと白鯨の両方を殺して、エイハブは恋人と復縁する）。しかしながら、『ジョーズ』において、サメに噛み砕かれるクイントは、恐怖に飲み込まれるだけである（図13）。この意味では「ジョーズ」という「サメの顎」を意味するタ

（図13）『ジョーズ』　サメに喰いちぎられるクイント

イトルは、「牙の生えた膣《ヴァギナ・デンターター》」をあらわすのにふさわしかった。

最初に母乳を与えてくれる母親は、食べ物を「与える存在」となるが、食べ物を「食べる存在」には結びつかない。スレンダーで華奢な女が理想とされ、「口」を封じられた女たちは、拒食症に苦しみ続けることになる。食べるだけで女は、山姥や魔女のような怪物にされてしまうのである。(16) 女性器のことを「陰唇」と呼ぶことがあるように、女性器は口のイメージと結びつくのだから、性交時にペニスがヴァギナに食べられるという連想が働いたとしても不思議ではない。ペニスを喰いちぎる「牙の生えた膣《ヴァギナ・デンターター》」の伝説は世界じゅうに存在し、『ジョーズ』にも「恐ろしい母」の脅威が投影されている。こう考えてみると、『ジョーズ』のサメ退治とは、セックスの隠喩だとも解釈できてくる。眼鏡をかけた弱々しい男だったブロディは、サメと戦うにつれて強く変身してゆく。カウボーイのようにガンベルトから拳銃を抜き、サメに銃弾を浴びせるのである。ブロディはサメに飲み込ませた酸素ボンベを撃ち抜き、原爆のような血しぶきのキノコ雲をあげてサメは爆発する。男性を去勢する「恐ろしい母」の表象であるサメの巨大な口に、「男根的象徴《ファリック・シンボル》」の酸素ボンベを挿入し抹殺するのが、警察署長としてのブロディの役割なのである。『ジョーズ』とは、セックスの隠喩を通して、男たちを去勢する「恐ろしい母」を殺害する物語でもあり、「食べる女」を処罰することにほかならない。

原爆のキノコ雲のような血しぶきをあげ、サメは爆発し海底に沈んでゆくが、ある演出を見逃してはならない。西田博至によれば、サメが海中に沈む時の音にゴジラの「咆哮」が使われることで、本多猪四郎監督の『ゴジラ』（一九五四年）にオマージュが捧げられている［一五五頁］。水爆実験によって太古の恐竜が目覚めたゴジラは、現代の竜として「酸素」を利用する兵器「オキシジェン・デストロイヤー」で葬り去られていた。原爆のキノコ雲は、原爆を投下された日本では、本多猪四郎監督の『マタンゴ』（一九六三年）にでてくる放射能汚染の畸形キノコのように恐怖の図像となり、ＲＰＧの『ドラゴンクエスト』のキャラクターとしても登場する。川村湊は「廃虚の上にそびえ立つポーズ」のゴジラも、「原爆の可視的な姿としてのキノコ雲」を思わせる恐怖の表象と見なしている〔四七頁〕。だが、原爆を投下したアメリカでは、キノコ雲は屹立する形ゆえに「男根的象徴《ファリック・シンボル》」となり、男性的なスペクタクルな力の表象となってゆくのである。投下の瞬間を上空から俯瞰的に撮影したキノコ雲の映像は、アメリカの視線によるステレオタイプ的イメージとして流通するが、広島市民らが眺めたものとは違う形だったのかもしれない。吉村和真がコミックに描かれた日本人の視点による「複数」のキノコ雲の表象を考察しているように、こうの史代のコミック『この世界の片隅に』（二〇〇七―九年）には、一分の時差がある呉から目撃されたキノコ雲が間延びされて描かれ、主人公すずは「大きな雲じゃろ。カナトコ雲よ」と回想する（図14）。

（図14）こうの史代『この世界の片隅に』反アメリカ/スペクタクル的な原子雲

キノコ雲という「男根的象徴《ファリック・シンボル》」をあげて、サメを退治するブロディが酸素ボンベを撃ち抜くのに使ったのが、第二次世界大戦で使われた米軍小銃Ｍ１ガーランドであることも見逃せない。巨大なサメに銃を向ける姿は、スピルバーグの第二次世界大戦映画『プライベート・ライアン』（一九九八年）の戦車を銃で撃ち続ける兵士の姿すら思い起こさせよう。また、スピルバーグ自身も認めているように、彼の処女作『激突』

(一九七一年)では、追い越しをしたセールスマンの車を巨大トレーラーが仕返しにどこまでも追跡してくるが、それは船を執拗に追跡してくるサメと重なってくる。トレーラーが崖に落下してゆくラストシーンを、『ジョーズ』でサメが海底に沈んでゆく最後が反復することで、このサメはどこか巨大な機械のようにも思えてならない。映画では解剖されたサメの胃袋から車のナンバープレートが出てくるが、こう読み解けば、「人喰い機械《イーティング・マシーン》」とも呼ばれて、クイントの船を沈没させた巨大なサメに、第二次世界大戦中にクイントが乗ったインディアナポリス号を沈没させた日本の潜水艦の恐怖を重ねることも可能となる。(17)『ジョーズ』の水面下には戦争の傷跡がひそんでいたのである。

そうだとすれば、酸素ボンベの爆発によってわきあがるキノコ雲から、このシーンを日本を表象するサメにたいして、原爆を投下したと読み込むこともできなくはない。映画が公開された一九七五年は泥沼化したベトナム戦争が終結した年であり、核ミサイルをもって両陣営が睨み合いを交わした東西冷戦の最中だったのだから。サメを殺して船が沈没した後、『白鯨』の結末のイシュメールのように、樽につかまりブロディは岸まで泳ぐことになるが、「昔は海が嫌いだったが」とつぶやくブロディは海の恐怖を克服したのである。大井浩二がはるか以前に指摘していたように、様々な恐怖が投影されたサメを抹殺することで、『ジョーズ』は脆弱なインテリの男性が自信を回復し、共同体の救済者へと復活するまさしくスーパーヒーローの物語である〔『センチメンタル・アメリカ』三〇七―八頁〕。この意味では「男根的象徴《ファリック・シンボル》」としてのキノコ雲があがる結末は、映画にまったく似つかわしい。「アメリカン・ドラゴンクエスト」としての『ジョーズ』は、原爆のキノコ雲のような爆発により、いわばサメが表象する女やオリエントにたいして、アメリカのテクノロジーの勝利に終わったのである。

# 第三章　竜としての原子爆弾
## ——ゴジラ、キノコ雲、フランケンシュタイン

『ジョーズ』にはゴジラの「咆哮」が挿入されていたが、『ジョーズ』の原型であるジョン・ヒューストン監督の『白鯨』（一九五六年）にも『ゴジラ』の影がひそんでいる。そもそも『ゴジラ』（一九五四年）は、水爆実験で目覚めた恐竜がニューヨークを破壊するという『原子怪獣現わる』（一九五三年）の影響で製作されたものである。この映画はＳＦ小説家レイ・ブラッドベリの短編「霧笛」を映画化したものだが、その三年後にブラッドベリは『白鯨』の脚本を書いている。『原子怪獣現わる』から『ゴジラ』に、そして『白鯨』に絡みあう「関係《ロープ》」が発見できるのだ[18]。そして、ダーウィンの『ビーグル号航海記』を読み込んでいたメルヴィルの『白鯨』における竜殺しの進化論は、「ゴジロの物語だ。正真正銘の実話。それも巨獣自身の視点から」と話す放射能汚染によるミュータント・トカゲのゴジロを語り手としたマーク・ジェイコブソンの『ＧＯＪＩＲＯ』（一九九一年）で、「突然変異」の結実を見せるのである［一三頁］。この物語でゴジロの友人の少年コモドは、『白鯨』の第四二章「鯨の白さ」を皮肉っている。「ゴジロは緑色といいました……ただし、巨大な不可知のグリーンでないことはまちがいありません。強風吹きすさぶ海のグリーンではなく、エメラルドの森に生える、きわめて豊饒な苔のグリーンでもなく……まさしくその反対です。……以前は汚れを知らなかった湖に、故障したモーターボートがのこす燃料のグリーン。ダクロン繊維のグリーン。主婦むけカタログに載る、ペン

キ見本のけばけばしいグリーン」というふうに〔一三三頁〕。

ビキニ環礁の水爆実験のために、マグロ漁船が死の灰を浴びた一九五四年の「第五福竜丸事件」の影響で製作されたのが、『ゴジラ』である。原爆を製造したマンハッタン計画における数千回におよぶ核の臨界量の実験のうち一回は、「ドラゴンの尻尾をくすぐる」と表現され、眠っているドラゴンをくすぐり起こす恐怖が重ねられた〔ジェイコブズ 一九頁〕。ここで原爆と竜が遭遇する。二〇一三年九月、伊豆大島に上陸した巨大台風が多くの犠牲者をだしたことは記憶に新しいが、嵐の夜に大戸島に上陸し、地響きを立てて民家を倒壊させたゴジラのことを思いだしてしまった。一八五五年の安政大地震時には、災害の原因だといわれた大鯰を封じ込めるために「鯰絵」が量産されていたが、見えない天災の脅威が鯰という形におき換えられたわけである。[19] そのおよそ百年後に大鯰の末裔として東京を火の海にするゴジラは、空襲や災害の記憶の表象であった〔西山『パンデミック』三〇九頁〕。東日本大震災の後、福島に取材にきた体験を虚構まじりに描いたクリストフ・フィアットの紀行文風小説『フクシマ・ゴジラ・ヒロシマ』（二〇一一年）において、瓦礫の散乱する海辺でフィアットはゴジラの咆哮を耳にする。「ふいに、鋭い音が聞こえた……まさかそんなと思うけれど理屈じゃない、僕にはわかる。そう、そうなんだ。この鋭い音は鳴き声だ。そうだ、ゴジラの鳴き声だ」〔一二五頁〕。このゴジラの咆哮は、怒りか、悲しみか、歓喜か、いったい、どれだったのだろうか。

フラッシュバック現象と絡められて、ゴジラはしばしばトラウマの表象だといわれる。トラウマとは、「過去」に受けた体験が衝撃的すぎて、それを物語化してかたり直すことができず記憶の底に抑圧されるが、この消えない衝撃は神経症などの形になって、「現在」に回帰《フラッシュバック》してくるものである。

何度となくリメイクされ銀幕に帰ってきて、口をひらき眼もくらむばかりの閃光《フラッシュ》を吐きだすゴジラは、まさに原爆のトラウマの表象である。金子修介監督の『ゴジラ・モスラ・キングギドラ――大怪獣総攻撃』(二〇〇一年)において、戦没者の怨念が宿るゴジラが描かれたように、戦没者や被爆者の表象であったゴジラは、抑圧したはずの過去が回帰《フラッシュバック》してくる「不気味なもの」としての戦争の亡霊でもある。人々はゴジラの姿に物語化できない原爆のトラウマを何とか物語ろうとしてきた。[20] 伝説をかたる老人、被害を報告する国会の委員会から、テレビ塔に迫ってくるゴジラを中継するアナウンサーまで、ゴジラのことをかたりまくる人々でこの映画は満ちている(アナウンサーに扮した役者は、福井地震の火災を中継したアナウンサーの絶叫を念頭に置いたそうだが、『ゴジラ』の語りに注目した金原千佳はそこに「語るのがうれしくてたまらないといった法悦的な身振り」を見取っている[八七頁])。

怪獣映画では怪獣が生まれた理由を説明する「機械じかけの詩神《デウス・エクス・マキナ》」として放射能の影響が利用され、個性豊かな映画群が製作された。『マタンゴ』などの東宝映画で多くの脚本を担当した馬淵薫は、佐賀県の共産党幹部であり、怪獣映画に政治性を忍び込ませている。馬淵脚本の『空の大怪獣ラドン』(一九五六年)は、九州の炭鉱内で怪物によって鉱夫たちが次々に殺害される事件から始まるが、炭鉱内の過酷な生活が描かれていた。また、『フランケンシュタイン対地底怪獣《バラゴン》』(一九六五年)では、日本軍がドイツと協力して生物兵器として生産したフランケンシュタインの怪物の心臓が、広島に送られてきて放射能を浴びて怪物が誕生することになる。最初は小さな少年であったが「巨大化」してゆく怪物の姿に、放射能の悲劇が「可視化《きょだいか》」されるのである。[21] アメリカン・コミックでは『スパイダーマン』『デア・デビル』『超人ハルク』のように、放射能で主人公が特殊能力に目覚めるという設定は少なくないが、日本では核実験で被爆した船員たちが液体人間になってしまう馬淵脚本の『美女と液体人間』(一九六〇年)のように、変形してゆく身体の恐怖と悲劇のほうが主流だろう。馬淵の脚本ではないが、太平洋戦争時に放射能実験でつくりだされた透明人間たちが復讐してくる小田基義監督の『透明人間』(一九五四年)など、東宝映画は「見えない放射能」によって被爆し、「見えない存在」として闇に葬り去られてきた被爆者たちの怨念を「可視化」したのだった。

やがて、戦争や原爆の恐怖はだんだん飼い慣らされてゆく。核実験で被爆したゴジラが原爆のキノコ雲を思わせ襲来してくる「奴ら」の表象でもあり、それと同時に水爆の被爆者の「我々」の姿でもあるならば、両義的なゴジラが日本の味方になってゆくのは無理からぬことであった。『キングコング対ゴジラ』(一九六二年)以降、ゴジラと怪獣たちの戦いは「怪獣プロレス」と呼ばれ、金色がアメリカや西洋の竜を連想させるキングギドラと戦うなど、ゴジラはプロレス界のスーパーヒーロー、力道山と並ぶような怪獣プロレスのヒーローへと変わってゆく。一九五五年のシンガポールで、力道山はキングコングという名のプロレスラーと対戦しており、『力道山対キングコング決勝戦』というプロレス記録映画も一九五五年に公開されていることもつけ加えておこう。また、『ゴジラ』と同年に公開された『力道山の鉄腕巨人』(一九五四年)では、放射能マグロと共に東京に上陸した密林王者の力道山が、子供を救って都市で大暴れするということから、力道山をゴジラ的イメージで考えることも可能だろう。ちなみに、一九五九年にデビューし、キノコ雲をあしらったリングガウンも着用した韓国人プロレスラー大木金太郎の得意技は「原爆頭突き」であった。

一九五二年より連載された『鉄腕アトム』は原子力の平和利用の典型であり、『ゴジラ』と並んだ原子力の「光と影」であった。[22] 一九七〇年にウルトラマンの顔のような「太陽の塔」を象徴に大阪万博が開催され、科学の力が信奉される。馬淵が脚本を書いた『ゴジラ対ヘドラ』（一九七一年）では、ヘドロの公害の「穢れ」からヘドラが誕生する。ヘドラはその形から見て原爆のキノコ雲を思わせるが、また、縦に裂けた口は女性器のようであり、ゴジラと格闘して『四谷怪談』のお岩のようにその印象的な赤い眼が片眼になることからも、「うらめしや」とばかりに腕を下ろしたヘドラの姿は、白装束の女幽霊を思わせてならない（図15）。海洋学者もヘドラの毒で片眼になり、ゴジラも片眼を失うなど、眼を潰すという去勢のテーマに満ちたこの作品で、ゴジラがヘドラをバラバラに「解体《かいぼう》」して卵巣のような二つの球を取りだす最後は、ヘドラがあらわす女性原理を男性的ゴジラが抑圧したことになる（『ジョーズ』のサメのように女性的怪物はしばしば解剖されるのである）。また、精子のようなおたまじゃくしから大きくなることを考えあわすと、ヘドラは両性具有だともいえる。形の曖昧なものは、見る人間の恐怖が投影されて、見たいように見えるのだ。こうしたヘドラの表象は、卵を産むゴジラをメス化したオスという両性具有に設定することで、環境ホルモンによる男性の精子が減少し出産率の低下が懸念されていた時期に、境界攪乱の表象にしていたローランド・エメリッヒ監督の『GODZILLA』（一九九八年）よりも、はるかに早かった。

（図15）『ゴジラ対ヘドラ』幽霊的怪獣ヘドラ

　科学がもてはやされた光の時代、「光の国」からやってきたウルトラマンが科学特捜隊と共に活躍する『ウルトラマン』シリーズが一九六六年から放送され、怪獣物に代わって流行し、光線は正義のイメージとなってゆく。昭和ゴジラ・シリーズは、ゴジラが科学の力で製造された分身的存在《ドッペルゲンガー》のメカゴジラと戦う『メカゴジラの逆襲』(一九七五年)をもって終結を迎えたのである。ゴジラを馴致することは、戦争や原爆という亡霊の「悪魔払い《エクソシズム》」となり、戦争の記憶の風化を意味する。もともと、清少納言の『枕草子』の「ちいさきものはみなうつくし」という言葉のように、日本はちいさきものを賞讃し、盆栽のように世界を縮小するのにたけた文化である(ソニーの「ウォークマン」の成功は縮小文化の必然的結果である)。野生の昆虫採集のかわりにデジタル上で小さな怪獣たちを「ポケットの中の野生」として収集する任天堂ゲームボーイ用ソフト『ポケットモンスター』のピカチュウは、回帰《フラッシュバック》してくる原爆《ぴか》の記憶が「衛生化《かたりなお》」された「ゴジラのかわいい末裔《なれのはて》」なのかもしれない(一九九七年一二月一六日にテレビ東京系で放送された第三八話において、ピカチュウが放つ閃光《フラッシュ》は、子供たちに痙攣や失神などの発作を起こしたが、トラウマとしてのゴジラのことが頭をよぎる)。

さて原爆を投下したアメリカでは、巨大な悪魔にしか見えないゴジラの表記「GODZILLA」に「神(GOD)」が刻印されているのは皮肉だが、キノコ雲は、「怒れる神」といった畏怖の対象だけではなく、広島と長崎に投下された原爆に、その形態から「リトルボーイ(ペニス)」と「ファットマン(デブ)」の名称がつけられたように、男性化された「男根的象徴《ファリック・シンボル》」でもあった(原爆のジェンダーを考えてみれば、一九四六年、マーシャル諸島ビキニ環礁の原爆実験において、フランスのデザイナーのルイ・レアールが水着の大胆さを原爆の破壊力にたとえたことから、「ビキニ」という名称が生まれたことは皮肉だろう)[23]。原爆のキノコ雲が「男根的象徴《ファリック・シンボル》」と見なされることで、恐怖から力へと転換され、一九五三年以降、原爆実験地ニューメキシコ州ロスアラモスに移住した人々が西部開拓民にたとえられ、原子力《ニュークリア》の開発と西部の開拓というフロンティアが奇妙に連結された「ニュークリア・フロンティア」というイメージが台頭する。西部のネヴァダ州では一九九二年までに九二八回の核実験が繰り返され、米国原子力委員会が核の安全を宣伝するためにつくったパンフレット『ネヴァダの核実験の影響』（一九五四年）では、西部の風景にキノコ雲があがり、草を食べる馬にまたがったカウボーイのイラストが掲載されている（図16）。ブラックユーモアにも見えるイラストだが、カウボーイの男らしさと原爆がつながれ、放射能が無害であることを宣伝しようとしている。

（図16）『ネヴァダの核実験の影響』のイラスト

こうした核文化において、西部のモニュメント・ヴァレーという風景に、そびえるキノコ雲が似合うようになる。ちなみに、川本徹の指摘によれば、ディズニー・アニメーションの『トイ・ストーリー3』（二〇一〇年）の冒頭でモニュメント・ヴァレーを背景にして、玩具《トイ》のカウボーイ保安官が列車強盗団を追跡するが、「サル爆弾」という核的兵器が炸裂してキノコ雲があがるシーンは、「ニュークリア・フロンティア」の伝統の一部であるといえよう［八二―六頁］。しかしながら、ネヴァダ砂漠の核実験による放射能のために、そこで映画撮影をしていた多くの俳優たちがガンで死亡することになる。とりわけ、西部劇俳優ジョン・ウェインも一九七九年にガンで死去し、「男根的象徴《ファリック・シンボル》」であるキノコ雲により、ジョン・ウェインという「男らしさの象徴」が殺されることになったのは、最大級の皮肉だろう。こうした原爆の男性性を皮肉ったのが、スタンリー・キューブリック監督の『博士の異常な愛情』(一九六四年)である。ロデオをするかのように投下される原爆にコング少佐が跨り、テンガロン・ハットをふりまわし、そのあと核爆発のキノコ雲の映像が次々に流れるラストシーンによって、「男根的象徴《ファリック・シンボル》」としての原爆と男らしさが揶揄されるのである。

さて、『ジョーズ』において『ゴジラ』にオマージュを贈り、酸素ボンベの爆発でキノコ雲のような血しぶきをあげたクライマックスで、テクノロジーの勝利を賞賛したスピルバーグは、『ジュラシック・パーク』(一九九三年)において、テクノロジーの暴走を見せつけることになった。この「恐竜の動物園」では、恐竜の血を吸ったまま琥珀に封じ込められた蚊から恐竜の遺伝子を採取し、バイオ・テクノロジーで恐竜を誕生させるが、繁殖しないように恐竜はすべてメスに限定されている。生まれた恐竜が初めて見た存在を親だと思い込む習性を利用して、ハモンド社長は誕生時には必ず居合せることで、白人家父長制度によるセクシュアリティの管理が行使されているのである。だが、メスだけのはずの恐竜が、遺伝子の不足を性別が変異するカエルの遺伝子で補ったためにオスに変身し、勝手に生殖を始めてジュラシック・パークが破綻する。管理されてきたメスの恐竜が、白人家父長制度を鋭い牙でひき裂こうとするのだ。さらに、スピルバーグは製作総指揮を務めた『ジュラシック・ワールド』(二〇一五年)において、中国系のヘンリー・ウー博士によって、複数の遺伝子の「混淆《つぎはぎ》」で製造された巨大な恐竜インドミナス・レックスのひき起こす惨劇を描き、死体の断片の「縫合《つぎはぎ》」で誕生したフランケンシュタインの怪物の恐竜版をつくりあげたのである。

メアリー・シェリーの『フランケンシュタイン』(一八一八年)は、早くも一八二三年にリチャード・

ブリンスレイ・ピークによって演劇化され、第一次世界大戦を控えた一九一〇年には発明王エジソンも映画化していた（エジソンは映画の道徳性を重視したが、道徳の荒廃が懸念された時期に、古典を映像化して教育教材として使うことがすでに検討されていた［ハンド 一一頁］）。怪物のイメージを決定したのは、ジェームズ・ホエール監督の『フランケンシュタイン』（一九三一年）におけるボリス・カーロフの姿である。突然降板したドラキュラ役で有名なベラ・ルゴシに代わって抜擢されたカーロフは、『クリミナルコード』（一九三一年）という演劇にギャング役の醜い顔で出演しており、このギャング役の顔と怪物の顔との重なりには驚くべきものがある［谷内田「ボリス・カーロフの影の下に」三三七頁］。四角い頭、張りだした顎、厚ぼったい目などの怪物のメイクは、原作からほど遠いロンブローゾの犯罪人類学が主張する「生来性犯罪者」の顔が利用されていた。映画冒頭の教室の講義では、「正常《ノーマル》」とシールの貼られた脳、「異常《アブノーマル》」とシールが貼られて側頭葉に異常がある犯罪者の脳が比較され、脳を観察すれば犯罪者の暴力に満ちた過去が見えてくると説明されている。怪物にあやまって犯罪者の脳が移植されてしまい、殺人が繰り返されるという展開は、犯罪人類学の遺伝的決定論の影響だといえよう。

また、雑多な身体の断片をつないで創造された怪物は、書簡体の寄せ集めで構成された『フランケンシュタイン』という原作小説の隠喩でもあるし、それは映画の成立を象徴してもいる。フィルムの「編集《つぎはぎ》」で製作され、登場人物に生命を与え動きださせる映画は、様々な死体の「縫合《つぎはぎ》」でつくりだされて動きだす怪物によく似ている。喜劇俳優チャールズ・チャップリンは音のないサイレント映画でコミカルな歩きを披露したが、それとは対照的にふらふらと歩き、たどたどしく言葉を話すカーロフが演じた怪物は、音が入ったトーキー映画に移行し、歩き始めた映画自体をあらわしていた。フランケンシュタインの手を離れ、怪物がひとり歩きを始めるという「創造者」と「創造物」の関係は、「作者」と「作品」の関係におき換えてもよい。怪物は創造者に自分を創ったことへの復讐をたくらむが、それは、テクストが作者の意図を離れ、読者に自由に解釈されるという思想家ロラン・バルトの説く「作者の死」のべつの姿でもある。カーロフの姿は人工頭脳が意識を持ちだし人類に反逆する『ターミネーター』(一九八四年)の次々と人間を殺害してゆく巨体のサイボーク(アーノルド・シュワルツェネッガー)に継承されている。フランケンシュタインの怪物は、映画においてひとり歩きを始め、銀幕に増殖してゆく。原作の序文で、流産していたメアリー・シェリーは、自分の作品に向けてかたっていた。「醜い我が子よ。世に出てゆけ、そして栄えよ」と。

身体の変形と不死に関わるホラー映画は「翻案／適応《アダプテーション》」という要素をもともと秘めているが、インターナショナル・ムービー・データベース(IMDB)では百八〇本もの関連作品があがる『フランケンシュタイン』では「翻案《アダプテーション》」はさらに加速している。二〇一〇年の小林章夫訳、二〇一四年の芹沢恵訳、二〇一五年の田中志文訳などの新訳が続々と登場し、映像のほうでは、ドラキュラ、ドリアン・グレイ、フランケンシュタインなどのキャラクターの物語を「縫合《つぎはぎ》」したTVドラマ『ペニー・ドレッドフル――ナイトメア血塗られた秘密』(二〇一四年)、アメコミ原作で現代まで生きているフランケンシュタインの怪物が悪魔と天使との戦いに介入する『アイ・フランケンシュタイン』(二〇一四年)、死者が労働力として奴隷にされる一九世紀末、人造生命の秘密が記された手記をめぐる冒険を描く伊藤計劃×円城塔の小説『屍者の帝国』(二〇一二年)を映画化した二〇一五年の劇場版アニメーション、そして、ダニエル・ラドクリフが博士の助手イゴールを演じる『ヴィクター・フランケンシュタイン』(二〇一五年)が続いている。身体が機械と融合する最初のサイボーグ化現象のきざしが腕時計だとすれば、スマホやタブレットなど携帯化されたコンピューターを身につけるのが一般化した現代、日本ではそこに福島第一原発の放射能事故、STAP細胞の捏造問題などが絡み、『フランケンシュタイン』はますます再評価が進んでゆく〔小野『フランケンシュタインの精神史』一六九頁〕。時代に応じて「適応《アダプテーション》」した「進化」を遂げ、怪物の細胞は増殖し続けるのだ。

一九九三年にボストン博物館では「おもちゃの世界科学」という子供向けの展示を行ない、そのときのポスターには「君がアインシュタインになるか、フランケンシュタインになるかは、誰にもわからない」というキャッチコピーが踊った〔小野『フランケンシュタイン・コンプレックス』五三―四頁〕。人造人間を誕生させたフランケンシュタインは狂気の科学者とされるが、アインシュタインもまた原爆という怪物を製造したのである。メアリー・シェリーの『フランケンシュタイン』には、この話が「神の火」を盗んだために罰を受けるギリシア神話のプロメテウスの物語の「翻案《アダプテーション》」であることを示す、有名な「現代のプロメテウス物語」という副題がついていた。二〇一五年の夏には「神の火」を盗んだといえる原発が、鹿児島県の川内原発を皮切りに、危険が十分に検証されないまま再稼動され、それに愛媛県の伊方原発の再起動が続いている。サメの危険を承知しながらも、アミティ・アイランドの利益のために海びらきをした『ジョーズ』では悲劇が展開してゆくが、まさしくパニック映画の定型的な物語そのものが、現実の日本において進められてしまっているのだ。

そして、同じ二〇一五年の夏には、高速増殖炉の上空に、遠隔操作できる自衛隊から盗まれた最新巨大ヘリ「ビッグB」を静止させ、日本全土の原発を停止しなければ墜落させるというテロリズムを描く東野圭吾の小説『天空の蜂』(一九九五年)が、堤幸彦監督によって映画化されている。テロリストによって操縦権を奪われ、高速増殖炉の上空で爆弾をそなえたまま停止飛行し、制御不能になった不気味なヘリ「ビッグB」は、監視カメラで原子力施設に不穏な動きがないか監視することになった。「ビッグB」という名前と不気味なその姿は、全体主義の恐怖を描いた英国作家ジョージ・オーウェルの近未来小説『1984』(一九四九年)において、監視社会の姿を体現した支配者の名前「ビッグ・ブラザー」を髣髴させてならない。テロリストに乗っ取られ制御不能の「ビッグB」に、これを製作した技術者が立ち向かうという点で、『天空の蜂』は原発絡みの「フランケンシュタイン症候群《シンドローム》」の映画ともいえ、これこそまさに最も鋭敏に時代を読み取った「現代のプロメテウスの物語」だろう。福島原発事故は関係者たちに「想定外」だったと弁明されたが、「想定」もできない遠い未来を考えようとするSF的想像力が、今こそ望まれはしないのだろうか。巽孝之は断言していた。「SFにとっては、すべてが『「想定内」』で『例外なし』だった」と(『三・一一の未来』三七〇頁)。

# 第二部

## 初期アメリカ史における竜殺し——影を追うもの

死んだ虫《バグ》だけが良い虫《バグ》だ。

ポール・バーホーベン『スターシップ・トゥルーパーズ』

# 第一章　『エイリアン』『エイリアン2』の竜殺し
## ——エイリアンというインディアン

　第二部では『白鯨』から『ジョーズ』へと進化してゆく竜殺しを見てきたが、アメリカでは竜殺しはどう始まったのか。近代に成立したアメリカでは、日本の八岐大蛇《やまたのおろち》退治のような神話は紡ぐことができなかった。国家を固める神話のないかわりに、アメリカは小説や映画によって神話づくりをしてゆくことになる。文芸批評家レスリー・フィードラーは「小説とアメリカとの間には、奇妙な親密な結びつきがある」という言葉で、その名著『アメリカ文学における愛と死』(一九六〇年)を始めていたが[一三頁]、アメリカの成長と小説の成長は重なってゆく。二〇世紀は映画の時代であり、それはこの超大国の時代でもあった。この第三部では、植民地時代にピューリタンたちにインディアンが竜として抹殺されていた歴史を概観し、これにたいして『エドガー・ハントリー』では、エドガーがインディアンと同じ方法で彼らを殺すことで、自己の内部に悪を発見する探偵小説的物語が誕生したことを考えてみたい。そして、悪を追うはずの探偵が犯人に近づいてゆく構図をポーの小説から探ることにする。インディアンという竜はどのように描かれてきたのか。その手掛かりとして、まずフェミニズム映画として名高いリドリー・スコット監督の『エイリアン』(一九七九年)から始めてみよう。

　宇宙貨物船ノストロモ号はある惑星に立ち寄るが、そこで乗組員ケインの体内にエイリアンの卵が産みつけられてしまう。こうして船内に入り込んできたエイリアンは、ケインの腹を破り幼虫から成長するにつれて乗組員たちを次々に殺害してゆき、最後に生き残ったリプリー（シガニー・ウィーバー）はエイリアンと対決することになる。ドラゴンのような長い尾をしたエイリアンとの対決を描いたこのＳＦホラー映画は、内田樹も指摘するように、「騎士」ではなく「お姫様」による「竜退治の物語」であり、その革新性からフェミニストたちに高い評価を受けた〔七三頁〕。また、竜の姿をＳＦ的に変形したこの巨大で黒いエイリアンに、黒人の脅威を読み解くことはたやすい。実際リドリー・スコットは、ドイツ民族の身体を宣伝するナチス政権下のベルリン・オリンピックを記録した『民族の祭典』（一九三八年）を監督したレニ・リーフェンシュタールの写真展において、二メートルを超える黒人の写真から着想を得て、このエイリアンの造形をイメージしたといい、ナイジェリア出身の黒人にエイリアンの人形に入って操作することを依頼している。竜とは人間の恐怖の形象化したものだったが、白い清潔な船内に浸入してきたエイリアンには、黒人という恐怖が隠されていたのである。

　この惑星では生命体が内部でうごめく子宮を思わせる卵状の容器が地下墓地のように並び、ケインがそれを覗き込むと、フェイスハガーが顔に付着して体内に卵を生みつける。エイリアンとケインは一種の「混淆《セックス》」を交わしたことになる。回復したと思われたケインは、食欲旺盛に宇宙食を食べ「幸福な食卓」を囲むが、それは「最後の晩餐」になった（食卓とは父権主義の権力が行使される場所であり、拒食症の女たちは口を閉ざすことで権威に抵抗し、「幸福な食卓」という虚偽をひっくり返そうとしてきた。このフェミニズム映画でも「幸福な食卓」は性の境界撹乱のエイリアンによって壊される。ちなみに、最近では一人で食を楽しむ「ひとり飯」が評価されている）。やがて、その幼虫は体内で成長し、彼の腹を喰い破って船内に逃げだす。かぼそい女性的な男性だったケインは、帝王切開による男の「出産」を果たしたといえよう。ケインの腹から蛇のような首をもちあげるエイリアンの幼虫は、勃起したペニスを含意する（図17）。「エロスとタナトス」を体現した恐ろしくて滑稽なシーンだ。ここで小谷真理にならって、この惑星をアメリカの荒野に、ケインを白人女性に、惑星に先にいたエイリアンをインディアンに読み換えるなら、黒人の脅威と並んで「インディアン捕囚体験記」における人種混淆の恐怖も浮かびあがる〔『女性状無意識』九四－五頁〕。エイリアンを攻撃すると酸性の体液が流れだし鋼鉄の床を溶かすが、これは、触れることのできない穢れた血を連想させる。黒人や先住民の脅威に満ちたエイリアンに、性的イメージが散りばめられているのである。

（図17）勃起する男性器としてエイリアン

たとえば、この惑星に残存している宇宙船の廃墟はゴシック小説の古城の役割を果たしているが、その入り口は女性器のようである（古城のような過去の舞台のないアメリカでは、かわりにアメリカ的題材が活用されたが、メルヴィルの「ベニート・セレーノ」（一八五五年）で、奴隷の反乱で乗っ取られたサン・ドミニック号は「ピレネー山脈の崖にたつ風雨で色あせた修道院」を思わせた〔二一九頁〕）。ケインの顔に張りつく女性器のようなフェイスハガーは、クンニリングスの嫌悪を連想させるが、ケインの喉に管を挿入し卵を生みつけるのは、フェラチオのイメージだろう。ケインは男女両方のオーラル・セックスを強要されたのだ。フェイスハガーは死んだ後に男たちの前で解剖されるが、裏面を棒でつつくと反応する（図18）。これは女性器への男性器の挿入を含意し、すでに見た白鯨に男たちが銛を打ち込むシーンと同じく、本書におい

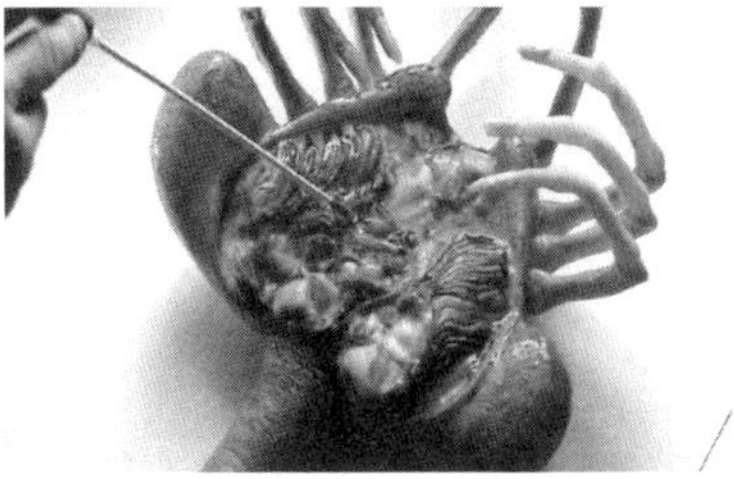

（図 18）女性器のようなフェイスハガー

て頻繁に議論される構図である。また、体液をたらし伸び縮みし黒く光るエイリアンの口と頭部は、射精する「男根的象徴《ファリック・シンボル》」をかたどり、男たちを喰いちぎる「牙の生えた膣《ヴァギナ・デンターター》」もあらわしている。鋼鉄の昆虫の殻のような皮膚のエイリアンは、雄／雌、人類／昆虫、生物／機械の区分を侵犯する境界撹乱の表象なのである。竜が境界侵犯の混沌の表象であれば、このエイリアンをスペース・ドラゴンと見なしてもよい。エイリアンの恐怖は、黒人やインディアンという人種的他者との混淆の脅威だけではなく、性の境界撹乱によるものだった。だが、エイリアンは一匹ではなかった。もうひとつの「理解不能なもの《エイリアン》」がそこにいたのである。

もうひとつの「異星人《エイリアン》」とは、誰あろう、男たちの理解を超えたリプリーという「異性人《エイリアン》」である。エイリアンと対決し従来の女のイメージを破るリプリーは、性差を撹乱するという点でジェンダー上の「両性具有」だといえ、黒いエイリアンはリプリーの影か分身だと読み込むこともできる。女性の活躍を描く革新的な力に満ちた『エイリアン』だが、そのいっぽうで既成の体制を転覆させるリプリーを、保守的な力が矯正しようとする（乗組員アッシュの部屋の壁にはヌードポスターが貼ってあり、エイリアンを生物兵器として利用しようとする会社の秘密を知ったリプリーは、アッシュによって口に雑誌『プレイボーイ』をねじ込まれて、殺害されそうになる。まるでレイプを含意したシーンだが、「告発」する女の「口」が封じられるのである）。母船を爆破して救命艇で脱出したリプリーは、安心して服を着替える。小さすぎるパンティと乳首が目立つTシャツを着ることで、男性観客のためにリプリーの身体が強調される。女性の記号

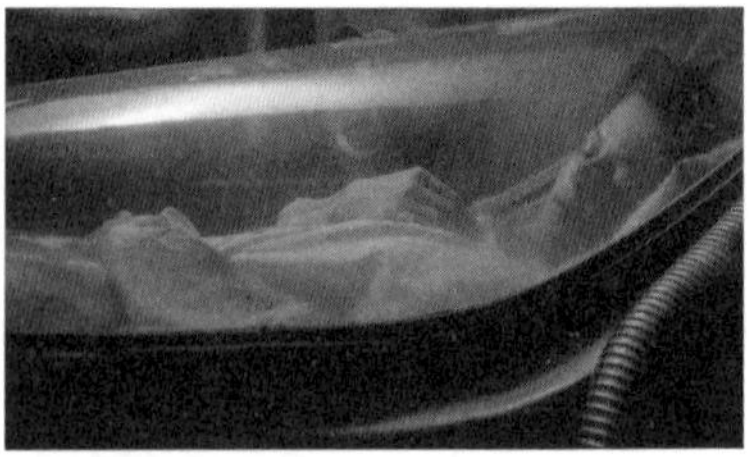

（図19）穏やかな眠りに入る猫と女

を撹乱したはずのリプリーが、ヌード写真のようなイメージにひき戻されるのだ。「見る男／見られる女」という映画史の典型的構図である。このシーンの後、救命艇に乗り込んでいたエイリアンのペニス的形状の口が映される。あたかも影のようにどこまでもエイリアンはリプリーにつきまとってくるのである。唾液をたらし伸びてくるエイリアンの口は、観客の欲望を指し示す代替的記号だろう。下着姿のリプリーの身体を舐めまわすように、男性観客の視線であるカメラとエイリアンのペニスのような口、この二つがリプリーを突き刺そうとするのだ。

リプリーはこの「異星人《エイリアン》」を救命艇から外に放り出すことに成功するが、その後にもうひとつの「異性人《エイリアン》」は馴致されることになる。ＳＦ文学史において、男性批評家たちがＳＦ女性作家たちの作品を「正典《キャノン》」に組み込まず、低俗作品として文学史の「余白《スペース》」に追放したことを告発したフェミニスト批評家マーリーン・Ｓ・バーは、「ＳＦのステレオタイプを粉砕」する流れをもつ作品群の一部として『エイリアン』を評価していたが〔一七四頁〕、皮肉にもリプリーは自分の影を「宇宙《スペース》」に追放してしまったのである。ラストシーンで、リプリーは猫と一緒にスリープ・カプセルで眠りに入る（図19）。眠りにつく猫と女。「棺」のようなスリープ・カプセルで安らかに。『エイリアン２』でリプリーが白雪姫と嘲笑されるように、男たちにとって脅威の女リプリーは「眠れるお姫様」に矯正されてしまうのである。一九世紀末芸術における女性嫌悪を分析したブラム・ダイクストラの『倒錯の群像』では、一九世紀末には女と猫を並べて描いた絵が流行しており、その背後には女を猫のようなペットと考えて、女と動物の近親性を強調し、女を「性的玩具《プッシー》」に貶める女性蔑視が隠されていたことが指摘される〔四五五—六〇頁〕。まとめてみると、セクシュアリティの規範を攪乱する「異星人《エイリアン》」が排除された後、リプリーというジェンダーを揺るがす「異性人《エイリアン》」は、伝統のなかの猫と女の図像に矯正されたことになるだろう。

　エイリアンから逃れたリプリーだが、次はスリープ・カプセルで規範的女性として封じ込められる。『エイリアン』は二つのエイリアンの駆除を果たしたことになる（『エイリアン2』では女性器《プッシー》に似たフェイスハガーがガラスに標本として保存されており、第一作目では、エイリアンが最初に乗組員を襲うときに、「キティ、キティ」と呼ばれた猫が牙を剥くシーンがあるが、エイリアンの牙と猫の牙の両方が「牙の生えた膣《ヴァギナ・デンタータ》」の脅威を示唆していた。「プッシィー」は猫や女性器を表す俗語である。ちなみに、サンリオのキャラクター「キティちゃん」には口もなく、背景の物語もない〔加藤洋典 一八三—二〇七頁〕）。お姫様の「SF版竜退治」は、セクシュアリティを攪乱するエイリアンという竜だけではなく、ジェンダーの規範を破るお姫様もまた退治したのであった。しかしながら、『エイリアン』のこの最後にたいして、竜殺しの場面を持ち込んだポーの短編は、まったく異なる結末を提供することになる。第四、五部で見るように、「アッシャー家の崩壊」では生きたまま埋葬されたマデラインが「棺」を破って起きあがり、「黒猫」では「墓穴《トゥーム》」と書かれた壁から妻の死体と黒猫が発見される。ポー文学の女たちは男たちを震えあがらせるのだ。

　ジェイムズ・キャメロン監督の『エイリアン2』（一九八六年）では、さらにインディアンとしてのエイリアンのイメージが強調される。カプセル・スリープから目覚めたリプリーはすでに五七年が経過していることを知る。植民地として開拓が始まっていたあの惑星で、住民からの連絡が途絶えた。筋骨隆々の女性兵士バスクエスらと一緒に「植民海兵隊《コロニアル・マリーン》」に参加し、リプリーは惑星の調査に向かうことになる。だが、植民地は襲撃されており、エイリアンから逃げることのできた少女ニュートが、頭だけのバービー人形を抱いて隠れていた。リプリーはこの孤児を保護するが、それは母親の代理役を果たすことを意味する。住人たちが拉致された場所に向かう海兵隊は、「海兵隊の義務を忘れるな。前進だ〈keep moving〉」と、「明白なる使命」を思わせるセリフを吐き、この惑星の過去についてはほとんど語られず、「空白《スペース》」として残されている。新大陸が発見されたとき先住民としてインディアンたちが先に住んでいたにもかかわらず「処女地《ヴァージン・ランド》」として認識されたが（しかしながら、先住民を一掃した後それは「後家地」となってしまった）、『エイリアン2』においても、白人たちが空白とすることでインディアンから土地を収奪してきたレトリックが繰り返されている。

エイリアンは住人たちを地下の粘膜でできた巣に捕獲し、その体に卵を生みつける。バリケードを築きたてこもる海兵隊とエイリアンとの攻防戦が、騎兵隊とインディアンの戦いさながらに展開してゆく。海兵隊たちは次々に殺害されてゆくが、女性兵士バスクエスの最後に注目してみたい。ジョン・フォード監督の名作『駅馬車』（一九三九年）を筆頭に映画史においては、インディアンに包囲されて絶望を悟った男性が、女性が捕虜となって「死よりも恐ろしい運命《レイプ》」を迎えるよりは、自分の手で殺そうと「最後の弾丸」を向けようとするシーンが繰り返されてきた。女が生きるかどうかという権利は、男の手に握られている。こうした父権制の権力に満ちた「最後の弾丸」の構図を『エイリアン2』は転換させた。エイリアンに包囲され自爆するための手榴弾を握るのは、女性兵士バスクエスと男性中尉ゴーマンの二人の手なのである。たしかに、『ターミネーター』で戦う女サラ・コナーを誕生させたキャメロンのフェミニズムを読み込みたくなるだろう。だが、そうはいかない。

　ニュートは再びエイリアンに連れ去られ、その後に頭だけのバービー人形が残される。この人形を手がかりに、リプリーはただ一人でニュートの救出に地下の巣へと向かう。ジョン・フォード監督の『捜索者』(一九五六年)においても、少女がインディアンに拉致され人形が残され、イーサン・エドワーズ(ジョン・ウェイン)が長年にわたり捜索を続けるが、人形とはそうした役割を担ってきた。ニュートを捜し求めたリプリーは、女王蟻をイメージしたクイーン・エイリアンに対面することになる。産卵帯で縛られて動けず卵を守るクイーン・エイリアンは、出産のためだけに存在する束縛された女たちの姿をあらわしている。言うなればフェミニストが否定してきた男のために子供を生むだけの生物学的な母親である。このクイーン・エイリアンは爆破を逃れ救命艇まで乗り込んでいた。救命艇を運転するアンドロイドは、ペニスのような尻尾で突き刺され、白い体液を吐きだしながら、ひき裂かれ下半身を失う。『ジョーズ』のような去勢のイメージだ。『エイリアン2』で男たちは皆去勢されている[24]。漆黒のエイリアンとアンドロイドの精子のような白い液体はセックスを連想させ、異種混淆の恐怖がふりまかれる。

　前作では下着姿のレイプされる危機にある女だったリプリーだが、少女を守るために「強化服《パワード・スーツ》」に乗り込み、エイリアンに立ち向かうのである。この服を身につけるとき、リプリーは男性の力を手に入れ、男となれる。よく指摘されるように、これは一種の「性別越境《トランス・ジェンダー》」だといえる[25]。男女のジェンダーを決めるのは衣服なのだ。男性的な機械《ふく》を装着したリプリーは、男女の区分を無効にする「サイボーグ・フェミニスト」に変身する。クイーン・エイリアンは家父長制度によって生殖のためにだけ利用される女性像を表象していたが、格闘の末にこの存在は船内からとり除かれる。リプリーは悪しき女性イメージを打破したのである。お姫様による竜退治は成功し、リプリーは再びスリープ・カプセルに入る。今回は猫ではなく、少女と共に。少女はリプリーをママと呼ぶ。愛情が通い対等な「養子縁組による母――娘の絆」は、エイリアンが表象する「生物学的な母――子孫の絆」に打ち勝ったのである。リプリー、負傷した隊員ヒックス、ニュート。生き残ったこの三人に、核家族的イメージを読み込むことも可能である。むろん、中心になるのはリプリーだ。

たしかに、フェミニズム的解釈を読み込み賞賛したくなる。だが、そうはいかない。考えてみよう。なぜリプリーが生きのびたのか。なぜバスクエスは殺されたのかを。少女の強い母、傷ついた隊員を看護する妻、リプリーは擬似的にこの二つの役割を果たしたのである。「母親／妻」という理想にリプリーはつくりかえられてしまった。第二作目でも映画は男になろうとするリプリーという畸形を、女のあるべき姿に矯正したと考えるべきだ。男女の区分を崩すのに使われたのが知性と体力の違いこそあれ、性差を撹乱させるリプリーとバスクエスは「分身的存在」である。そして、バスクエスというラテン系の名で、ペニス的な巨大銃器をかまえる「ファリック・ウーマン」は、男女両方の観客の見世物的な対象になり、境界を侵犯する「影」として殺された。戦うヒーローを演じたバスクエスは、当時強いアメリカを復活させたレーガン政権が必要とした強靭な男性像を強化しただけだった。竜退治をSF映画にアレンジした『エイリアン』シリーズは、フェミニズムで偽装し、インディアンのイメージを取り込んだエイリアンを文字通りの「他者《エイリアン》」として壊滅させ、一九世紀から続く「明白なる使命」という理想を反復する植民地主義を推進する映画だと結論できるのである。

# 第二章　他者／分身としてのインディアン
## ――インディアン捕囚体験記と『エドガー・ハントリー』

建国と同時に神話づくりをしていったアメリカの歴史〈history〉は、敵を生み出し、それを鎮圧してゆく物語〈story〉にほかならない。植民地時代の最初の敵は蛇のイメージで描かれていた。その「蛇」とは、植民地時代の「エイリアン／インディアン」を指すことは言うまでもない。たとえば、植民地時代のアメリカで神学者コットン・マザーは、神学書『マグナリア・クリスティ・アメリカーナ』（一七〇二年）の第二章に「断首されたヒドラ」という題名を与えている。「神の教会がこの荒地に建てられてまもなく、ドラゴンが洪水を起こし教会を飲み込もうとした」と書き、アンチノミアン論者たちを九つの頭のヒドラにたとえている〔ラインボー 六頁〕。また、「ニュー・イングランドという植民地の子供たちは、まだ揺籠にいるときに蛇を退治する必要性に気づき、皆が決意している。神の助けを借りて、この蛇の巣を地上から根絶やしにすることを」〔マザー 五三三頁〕。大西洋圏におけるヒドラの表象をたどるラインボーとレディカーがいうように、マザーにとってピューリタンの長老たちはヒドラを倒すヘラクレスであるが、こうした竜退治の物語はたんなる修辞や比喩にとどまらず、その物語をかたるものに他者を排除する正当性と権力を与えるのである〔六頁〕。先住民たちを良心の呵責なく徹底的に抹殺することを可能にしたのが、語《かた》／騙りの力であることを忘れてはならない。

植民地時代には、拉致された白人たちがその体験をかたるとともに、先住民の残忍さや神の救済の話を紡いだ「インディアン捕囚体験記」と呼ばれるジャンルが形成されていた。コットン・マザーは、インディアンに拉致された女性ハンナ・ダスタンの捕囚体験を、「ハンナ・ダスタンの捕囚からの著名な脱出の物語」として彼の言葉によって綴り直している。ハンナ・ダスタンたちが平和に暮らしている村を、インディアンの集団が襲撃してきた。「一六九七年の三月一五日のこと、野蛮人たちが村の近郊を襲撃してきて、三九人ほどの人間を殺害し捕虜にして、六つほどの家に火をつけた。この騒動のときにハンナ・ダスタンは未亡人の乳母に付き添われ一週間ほど臥せっていたが、インディアンたちが極悪非道なこの惨劇を続けるつもりで寝ていた家の近くまで襲撃してくる……家では陰鬱な悲劇が起こっていた。赤ん坊を連れて逃げようとした乳母は、恐ろしい野蛮人の捕虜になり、浅黒い野蛮人は部屋に入ってくると、ダスタンに立ち上がるよう命令した。ダスタンは悪しきドラゴンたちが略奪をつくし、家に火をつけるのを目撃する」〔一六二―三頁〕。「悪しきドラゴン」と呼ばれるインディアンが、残忍な「侵略者《インベーダー》」であることをコットン・マザーは念入りに強調してやまない。

　彼女たちは捕虜となり、「一九人から二〇人ほどの野蛮人が、十人くらいの白人の捕虜を連行することになったが、それほど行かないうちに、インディアンたちは木に叩きつけて赤ん坊の脳髄を割った。ほかの捕虜が不平を言えば、殺害していった。野蛮人たちは捕虜の頭にトマホークを振りおろし殺害し、死体を野ざらしにして動物にくれてやった」〔一六三頁〕。アメリカ文化ではこれまで頭の皮を剥ぐことも含め、頭脳を攻撃するインディアンの姿が強調されてきた[26]。ところが、四月三〇日、この行為はハンナたちがそっくりそのまま敵に反復することになる。ハンナたちは眠っているインディアンたちを襲撃し、脱出することを画策する。「彼女は乳母や若い女たちをこの計画《エンタープライズ》に賛同させ、彼らはトマホークで武装し、寝ているインディアンたちの頭上にそれを振り下ろした。インディアンたちは抵抗する時間もなかった」と、敵の脳髄をトマホークで叩き割り、彼女たちは脱出に成功する。「一〇名ほどのインディアンの頭の皮を剥ぎ取り、帰ってきたハンナたちは、植民地の議会からは賞金五〇ポンド、友人からは祝いの品を手にする」とマザーはその行為を讃えている〔一六四頁〕。インディアンが行なったのと同じ残忍な行為でもって敵に報復したハンナ・ダスタンこそ、アメリカ初代の「女性賞金稼ぎ《ウーマン・バウンティ・ハンター》」だったといってもよい。『エイリアン2』で拉致された少女を救出するリプリーのような女性兵士の先祖が、ここに脈打ち始めたことを実感できよう。

アメリカ史はインディアンという「悪しきドラゴン」を退治することで始まり、絶滅に近いまでに容赦なく抹殺してゆくことになった。ディズニー映画『ドラゴンスレイヤー』(一九八一年)のように悪竜退治の映画は数多くあるが、ショーン・コネリーがドラゴンの声を担当し、最後の一匹になってしまったドラゴンを描く映画ロブ・コーエン監督の『ドラゴンハート』(一九九六年)は、滅亡しつつあった先住民たちのことをどこか思わせるファンタジー映画である。ドラゴンスレイヤーを職業とする騎士は、暴れるドラゴンに槍を打ち込み退治するふりをすることで賞金を得て、それをドラゴンと山分けをして次の村へと旅を続けている。英雄と竜の「善と悪の戦い」の「演出《ヤラセ》」が群衆の前で演じられるわけだ。一九一一年にカリフォルニアで発見された先住民イシは、絶滅したものだと思われていたヤヒ族の「最後の一人」として話題になっていた。ジェイムズ・フェニモア・クーパーの小説『モヒカン族の最後』(一八二六年)の「モヒカン族の最後の一人」のように、イシは科学という装いのもとで、カリフォルニア大学の人類博物館で死亡するまで暮らすことになったが、『ドラゴンハート』は「消えゆくアメリカ人」として先住民たちの末路を連想させてならない。

『ウィーランド』などいくつかのゴシック小説を書いたチャールズ・ブロックデン・ブラウンは、「アメリカ小説の父」として文学史上評価の高い作家である(この時期には、ブラウンよりも多く読まれたスザンナ・ローソンのような女性作家もいたが、「アメリカ小説の母」とは称されない)。ブラウンの『エドガー・ハントリー』(一七九九年)は、友人を殺害した犯人を探したいという主人公エドガー・ハントリーの手紙で始まるアメリカ文学最初期の小説であり、すでに探偵小説の萌芽が見られる。深夜に殺害現場の楡の木の下で地面を掘っている夢遊病者のクリゼローを目撃したエドガーは、彼を犯人だと思い込み尾行しているうちに、荒野に迷い込んでゆき、捕囚された娘を救出するためにインディアンとの殺し合いなどを経験するのである。「アメリカ小説の独立宣言」とでも呼びたくなるその序文において、幽霊の出没する古城や血塗られた監獄など、歴史ある風景がなかったアメリカにおいて、「読者の感情と共感を求めるために、これまでどの作家も用いていない方法」として、「インディアンの敵意や西部の荒野の脅威がふさわしく、それがこの物語の題材である」とブラウンは述べている[六四一頁]。封建主義の暴君などの「外部」の恐怖から、人間の深層という「内部」の恐怖へと向かうアメリカン・ゴシックが誕生してゆくのである。

筋が混乱している部分も少なくない『エドガー・ハントリー』だが、荒野における風景描写やインディアンとの戦いの部分は、なかなか詳細に書かれた小説である。洞窟に拉致された娘をエドガーは救いだすが、彼が取り残された小屋にインディアンが忍び寄ってくる。「インディアンは四つん這いで見分けがつくくらい近づいてきた。醜い手足、耳と鼻から垂れ下がった飾り、剃られた頭は、野蛮の証である。時折茂みから体を起して、小屋の周りを探り、そして、かがみ込み、また前のように這って進んでゆく」［八一四頁］。この這うインディアンの姿は、狼や豹や熊のような動物だけでなく、地を這う蛇のことも思わせはしないだろうか。家族をインディンに殺されたエドガーは「インディアンを見たり思いだしたりすると体が震える」といい［七九二頁］、娘を引きずり投げ飛ばす暴力や、惨殺され頭の皮を剥がれた女の死体など、インディアンたちの残酷な姿が強調される。「生き血を啜り、内臓を貪り食い、殺しにたけた野蛮人たちと、私は終わりなき戦争をすることになったのである」［八三五頁］。白人は悪や性欲などをインディアンに投影することで悪として征服してきたが、『エドガー・ハントリー』は先住民迫害を正当化する「明白なる使命」にばかり彩られているのではない。やがて、友人を殺害した犯人は、インディアンの「デブ婆さん」に扇動されたインディアンだったことが判明する。しかしながら、エドガーのかたることがどれだけ信頼できるのか。エドガーが一人称でかたるこの物語で、クリゼローがエドガー自身を投影しつくりだした分身であって、犯人はエドガー本人だとする解釈までも存在するからだ［バーナード］。

たしかに読み直してみれば、エドガー・ハントリーは、クリゼローと同じように楡の木の下を掘り、自分もまた夢遊病者であることを知り、インディアンを殺すのに彼らの武器のトマホークを使ったりと、クリゼローやインディアンに重なってしまうことがわかる。他者であるはずの殺人容疑者や野蛮人が「もうひとりのエドガー」になるのだ。レスリー・フィードラーが「他人の中に罪を探し求めることから始めて、最後に自己の中にある罪を見出す若者の話である」というように、エドガーとクリゼローを分身同士だと考えることは難しくない［一七三頁］。ピューマを殺したり、崖から川へと飛び込んだりと、エドガーは様々な困難を「通過儀礼」として経験することでアイデンティティを形成してゆく。しかしながら、それと同時に、「私は最近起こったこの異常な事件から執念深く容赦のない残忍な心に染まっていた」と告白するように、殺人犯を追跡しているはずのエドガーは、インディアンを殺害することで殺人犯となり、秘められた自分の殺しの欲望を発見することになる〔八〇八頁〕。追跡するものと追跡されるものの間にある善と悪が分かちがたくなるこの小説のテーマを、「アメリカという国家の正気」を疑わせることだという指摘も頷ける〔ブラントリンガー 五九頁〕。『エドガー・ハントリー』は白人の意識下にひそむ狂気を見せつけるのである。

ハンナ・ダスタンがインディアンと同じように敵の頭にトマホークを浴びせ、頭の皮を剥ぐ「インディアン捕囚体験記」において、インディアンを荒野の竜という「外的な悪」として抹殺するのみで、自己の闇黒を認識することなく始まったアメリカ文学は、犯人を追跡するエドガーが心にひそむ「内的な悪」を発見する『エドガー・ハントリー』のようなアメリカン・ゴシックによって、人間心理を探求するようになる。やがて、「もうひとりのエドガー」としてのエドガー・アラン・ポーの登場によって、心の闇はさらに掘り下げられるのだ。たとえば、エドガーが目を醒ますと「土牢か洞窟」のような闇にいて、「自分が生きたまま埋葬されたと想像する」シーンは〔七八〇–一頁〕、「早すぎた埋葬」や「陥穽と振子」において、夢遊病のためにエドガーが荒野の迷宮にさまよい込んでゆくシーンは「鋸山奇談」において、それぞれポーが心理的ゴシックとして洗練させる。ちなみに、「鋸山奇談」は、モルヒネを服用するベドロー〈Bedloe〉が散策中に霧に包まれインドへと運ばれ、自分が暴動で死亡したオルデブ〈Oldeb〉という男の生まれ変わりであることを知ってしまう短編である。オルデブ〈Oldeb〉という名は、ベドロー〈Bedloe〉から〈e〉を除いて逆に綴った名前だが、この名前は『エドガー・ハントリー』のデブ婆さん〈Old Deb〉というインディアンの老女に由来している。

エドガーが友人の殺害犯人として夢遊病者クリゼローを追う『エドガー・ハントリー』は分身小説とも読め、一種の探偵小説の形を取っていた。それは悪を外に追跡しているはずの人間が、自己の内部に悪を見出すという物語だった。そもそも、世界最古の英雄叙事詩『ギルガメッシュ』は、人々がギルガメッシュに苦しめられているが、創造の女神によって瓜二つの獣人的エンキドゥがつくりだされ、この二つが争うという分身的テーマの物語であり、ほとんどすべての物語に分身的要素を指摘できるのかもしれない。そして、最古の物語のひとつであるソポクレスの『オイディプス王』も、悪を追う人間が自己の内部に悪を発見する悲劇である。オイディプス王がテーバイに蔓延する疫病の原因としての穢れを探しだそうとする筋立ては推理小説的であり、オイディプス王は知らないうちに父を殺害しており、自分自身こそが穢れのもとであったことを悟るこの悲劇は、探偵こそがじつは犯人であったという物語だといってもよい。こういった意味では、この図式は文学の誕生時からすでに存在していたわけであり、それは文学ジャンルに「適応《アダプテーション》」を見せて、多様な形に「進化」してゆく。

この章の最後に映画の脚本を書く双子の兄弟のことを描くスパイク・ジョーンズ監督の『アダプテーション』（二〇〇三年）をあげておきたい。脚本家の兄（ニコラス・ケイジ）は、これまでになかった新たな「映画用脚本《アダプテーション》」を書くことをめざし、弟は刑事が二重人格者であり、じつは犯人だったというスリラーを考えている。「連続殺人犯よりも使い古された唯一のアイディアは多重人格さ」と兄は皮肉り、その弟に刺激的な殺人のアイディアを聞かれると、文学教授が被害者の身体をバラバラに切り取って

「脱構築主義者《ディコンストラクショニスト》」と名乗る映画はどうだ、と答えるのである。ダーウィンのことが言及され、「進化の旅は適応《アダプテーション》の旅」だというナレーションが入る『アダプテーション』は、既存のジャンルを交配させ、突然変異を起し、新しいジャンルを誕生させるという映画の「適応《アダプテーション》」と「進化」についてのメタフィクション的かつそのパロディ映画なのである。追うはずの探偵が追われる犯人に近いことは、現代では古臭いテーマなのかもしれない。ブラウンは『エドガー・ハントリー』でエドガーがクリゼローを追跡する探偵物語的ゴシックを誕生させたが、それをポーは「モルグ街の殺人」において、探偵が密室殺人の犯人としてのオランウータンを追いつめる世界初の推理小説に進化させたのである。いったい、この猿はいかなる存在だったのか。分身というテーマを昇華させたポーの「ウィリアム・ウィルソン」は有名だが、「ポーにおける竜殺し」を考える前に、ポーの影の物語をいくつか考えておこう。

# 第二章　影《あく》を追う探偵たち
## ——「群衆の人」と「モルグ街の殺人」のドッペルゲンガー

ポー文学には探偵が犯人であったという視点の作品が少なくない。たとえば、思想家ヴァルター・ベンヤミンが犯罪という衣服が欠けた「探偵小説のレントゲン写真」だと称した「群集の人」。このテクストも、こうした図式で読めないだろうか〔八五頁〕。夕暮れのロンドン、病から回復したばかりの語り手は、暇つぶしにカフェのガラスごしに人々の様相を観察して、その素性を憶測している「遊歩者《フラヌール》」である。短い時間で通り過ぎる人間たちの顔に、その長い過去を読み取ることができると、探偵的観察力を誇っているのだ。一八世紀末からスイスの神秘学者ヨハン・カスパール・ラファターの『観相学断片』（一七七五―八年）をきっかけに、人間の顔からその性格を解読する「観相学」が流行し、小説において、それまでは美しいなどの形容詞で簡単に済まされていた登場人物の顔も、きわめて詳細に描写されるようになってゆく。たとえば、「アッシャー家の崩壊」におけるロデリックの綿密な顔の描写はまさにそうである。都市化によって見知らぬ人間と遭遇することが多くなると、隣人は何者なのかと他者を把握する必要性がでてくる。だが、観相学を知っていれば、その人間を分析することができる。群衆の顔を読みその人間を理解することで、「異人」を「知人」に、「混沌」を「秩序」に変換する「分析能力《コード》」を提供するマニュアルとして、観相学は人気を集めていたのである。

「群集の人」の語り手は、この観相学的な手法を使い、容貌や風体から群集を読み解いていた。「ガス灯の灯りは夕暮れ時には弱々しかったが、夜がふけた今では、力を増し、すべてものに狂おしい光を投げかけた」［五一〇―一頁］。「私は眉をガラスにくっつけるように、群集を観察することに夢中になっていたが、視界にひとつの表情として、六五歳くらいか、七〇歳くらいの年老いた老人の表情が飛び込んできた。そのきわめて特異な表情は私の注意をすぐさまひきつけた。その表情に似たものなど、どこにも見たことがなかったからである」［五一一頁］。この老人の顔は謎をはらんでいた。「最初にこの老人を見た短い間に、私はその表情が意味するものを分析したが、矛盾し混乱した私の心に浮かびあがってきたものは、絶大な知能、用心深さ、貧窮さ、貪欲さ、冷淡さ、悪意、残忍さ、得意さ、陽気さ、恐怖感、強烈さ、そして、極度の絶望といった考えであった」［五一一頁］。老人の顔にどこか悪の影を見出した語り手は、一昼夜に及んで老人のことを追跡してゆく。老人は人間が集まっている場所へと移動してゆく。この老人とは何者なのか。群衆に埋没して捜査から逃れようする犯罪者なのか。それとも、孤独のあまり群衆に紛れたがる人間なのか。だが、老人の目的はつかめない。

追跡の果てに疲労困憊した語り手は、老人の前に立ち、その顔を見すえようとする。ところが、老人は語り手に気がつかず、再び歩き始めるのだ。「この老人は深い犯罪の典型である。彼はひとりでいることを拒否するのだ。群衆の人なのである。追いかけても無駄である。彼についても、彼の行為についても知ることはできないのだ」と結論する。そして、「人間最悪の心とはグリュニンゲルの『心の園』よりも醜悪な読み物であり、『読まれることを拒む』ことこそ、神の最大の慈悲なのかもしれない」と不可解に結ばれている［五一五頁］。再び問いを繰り返したい。いったい、この老人とは何者なのかと。語り手が老人の顔をガラス越しに発見したとき、外は暗くカフェの内部には明かりが灯っていた。それならば覗き込んだガラスには、語り手の顔が映ってはいなかったのか。老人の顔はガラスに映った自分の顔だったのである。光とガラスが見せた騙しのマジック。[27] 探偵きどりの語り手が尾行していた老人は、誰あろう、語り手自身だったのである。[28] この意味では「群集の人」もまた、探偵こそが犯人だった物語とも読みえるのだ。老人が語り手の分身であれば、語り手のことに気がつかないのも無理はない。『ゲド戦記——影との戦い』において、ゲドは影を自分のものと認めて統合を果たすが、「群集の人」の語り手は老人を自分だと認めることができたのだろうか。

「モルグ街の殺人」もまた、追跡されるもの、追跡するものの間で分身関係をそなえている。[29] パリのモルグ街の密室において母と娘が殺害されるが、犯人は人間ではなく、ねじによって開閉される窓から逃げだしたオランウータンだったという結末《おち》がついている。最初の推理小説で密室殺人が使われ、この犯罪には動機もなく、犯人が人間ですらなかったという、探偵小説の「脱構築」がその誕生と同時になされているのは皮肉で面白い。猿が犯人だったというトリックは、犯行の動機の因果を掘りさげてゆく後の推理小説と比べると、むしろ新鮮でさえあった。ちなみに、「モルグ街の殺人」のほぼその百年後の一九四二年に、米国推理小説家ウィリアム・アイリッシュは、江戸川乱歩の『人間豹』（一九三四年）を連想させる『黒いアリバイ』を執筆している。黒豹が逃げだし、女性たちが次々に襲われ惨殺されるという連続殺人が起こる。警察は犯人として黒豹を追跡するが、犯人はその黒豹を殺しその毛皮を被り、いわば「人間豹」となって快楽殺人を繰り返す警部だったという結末《おち》である。「モルグ街の殺人」では人間だと思われた犯人がオランウータンだったが、『黒いアリバイ』では黒豹だと思われた犯人が人間だったという反対のトリックが使われている。

（図20）ボードレール翻訳版「モルグの殺人」の挿絵

「モルグ街の殺人」において、水夫が部屋に戻ると、オランウータンが「小部屋《クローゼット》」から逃げだしているところを目撃する。「野獣は手に剃刀を持ち、顔に石鹸の泡を塗りたくり、鏡の前に立ち顔を剃る真似をしていた。これまで鍵穴から覗き込んで、主人の仕草を見ていたにちがいない」［五六五頁］。鞭を持った水夫を見ると、猿は外へ逃げだし、水夫が追いかける。「剃刀を手にした猿は、時に立ち止まってふり返り、主人の仕草を真似て、それからまた逃げだす」［五六五頁］。「ウィリアム・ウィルソン」の語り手が分身にどこまでも追跡されるのを逆転させたかのようだ[30]。名優ジョージ・C・スコットが初老のデュパンを演じた『モルグ街の殺人』（一九八六年）では、観客にオランウータンのことが明かされていない時点で、水夫が犯人の影を追いかけるが、それは、あたかも水夫が自分の影を追跡しているように演出されていた。夜の街をさまよったオランウータンは、母娘の部屋に侵入し、剃刀を母に浴びせ、娘の首を絞めて二人を殺害するのである（図20）。二人きりで生活している語り手とデュパンにはむろんゲイ的要素が漂うが、「仲がよくおたがいに深く愛し合っていた」というレスパネー夫人と娘を［五三九頁］、母子ではなくレズビアンの愛人同士だと読むレオ・ルメイやディヴィッド・グロッベンのような論者もいる。母親のほうは部屋を貸していた宝石商の男を家から追いだしており、権力のある女のようだが、オランウータンという水夫の影は逸脱したこの二人の女を始末したのだ。

オランウータンは「小部屋《クローゼット》」の鍵穴から、ひげを剃る水夫のことを覗いていた。そして、今度は逆に水夫が窓の外から、ひげ剃りの真似をしてオランウータンがひき起こす惨劇を、なすすべもなく覗き込むことになる。「オランウータンは部屋をうろつき、あたりを狂ったように見回すと、ベッドの頭の窓の外に飼い主が恐怖に怯えこちらを凝視しているのに気がつく」[五六七頁]。猿と水夫の視線が重なる。鏡に写したかのように、水夫は自分の影の姿をそこに見出したのかもしれない。「ウィリアム・ウィルソン」の主人公の特徴を模倣する分身のように、オランウータンは主人のひげ剃りを真似して女性を殺害することになった。だが、それはまた、猿が男の深層にひそむ女にむけた暴力を模倣した結果ではないのか。オランウータンは娘の死体を煙突へと押し込み、母の死体は窓から外に捨てて犯罪を隠そうとする。死体の隠蔽は「黒猫」や「告げ口心臓」などの語り手たちの行動でもある。クローゼットに閉じ込めていた猿は水夫の「クローゼットの欲望」の代理なのだ。ロイ・デル・ルース監督の『謎のモルグ街』(一九五四年)において、動物園の園長がゴリラを訓練し、自分の愛を拒絶した女たちに復讐するという設定は、ゴリラが主人の「代行人《ぶんしん》」であることを示唆していた。

妻のことをずっと影から観察していた男を描くナサニエル・ホーソーンの「ウェイクフィールド」(一八三五年)のように、隣人のことを覗き見たいという好奇心が生まれた都市化の時代、印刷技術の進歩で大量生産された小説は、個室で架空の世界を覗き見る個人の娯楽として花咲いていた。高野泰志に言わせると、男性読者のポルノグラフィックな欲望を満たすという小説の機能を、「モルグ街の殺人」は映しだしているメタフィクションということになる[七九頁]。オランウータンには男性たちのポルノ的な欲望が投影されていた。女性の寝室で何が起きたかを分析力で推理するデュパンもまた、覗きを行なっていることになる。オランウータンはクローゼット内部から主人を覗く。水夫は部屋の内部の惨劇を窓の外から覗く。デュパンは想像力で過去の事件を覗く。覗き続ける登場人物たち。こう見てみると、探偵も犯人も同一の存在でしかなく、善と悪に分割することはできない。竜殺しの場合には、竜という存在に恐怖や欲望が投影され悪の他者として抹殺されるが、アメリカン・ゴシックは内なる悪に気づかせ、ときに自己の正義を疑わせるのである。とりわけ、つぎに考える「竜殺しの物語」が挿入されたポーの「アッシャー家の崩壊」は、そのことを教えてくれることだろう。

# 第四部　ポーにおける竜殺し（1）——アメリカ文化史のなかのポー

ポーっていう人物は、俺のおじいちゃんみたいな存在だ。
俺たちヤンキーの作家たち、みんなの偉大な先祖なんだ。
ポーがいなきゃ、俺も誰も物書きなどはいやしなかっただろうよ。
ポール・オースター『ティンブクトゥ』

# 第一章　ポーの子供たち
## ──『推理作家ポー──最期の五日間』を読む

ポーの生誕二百周年を迎えた二〇〇九年、それを記念して上梓された巽孝之・八木敏雄編のポー論集のタイトルは『エドガー・アラン・ポーの世紀』である。その巻頭言「ユビキタス・ポー」において、八木敏雄は「ポーの亡霊はいまだ確実に生きていて、その存在はますます大きなものとなり、いたるところに偏在する霊となり、われわれ人類を脅かしつづけ、楽しませつづけることだろう」と書き、「本書が『エドガー・アラン・ポーの世紀』と名づけられたのは、おそらくこの二一世紀が、ポーが偏在する世紀、つまりユビキタス・ポーの時代になるだろうという期待と予想をこめてのことだ」という言葉を残している〔i頁〕。悪を追うはずの探偵自身が、犯罪者的要素を秘めているという分身物語の構造をそなえていたことを前章では見てきた。様々な小説や映画においてそのキャラクターが使われるポーだが、ここではポーの小説通りに連続殺人事件が起こるジェイムズ・マクティーグ監督の『推理作家ポー──最期の五日間』（二〇一二年）において、ポーと犯人との分身的関係を論じた後、ポーを非難し続けてきた批評家ルーファス・グリズウォルドが、ポー文学の主人公さながらの行為をしてしまった人物であり、あたかもポーの分身のようであったことを暴露してみたい。

一八四九年の一〇月三日、メリーランド州ボルティモアにて、エドガー・アラン・ポーは他人の服を着て瀕死の状態で発見された。そして、「レナルズ」という意味不明の言葉を囁き続け、そのまま息をひきとる。「レナルズ」という言葉は謎を呼び、ポーという人物とその人生そのものが「ミステリー」という「商品」となり、「ポー産業」といえる市場を形成してきたのである。たとえば、ルーディ・ラッカーのSF小説『空洞地球』(一九九〇年)では「レナルズ」という名は、ポーと知り合い、地球の空洞を探検することになる主人公の少年メイスン・レナルズの名前として謎解きがなされる。精神分析を創立したジークムント・フロイトの愛弟子マリー・ボナパルトは、圧倒的な分量を誇る二巻本の『ポーの作品と生涯――精神分析的研究』(一九三三年)において、ポーを性的不能だったと推測したが、ポー生誕二百周年の二〇〇九年の時点で、インターナショナル・ムービー・データーベース(IMDB)には、二一八本もの「ポーの映画《こどもたち》」が存在していた。恐怖を糧にポーの子供たちは生み落とされている。これだけ映画になった作家は、シェイクスピアを除いてほかにはいない。

また、ポー自身やその作品を使った小説も多く書かれている。「マッシュアップ小説」というジャンルで有名な現代若手作家セス・グレアム＝スミスは、リンカーンの書簡などを改変し挿入した『ヴァンパイアハンター・リンカーン』(二〇一〇年)を執筆し、吸血鬼ハンターのリンカーンと手を組んだポーに、南部連合と結託した吸血鬼の帝国と戦わせることで奴隷解放に協力させている。この小説で「レナルズ」はポーを殺した吸血鬼の名前であった。ポーの未完の遺作「灯台」をテーマにした短編がずらりと並ぶクリストファー・コンロン編『ポーの灯台』(二〇〇六年)、ポーを題材とする短編を集めたスチュアート・M・カミンスキー編の『ポーに捧げる二〇の物語』(二〇〇九年)などの短編集があり、また、ポー唯一の長編『ナンタケット島出身のアーサー・ゴードン・ピム』(一八三八年)の後日談的物語としては、フランスのSF作家ジュール・ヴェルヌの『氷のスフィンクス』(一八九七年)が有名だが、ダーク・ピーターズの書いた手記を手に入れ、南極圏への旅に向かった大学教授がピム自身と遭遇するというマット・ジョンソンの『ピム』(二〇一一年)が続いている。そして、究極的改変テクストとして、ゲイやレズビアンの立場であるクィアーの視点からポー自身や作品を読み直し小説化したスティーヴ・バーマン編の短編集『ポーをクィアーで読む』(二〇一三年)が出版されている。

最近の映画においては、八木敏雄が「ポーの亡霊はいまだ確実に生きていて」というように、巨匠コッポラ監督の『Virgina／ヴァージニア』(二〇一一年)では、売れない小説家が幻想のなかでポーの亡霊から小説について教えを請うことになる。その翌年のスリラー映画『推理作家ポー――最期の五日間』は、「レナルズ」という言葉をポー殺害犯の名前として、足取りのつかめないポーの最期の五日間をフィクションにしてヒットを飛ばした。ポーの小説通りに殺人が起こるのは、ウィリアム・ヒョーツバーグの小説『ポーをめぐる殺人』(一九九四年)のようによくあるパターンだが、「黒猫」「モルグ街の殺人」「陥穽と振子」などの「虚構」の殺害方法やトリックを「模倣《コピー》」した犯人によって、「現実」に連続殺人が展開するという、いわば「Wの悲劇」になるのが、この『推理作家ポー』という映画である。ポーは犯人逮捕のために探偵として警察に協力するのである。ポーの作品にならい殺人を繰り返した犯人は、掲載されるポーの作品の活字を組んでいた大ファンの植字工アイヴァンであった。彼はポーを読みすぎて、虚構と現実を混同しているような男だ。そしてまた、ポーの作品を犯罪の形で「模倣《コピー》」し、ポーになりきろうとするアイヴァンは、ポーの分身のような存在でもある。ポー文学という虚構が現実を侵犯し、アイヴァンという犯人に影響を及ぼしたのだ。

映画のクライマックスにおいて、犯人を割りだしたポーはアイヴァンと対面する。「あなたの作品からアイディアを借りただけだ」というアイヴァンに向かって、「お前は何かをつくりだすオリジナリティもない盗作者だ。私がお前をつくったのだ」とポーは自分の子供のように言い放つのである。そもそも北部文壇の詩人ロングフェローを筆頭に、多くの作家たちに剽窃の嫌疑をかけたり、模倣ばかりで独創性がないと「非難／告げ口」をしたポーは、剽窃騒動を繰り返した作家だった。『推理作家ポー』のこのシーンにおいて、ポーとアイヴァンが同じ姿勢を取ることで、分身的テーマが示唆されている。そして、ポーになりかわろうとするアイヴァンに、ポーは毒を飲まされ殺害されてしまうのである。「レナルズ」とはアイヴァンの使った偽名であった。二人が分身的関係という意味では

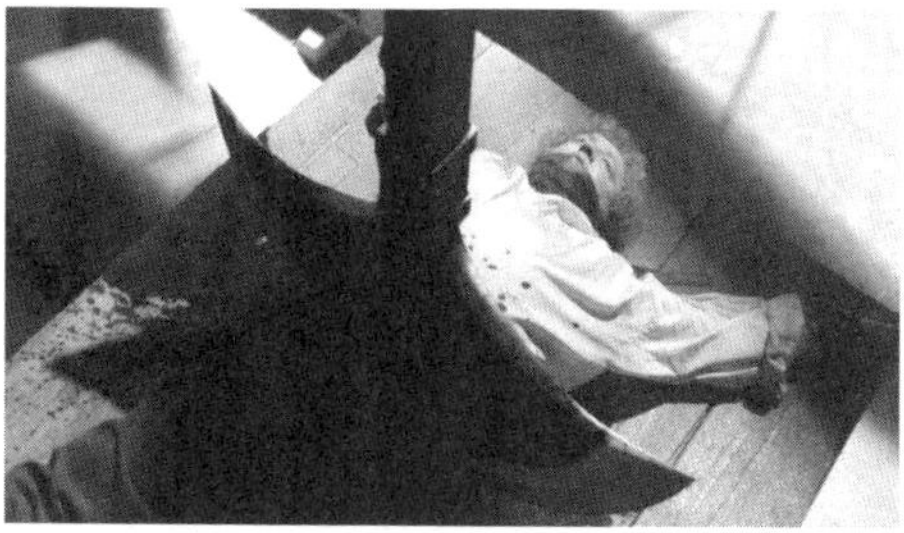

（図21）『推理作家ポー』切断されるグリズウォルド

『推理作家ポー』が依拠する最大のテクストは、自己が盗まれる悲劇「ウィリアム・ウィルソン」なのかもしれない。『推理作家ポー』はまさしく二重の意味で「W《ダブル》の悲劇」だといえるだろう。

さらに、『推理作家ポー』には、ポーを酷評した実在の批評家ルーファス・グリズウォルドが登場し、「陥穽と振子」のように縛られたまま、巨大な刃の振り子で二つに切断されるのも興味をひかれる（図21）。ポーよりも六歳若い一八一五年生まれのグリズウォルドは、ポーの遺稿管理人でありながら、一八四九年の十月九日、雑誌『ニューヨーク・トリビューン』に「ラドウィッグ〈Ludwig〉」という偽名《ペンネーム》を使って書いたポーの死亡記事など、数々のポーに関する辛辣な記事を書いた批評家である。「これは死亡記事というよりは、ハードボイルド小説の書きだしを思わ

せる」と指摘されるが［ピープルズ、一頁］、「エドガー・アラン・ポーは死んだ。彼はおとといボルティモアで死んだのだ。この知らせは多くの者を驚かせるが、悲しむ者はほとんどいない。この詩人は世界に名声と人格は知られていたが……友達はいなかった」と、ハードボイルド探偵がポーのことを回想するかのように、グリズウォルドの記事は始まる［二八頁］。その「名声」を失墜させようとポーが不誠実で冷酷な男だと強調し、ポーの文学史上の暗殺を試みたグリズウォルドは、自分の「悪名」を後世に残すことになった。しかし、ピープルズが指摘するように、グリズウォルドがこきおろすことで、読者のポーにむけた関心が高まったのは皮肉なことである［四―五頁］。むしろ、悪意きわまりないグリズウォルドと論争を続けていたのは、ポーの周到な計算だったのかもしれない。

グリズウォルドの攻撃に、天才にたいする凡人の嫉妬を見出すことはたやすい。だが、もっと絡みあった理由が隠されていた。ポーをこき下ろし続けたグリズウォルド本人は、ポーの主人公を思わせる病的な人物であったことが巽孝之によって指摘されている。同性愛経験もあり、三度結婚したグリズウォルドだが、最初の妻キャロライン・サールズは産褥死している。妻と娘の遺体と一緒に列車で帰途に着く一八四二年、彼は妻の死体のそばを離れようとせず、口づけと抱擁を繰り返したという。そして、埋葬四十日後にはキャロラインの墓をあばき、髪を切り取りその死体に抱擁しているところを友人に発見されてしまう。この屍体愛好症を思わせる行為は、まさしくポーの「ベレニス」において、恋人の墓をあばき、歯を抜き取った語り手そのものだ。ポーの物語の主人公さながらの人物、あるいはポーを読みすぎた男、グリズウォルドは、ポーの分身的存在であったのかもしれない。「グリズウォルドはポー文学に耽溺するあまりにポー的キャラクターと自分自身の区別がつかなくなるだけの自伝的経緯を備えた男だったのではあるまいか」と巽は推測する〔「批評研究の系譜」八七頁〕。

この指摘をふまえると、ポーの人格を否定することで、文学的評価のうえでのポーの抹殺をたくらんだグリズウォルドは、ポー文学を読みすぎ、ポーになりかわろうとする『推理作家ポー』の植字工アイヴァンにどこか似てくる。そうだとすると、文壇におけるグリズウォルドとポーの戦いは、「ウィリアム・ウィルソン」のような「主人《マスター》」と「分身《コピー》」の戦いだったのではないだろうか。そして、「ハードボイルド小説」を思わせる追悼記事において、探偵のごとくポーの反社会性を追求するグリズウォルドの深層にこそ、ポー文学のような狂気が隠れていたとすれば、犯人を追う探偵こそがじつは犯人であったという構図も、そこに見出せるだろう。そもそも、探偵は犯人になりきり犯罪者の視点で謎を「推理《プロファイル》」するのであれば、探偵は犯人の狂気をその内部に秘めているはずで、犯人と探偵が同一の存在であっても不思議はない。この意味では、悪を断罪しようとするものは、自己の内部に悪がひそんでいないか、つねに気を配っておかなくてはならない。竜という悪を殺そうとする英雄もまた、その深層に悪をはらんでいるかもしれないように。

# 第二章　ロリータ・コネクションの系譜
## ——「ポーの一族」としてのキャロルとナボコフ

二〇一五年はロリータ文化の誕生の一五〇周年であった。ロリータの原型となったのはアリスという少女だが、ルイス・キャロルの『不思議の国のアリス』（一八六五年）の執筆一五〇年目に相当するからである。エドガー・アラン・ポーとルイス・キャロル。この二人の関係をついたのは巽孝之だった。『不思議の国のアリス』において、白いウサギに「案内」されて、地球の真ん中あたりまで来たにちがいないと、穴から不思議な世界へと落ちてゆくアリス。地球が空洞であるという当時の説をもとに書かれた『ナンタケット島出身のアーサー・ゴードン・ピム』の最後、現れた割れ目と白い謎の巨大な存在を目撃するピム。二人をつなげて、「ふりかえってみれば、ピムとはウサギの穴の手前で立ち尽くすアリスの、アリスとは南氷洋の瀑布からまっさかさまに落下したピムの、それぞれ別名ではなかったか」と巽は論じていた〔『メタフィクションの謀略』一〇四頁〕。考えてみれば、次の章で論じるポーの「アッシャー家の崩壊」でもまた、深い洞穴の抽象画を描いているロデリック・アッシャーによって「案内《アッシャー》」された語り手が、アッシャー館という「倒錯《さかしま》の世界」に落ちてゆき、そこで竜退治の物語を朗読するという「物語のなかの物語」が展開するのである。

アーサー・ゴードン・ピムの落ちた穴は、白いウサギを追いかけて「穴」から不思議の国へと到着するアリスの穴に「連結《ワープ》」する。続編にあたる『鏡の国のアリス』（一八七二年）について、高山宏は西洋の竜といえば、この物語でテーブルに置かれた本の詩に登場する怪獣ジャバウォッキーが、最初に頭に浮かぶという〔「僕らは龍を殺せるか」二二頁〕。アリスは有名な双子トゥイードル・ディーとトゥイードル・ダムや奇怪な生き物たちに遭遇する。それは、一八五一年にロンドンで万国博覧会が開催され、原住民やフリークスなど世界の珍しいものが蒐集された時代が生み落としたものだ。ジャバウォッキーもまた、万国博覧会で開催された彫刻家ウォーターハウス・ホーキンス一世の恐竜園など、万博の「ロスト・ワールド幻想」の産物だろう〔高山『世紀末異貌』二二六頁〕。ジャバウォッキーという謎の存在は、ジャバウォッキーに悩まされる国が勇者を募るトーナメントを開催するテリー・ギリアム監督の『ジャバウォッキー』(一九七七年)、二足歩行に進化した恐竜が生き残る一九世紀末を舞台に、マカロニ・ウェスタンのキャラクターのジャンゴやインディアンの酋長シッティング・ブルなど実在の人物が活躍する久正人のコミック『ジャバウォッキー』、一九歳に成長したアリスが、鎧を着た戦闘的美少女となって、ジャバウォッキーの首を切り落すティム・バートン監督の『アリス・イン・ワンダーランド』(二〇一〇年)などで、その名前を利用されてきたのである(図22)。[31]

(図22) 原作のジョン・テニエルの挿絵　ジャバウォッキー

『鏡の国のアリス』では、本を手にしたアリスが「ジャバウォッキーの物語」という詩を読み、「ジャバウォッキーに注意しろ、喰らいつく顎、ひきつかむ爪、ジャブジャブ鳥にも気をつけろ、怒れるバンダースナッチには近寄るな、ヴォーパルの剣を手にして、長きにわたり敵を探し、タムタムの木の側にて休みし彼は、思いにふける」と、「物語のなかの詩」が続く。アリスが「頭が混乱するわ、何だか分らないわ、でも誰かが何かを殺したのね」と嘆くように〔一三四頁〕、ジャバウォッキーは「意味不明なことを喋る」という意味の〈jabber〉を語源とし、言葉の混沌をあらわすものでもある。ジャバウォッキーの首をはねた剣〈vorpal sword〉は「言葉〈verbal〉」の剣として、言語を脅かす意味不明な混沌の声である言葉の怪竜を、真理の剣で「ひと突き〈jab〉」することで、言語の混沌を整え、秩序を与えることをあらわすとも考えられている。しかしながら、混沌とした状況を整理するのが、境界線を撹乱する竜が英雄に成敗される竜退治の物語なのだとしても、それをキャロルが肯定していたわけではない。キャロルは「ジャバウォッキーの物語」を発展させ、スナークというまったく理解不能で形にできない存在を追及し、船に乗り込む一行を描いた『スナーク狩り《ハンティング》』（一八七六年）を書いているからだ。それは、エイハブ船長らの男たちによる復讐の「狩り《ハンティング》」を描いた『白鯨』のパロディ的展開の物語でもある。竜退治を揶揄するという点で、ポーの「アッシャー家の崩壊」と立場を同じにしているといえるだろう。

『不思議の国のアリス』に登場するチェシャ猫は、「チーズ」と言われてにやりと笑う撮影ポーズを連想させる。[32] 最新技術だった写真機器を使いこなし、アリスのモデルであったアリス・リデルをカメラに収め、少女たちの裸体写真までも撮影したキャロルは、ロリコン・オタクたちの「偉大な先祖」である。撮影とは「撮《み》るもの」と「撮《み》られるもの」という権力による「狩り《ハンティング》」だが、キャロルは「少女狩り」の元祖なのである。しかしながら、小谷真理にならって、アリス・リデルの撮影者を見つめ直す視線の強さに注目し、少女のままであり続けることを願うキャロルの「幻想《イリュージョン》」を断ち切る彼女の強さを読めるとすれば、キャロルの「少女狩り」も挫折しているのではないか〔「キャロル狩り」六六頁〕。アリスは鏡のなかでキャロルの歪んだ願望のままの姿ではいないのだ。そして、キャロルが生んだロリータ文化を完成させたのが、キャロルの崇拝者であり、ロリータの語源となって二度にわたり映画化されている小説『ロリータ』(一九五五年)を執筆したロシア系アメリカ作家ウラジミール・ナボコフである。そして、何とナボコフの『ロリータ』にはポーの姿が刻印されており、ポーからキャロルそしてナボコフに続く「ロリータ・コネクション」ができあがる。

マリー・ボナパルトの『ポーの作品と生涯――精神分析的研究』は、ポーの作品から彼が性的不能であったことを示唆する徹底的な「象徴狩り《シンボル・ハンティング》」を遂行しているが、二七歳のときにポーは、セックスへの不安から、その名のごとく性知識がなく「妹《シシー》」と呼ばれる一三歳の従姉妹ヴァージニアを妻に迎え、彼女の母親と三人で性とは無縁の生活を送ったという。不能とされたポーのセックスが読者の関心をひくのも無理はない。たとえば、マニー・マイヤーズの小説『ポー最後の謎』(一九七八年)では、初恋の人スタナード夫人にポーが誘惑され、彼の初体験が綴られる。「そして夫人はドレスを引き上げた。少年はびっくりした。下着は一枚もつけていなかったのである。夫人はその舌を彼の口にいれた。『さああなたの才能ある口に美しい言葉をいう以上のことをさせてちょうだい』」と、ポーのセックスが描写されるのだ〔二〇〇頁〕。また、少年メイスン・レナルズがポーと共に冒険をするルーディ・ラッカーの『空洞地球』では、ポーの前でレナルズがヴァージニアとセックスをする場面が展開する。「ぼくはエディがヴァージニアのいるベッドに上がっていきたくないのだと感じた。眼への恐怖、口への恐怖、猫への恐怖、渦巻きへの恐怖、そうした発言はすべて、エディが女性のもっとも秘すべき部分について恐怖を抱いていることを示している」と、性への恐怖が示されるのである［一五五頁］。

こうしたポーの常軌を逸した生涯のイメージは、ナボコフの『ロリータ』に影を落としている。主人公の大学教授ハンバート・ハンバートは、一四歳のときに思いを寄せたが早去した少女アナベルの思い出が焼きついた男である。一度は結婚するものの、結婚生活はうまくいかなかった。やがて、ロリータと呼ばれる下宿先の管理人女性の一二歳の娘ドロレス・ヘイズを愛してしまい、その母親が死亡すると、ロリータを連れてあてもなくアメリカを放浪することになる。しかしながら、ロリータは大富豪の幼児性愛者クレア・キルティに連れられて、姿を消してしまう。ハンバートはロリータを探し続けることになり、そして、三年後に再会したロリータは別の男の子供を身ごもっていた。絶望したハンバートは、クレア・キルティを射殺する。逮捕されたハンバートは獄中で病死し、出産時にロリータも命を落としてしまうのである。ハンバートの最初の恋人の名前アナベルが、ポーの詩「アナベル・リー」から取られているのは有名である。『ロリータ』におけるロリータと母とハンバートの三人の結婚生活は、ポーとヴァージニアとその母クレムが暮らした家を思いださせる。

また、ウィリアム・ウィルソンという名前を連想させるハンバート・ハンバートという姓名が同一の名前は、ポーの短編「ウィリアム・ウィルソン」からの影響も大きい。ロリータを奪ったクレア・キルティは、その名前が「有罪《ギルティ》」を連想させるように、ハンバートの欲望と罪悪感が投影された分身とも解釈できるだろう。キルティにずっと尾行を続けられたハンバートが、今度は逆に、ロリータを連れ去ったキルティを捜し求めることになるという展開も、ウィルソンに分身がつきまとってくる姿を想像させる。キルティ殺害を決意したハンバートがキルティと格闘する場面では、代名詞が混乱して、どちらがどちらかわからなくなるように描写されている〔後藤〕。「二人の巨大な子供のように、私たちはたがいに腕をまわし、床を転がり回った。彼はローブの下は裸で体臭がして、彼が上にのしかかると、私は窒息するのを感じた。私が彼の上にのしかかった。私たちは私の上にのしかかった。彼らは彼の上にのしかかった。私たちは私の上にのしかかった」と、二人は判別不能なのである〔二九九頁〕。もしもポーがいなければ、ナボコフの『ロリータ』もなく、ロリータやゴスロリなどの言葉すらありえなかったのかもしれない。

ポーがこれだけ人々の関心を呼び続けるのは、その文学的完成度だけによるものではなく、彼のもつ異常性からだろう。一九二三年に医者ジョン・ロバートソンがポーのアルコール中毒に注目した『エドガー・アラン・ポー――精神病理的研究』をすでに上梓していたが、その三年後の一九二六年には、ボナパルトの『ポーの作品と生涯――精神分析的研究』よりも早く、精神分析的解釈をかじりポーの病理性を追及したジョゼフ・クルーチの『エドガー・アラン・ポー――天才の研究』が出版されている。「天才の研究」とありながらも、「性が描かれないポーの作品は、彼の病理性を示しているかもしれず」、「ポーの物語には最初から最後までまともな愛や正常な人生への関心は存在しない」と、クルーチは「天才」の「狂気」を強調することをやめない〔八四頁〕。「こういう小説を書いた人間は人間であることをやめたのだ」という言葉まで使っている〔八二頁〕。「ポーはその小説世界で自分が思う完全な愛と病理的なサディスティックな倒錯に浸ることができた」と、作家と作品を同一視するのだ〔八七頁〕。暗号論や探偵小説のような理性的テクストについては、「ポーは自分が気が狂っていないことを証明するために推理小説を発明した」とも書いている〔一一八頁〕。その病理性はポーを否定させることになり、それでいて読者をひきつける。それはポーのもつ「倒錯の影」が、我々の内部にひそんでいるからにほかならない。ポール・オースターがいうように、我々の「おじいちゃんみたいな存在」がポーなのだから。

有名だったポーだが、アメリカにおいて文学的評価はきわめて低かった。生誕百周年の一九〇九年に、劇作家ジョージ・バーナード・ショーが「ホームレス」と呼び、「少なくとも大西洋から見た限り、アメリカにはポーのようなものはいない」と書いたポーは、祖国に居場所がなかったのである〔九六頁〕。アメリカで「早すぎた埋葬」にされたポーを評価したのが、詩集『悪の華』(一八五七年)で知られるフランスの詩人シャルル・ボードレールだった。そして、マラルメ、ヴァレリーら象徴派詩人たちにその流れは受け継がれ、批評の分野では、現代思想家デリダやラカンまでがポーを崇拝し、その構成員となる「フレンチ・コレクション」ができあがる。ポーの評価はまずフランスで盛んになっていたのである。これにたいしてアメリカ文学史においては、たとえば、ハーバード大学教授F・O・マシーセンの大著『アメリカン・ルネサンス』(一九四一年)を開いてみれば、ポーは注釈部分で触れられた程度の「生き埋めにされた作家」でしかなく、アメリカン・ルネサンス期を代表する五名の偉大な文学者から排除されてしまっていた。同性愛者であり一九五〇年に自殺してしまうマシーセンだが、むしろ親近感を抱くはずのマイノリティであるポーをその著作から抑圧してしまったのは、皮肉だと言わざるをえない(マシーセンへの反論として、弟子ハリー・レビンは、ポー、ホーソーン、メルヴィルを扱う『闇の力』(一九五八年)を書きあげることになる)。その病理性ゆえにポーは、アメリカ文学史から除外されてきた文壇の「他者」、まるで「亡霊」のような存在であった。

その異常性から人々の好奇心を呼ぶが研究領域では無視されてきたポーに、一九八〇年代の新歴史主義批評以降、ようやくアメリカ文学研究史へのパスポートが与えられたような状況が起こっていた。そして、同時多発テロを経過し、恐怖に満ちた時代に、生誕二百年を迎えたポーは復活を遂げている。テロリズムによって恐怖が跳梁する「ポーの世紀」となった現代、ポー文学の「案内《アッシャー》」をかねた入門書がたて続けに出版されていることは、それを示している。[33] なかでも注目すべきは、ジェフリー・ウエインストックとトニー・マジストレールの『ポーの文学教育方法へのアプローチ』(二〇〇八年)であり、教材としてのポーの作品にたいする数十種類にもおよぶ具体的な授業方法を収録している。その血生臭さやロリータ的要素から、アメリカの「異邦人」として否定されてきたポーが、いまやアメリカ文化を代表する教材となったという「反転」の皮肉を如実に見せつけてくれて面白い。こうしたマイノリティのポーは、荒野の竜としてインディアンたちが排除されてきた時代、国家の領土拡大の物語に批判を唱えてきたのである。迫害されるマイノリティたちの声をテクストに巧妙に刻んできたのだ。それでは、ポーの最高傑作と誉れ高い「アッシャー家の崩壊」における竜殺しを見てゆこう。

# 第二章　地下室の狂女

## ——「アッシャー家の崩壊」のさかしまの幽霊

旧友ロデリック・アッシャーから招待を受けた語り手が、亀裂が入り崩壊まぎわのアッシャー一族の屋敷に到着することで物語は始まる。「ある寂しく暗い秋の一日に、空に雲が重苦しく垂れこめるさなか、物寂しい土地をひとり馬の背にまたがりやってきた」という語り手は、言うなれば「旅人」である〔三九七頁〕。(34) 先住民を駆逐し西部へと領土を拡張してきたアメリカだが、この国の文学は旅の道中を描く「ロード・ナラティヴ」として発達したともいえ、最近はその研究も盛んである。しかしながら、語り手の旅は、ロデリックの「精神内部《インナー・スペース》」への旅であり、それはまた自分の心を覗き込む「闇の奥」への旅である。(35) ロデリックの「悪夢の部屋」にある「装飾品《インテリア》」が彼の精神の「内部《インテリア》」をあらわすこの短編は、まさしく「インテリア・ゴシック」となる。語り手がアッシャー館に近づき、沼を覗き込んだとき、そこには「逆に映った灰色の萱、青白い木の幹、眼のような窓」が映っていた〔三九八頁〕。髪のような蜘蛛の巣がかかるアッシャー館がロデリックの顔をあらわすならば、鏡としての水面には語り手自身の顔ではなく、ロデリックの顔が、あたかも語り手の顔であるかのように、反転して映っていたことになる。いわば、アッシャー館は「倒錯《さかしま》の世界」なのである。

かつてイギリスの思想家エドマンド・バークは『崇高と美の観念の起源』（一七五七年）において、荒々しい風景が醸しだす「崇高《サブライム》」と「恐怖《テラー》」を結びつけた美学論を展開しており、この時期にはゴシック小説の流行とともに、廃墟などを好む「崇高の美学《サブライム・コード》」がもてはやされていた。アッシャー館を見たときに、「心が冷たく沈みきってゆくような嫌悪があったが、どんなに想像力を羽ばたかせてみても崇高《サブライム》などとはいえない、このうえない寂寥感が漂っていたのである」と告白しているように、語り手はアッシャー家の不気味なこの風景を、何とかして「崇高の美学《サブライム・コード》」に組み込もうとしているのである〔三九七頁〕。語り手は「ゴシック風のアーチ型の入り口から、暗く複雑な通路を通り」、「召使によって私はロデリックのもとへと案内《アッシャー》された」〔四〇〇―一頁〕。ウサギに「案内《アッシャー》」されて穴から不思議の国に墜落したアリスのように、語り手もまた迷宮のようなアッシャー館を体験することになるのだ。そして、読者もまた語り手によって、「アッシャー家の崩壊」という何層にもテクストが絡み合うゴシックのかたりの迷路へと「案内《アッシャー》」される。

　神経を病んでいるロデリックは、双生児の妹であるマデラインがもう長くはないと考え、アッシャー家の「最後の一人」に自分がなることを嘆いている。「恐怖に縛られた奴隷」となったロデリックだが、彼のいう恐怖とは、自分が狂気に陥り死んでしまうことである〔四〇三頁〕。いわば恐怖を恐怖する状態になっているのだ。ロデリックは「魔の宮殿」という詩を書き、「小説のなかの詩」として挿入されている。言うまでもなく、小説のなかの多くの物品が朽ち果てるアッシャー館、詩のなかの魔物に占拠されてゆく魔の宮殿は、ロデリックの精神の崩壊を意味している。外界の刺激に過敏に反応するロデリックは、神経症のような状態に陥り錯乱してゆく。「このようなロデリックの様子が私を怯えさせ、私に感染したのも不思議ではない。徐々にだが、ロデリックの狂気じみた妄想の魔力が、私に確実に忍びよってくるのを感じた」と語り手はいう〔四一一頁〕。そして、ロデリックは生きていることを知りながらも、妹を地下室に埋葬してしまう。マデラインはロデリックが陥るかもしれない狂気、そして死をあらわす分身だろう。ロデリックはそうした恐怖を目の前から消し去りたかったのではないか。自己の恐怖を投影された対象を、目につかない場所へ「隠蔽／埋葬」してしまいたかったのである。しかしながら、嵐の夜に埋葬された「消えた女性」マデラインが帰ってくる。

嵐の夜、響いてくる物音を聞いた語り手の部屋に、錯乱して蒼白な顔のロデリックが入ってくる。稲妻が光り輝く屋敷付近の風景に怯えるロデリックに、「これはたんなる電気的現象にすぎない」と、語り手は化学的に説明する〔四一三頁〕。そして、語り手は架空の書である『狂気の邂逅』を取り出し、読んで聞かせる。ここで「竜退治の物語」が「物語のなかの物語」として朗読されるのである。語り手が読みあげる『狂気の邂逅』において、酒をあおった勇者エセルレッドは、嵐で雷雨の夜、邪悪な隠者のいる部屋の扉を打ち破って入ってゆく。扉はひび割れて砕け、木の裂ける音が森に響きわたった。隠者の部屋に入ると、「隠者のかわりに、鱗で覆われ、炎の舌をもつ巨大な竜が、床が銀でできた黄金の宮殿を守っていた」〔四一四頁〕。その壁には真鍮の盾がかかり、竜を倒した勝利者はこの盾を得るという文句が刻まれている。床が銀にもかかわらず、盾は真鍮である黄金の宮殿は、沼の水面に映ったアッシャー館の「さかさまに映った影」のように、価値が反転した「倒錯《さかしま》の世界」である。

「エセルレッドは鉾を振り上げ、竜の頭めがけて打ち下ろす。竜は倒れて毒を吐きだし、恐ろしい悲鳴をあげ、その凄まじさにエセルレッドも耳を覆わずにはいられなかった」〔四一四頁〕。

この節を読みあげたときに語り手は、「この物語の作者がかたる竜の断末魔の叫びそのもののような物音」を聞いたような気がする〔四一四頁〕。『狂気の邂逅』の様々な音は、生きながらに埋葬されたマデラインが棺を破る音と一致する。竜とマデラインが重ねられているのだ。この意味では、妹を地下に「抹殺《まいそう》」したロデリックは、竜殺しをしているとも解釈できるのではないか。水を支配する竜を殺すエセルレッドを、水を開放する豊穣の神話の英雄だと杉山美知子は考えていた〔七五頁〕。しかしながら、エセルレッドの竜殺しが成就することはない。「エセルレッドは竜の屍骸を押しのけ、壁に盾がかかっている宮殿の銀の床を勇敢に進んでゆくが、彼が近づくのを待たず、盾は激しい音を立てて銀の床に落ちる」からである〔四一五頁〕。本能をあらわす竜を倒しても、理性の盾を手にできないエセルレッドは、やがてロデリックの知性が崩壊することを予告している。そして、ロデリックがまもなく陥るはずの狂気を体現している双子の妹マデラインは、いわばロデリックの影である。エセルレッドの竜殺しのように、マデラインに投影した狂気の隠蔽も挫折するのである。ロデリックのもとにマデラインが復讐するために回帰してくるからだ。

　ロデリックは怯えて木が裂ける音を聞くと、「あの音が聞こえないのか……この狂人め」と、語り手を「狂人」と呼ぶのも見過してはならない〔四一六頁〕。語り手が「正気」か「狂気」かと疑われるのは、ポー文学の特徴である。語り手が信頼できないならば、「棺の蓋を戻し、ねじをとめ、鉄の扉を閉めた」という厳密な地下室から、マデラインが抜け出すことはありえないのだから、帰ってきたマデラインの姿は、沼の瘴気の影響で語り手が目撃した幻想の幽霊となる〔四一〇頁〕[36]。「わが友人の幻想《ファンタスマゴリック》がちな考え」というふうに、「アッシャー家の崩壊」には「ファンタスマゴリック」という語がでてくるが〔四〇五頁〕、「幻燈機《ファンタスマゴリア》」の「レンズ」を通して幽霊などを「投影《プロジェクト》」して映しだすという見世物興行が一八世紀後半から流行しており、プロジェクターのトリックを見せ、幽霊とは頭脳が

「眼《レンズ》」を通して「投影《プロジェクト》」する「幻想《ファントム》」にすぎないとする迷信の啓蒙化がなされていた。[37] こう考えれば、屋敷が崩壊した最後も含めて、ここで起こった出来事は語り手の恐怖が「投影《プロジェクト》」された「幻想《ファントム》」だとも考えることができる。また、語り手が正気だとすれば、地下室は「昔は地下牢、その後は火薬や可燃物の貯蔵庫」だったのだから〔四一〇頁〕、屋敷の崩壊は稲妻が引火して火薬が爆発したと説明がつく。[38] 二つの解釈ができるようにテクストが構成され、語りの曖昧性もまた暴露されているのだ。

やがて、帰ってきた妹が兄のうえに倒れこみ、二人は息絶えるという結末を迎える。抱き合っているかのように一体化した兄妹の姿に、近親相姦の愛を読んだのは、『アメリカ古典文学研究』(一九二三年)においてポーの愛を追究した小説家D・H・ロレンスであった。また、屋敷の亀裂が女性器を思わせるとマリー・ボナパルトは指摘したが、膣的な亀裂から背後に輝く血のような赤い満月の光が流れだす光景には、妹の処女喪失と二人の愛の成就も読み込める。そうだとすれば、館のそばの「沼」〈tarn〉は、不気味な「沼」ではなく、むしろ『ポーの冥界幻想』(一九八九年)において佐渡谷重信が考えるように、幽鬼立ちのぼる超自然的な美の「湖」であり、再生を果たす場所になるだろう〔八〇―一頁〕。兄と妹の間の禁断の愛は、水が浄化して不滅の霊魂として再生すると解釈できるのだ。だが、この水はもっと終末的な恐怖も帯びている。「壁の亀裂が瞬く間に広がり……壁が二つに崩れ落ちるのを見て私は頭が混乱するのを感じた。幾千の水の叫びが聞こえ、足元の黒々とした深い沼がアッシャー家の残骸を飲み込んでいった」〔四一七頁〕。ノアの洪水すら連想させるこの「幾千の水」は、「魔の宮殿」の「恐怖の急流のように、ドアを通して流れ出る不気味なもの」とも呼応する〔四〇七頁〕。[39] 女の復讐によって家は崩壊する。つながったまま男と女は、暗い水に飲み込まれてゆく。あたかも、ロープでつながれたまま深い海へと沈んでゆくエイハブと白鯨のように。

そもそも「マデライン〈Madeline〉」の名は、「狂気〈mad〉の系譜〈line〉」を意味するが、生きたまま地下に埋葬されたマデラインは「地下室の狂女」である。こう考えれば、マデラインは、英国女流作家シャーロット・ブロンテの『ジェーン・エア』（一八四七年）において、夫によって屋根裏に「隠蔽」されてきた「屋根裏の狂女」バーサの姉だとも呼べるのではないのか。屋敷の屋根裏に監禁されてきたジャマイカ出身のバーサは、女の力を象徴する月が輝く夜に反逆を起こし、「黒猫」において火災で家を灰にしたプルートのように、怒りで館を焼き尽くしたのである。『ジェーン・エア』に迫害される女の姿とその復讐を読み込んだのは、名著『屋根裏の狂女――ブロンテと共に』（一九七七年）のフェミニズム批評家サンドラ・ギルバートとスーザン・グーバーだった。そして、現代のポスト・コロニアル批評では、バーサのジャマイカ出身のクレオールという出自に注目し、彼女を這う動物的女性として排除した植民地主義が批判されてゆく。二〇一一年にもキャリー・フクナガ監督の『ジェーン・エア』が製作されたように、繰り返し映画化されているこの作品で、バーサがいかに怪物化して描かれているかは興味ぶかい問題だろう。ちなみに、最近では「アッシャー家の崩壊」の土地の所有権の問題に、赤い満月という力の満ちた夜の先住民による報復すら指摘されている［高瀬］。

ロデリックや語り手が狂気に陥っている可能性はすでに示したが、マデラインを生きたまま地下に埋葬した男たちこそ、精神病院のようなこの家の「狂気の系譜〈Mad Line〉」なのかもしれない。そして、正気だったのはむしろマデラインだったという可能性を残している。というのは、ほかにも似たような構造のポーの物語が存在するからである。たとえば、「タール博士とフェザー教授の療法」は、ある秋の日に森を抜けて陰鬱な精神病院を目にした語り手が、その建物に入ってゆくという「アッシャー家の崩壊」と同じ展開で始まる。語り手は看守たちの奇妙な行動を目撃するが、じつはこの精神病院は患者の暴動によって乗っ取られており、患者たちが看守のふりをしていた。物語の結末に地下に監禁されていた看守たちが「タールと羽根《フェザー》」を塗りたくられて現われる。これは南部で黒人リンチを行なったときの手段であった。また、メルヴィルの「ベニート・セレーノ」(一八五五年)でも、反乱を起こした奴隷たちが乗っ取った船に、デラノー船長が知らずに乗り込むことになる(こうした反転劇は、精神病院の脱獄患者が祖父母を演じる家に、そうとは知らない姉と弟が訪れるM・ナイト・シャマラン監督の『ヴィジット』(二〇一五年)に継承されることになる)。アメリカン・ゴシックでは、狂気と正気がひっくりかえった反乱の物語が綴られ続けている。竜退治の挫折を描く「アッシャー家の崩壊」も、男性たちが他者たちに覇権を奪われるかもしれない主権の「転倒《さかしま》」の話なのである。

本章の最後として、冷戦時期の一九六〇年代、有名なB級映画の製作者ロジャー・コーマンによって『アッシャー家の崩壊』(一九六〇年)を皮切りに、AIP映画の「ポー・シリーズ」が一〇本にわたり製作されていったことも、考えあわせておきたい。ジャック・ニコルソン主演で映画化もされたが、「ビッグナース」と呼ばれる婦長が管理する精神病院の体制を批判したケン・キージーの小説『カッコーの巣の上で』が書かれたのも一九六〇年のことだった。『カッコーの巣の上で』において、患者をつくりだす収容所になった国家の姿が突きつけられたように、コーマン監督の『アッシャー家の崩壊』においても、マデラインはしばしば格子ごしに描写されることで、監禁の雰囲気を高めている。そして、語り手をマデラインの婚約者に設定して、妹に近親相姦的欲望を示すロデリックとの三角関係が新たに展開される。『アッシャー家の崩壊』は冷戦期において監獄になったアメリカの姿を映しだす。古びた屋敷が亀裂によって震撼する様子を強調し、マデラインの復讐を描くことで、アメリカという核家族、そして国家の亀裂を暗示するのだ。

『カッコーの巣の上で』が出版され、『アッシャー家の崩壊』が映画化された冷戦下の一九六〇年には、アルフレッド・ヒッチコック監督の『サイコ』も公開されている。デニス・ペリーの研究書『ヒッチコックとポー——歓喜と恐怖の遺産』(二〇〇三年)が示すように、ヒッチコックはポーに多くの影響を受けていた。『サイコ』ではノーマン・ベイツは古びて朽ちゆく屋敷に住み、男への嫉妬から殺してしまった母親の死体を地下室に「隠蔽」している。監獄になったノーマンの家。アッシャーの家とノーマンの家が何とよく似ていることか(図23)。母親は息子の人生を支配しており、死後も彼の背後に鳥の剥製がその象徴となって眼を光らせている(ノーマンが母親を殺害する前を描く海外ドラマ『ベイツ・モーテル』(二〇一四年)では、ノーマンを恋人のように束縛する母親が描かれたが、ミイラ化した母親が殺害された経緯は精神科医によって語《か》／騙《た》られるだけで、彼女が本当に息子にたいして抑圧的な女性であったかどうかはわからない)。『サイコ』と『アッシャー家の崩壊』の二つの精神病院としての家。「冷戦時代にポオを召還する」意味を考え、核の時代とポーの「両者の結びつき」は「必然」であるという塚田幸光も、『アッシャー家の崩壊』は家庭崩壊の悪夢を映しだすことで、アメリカの国家基盤である家族制度の欺瞞を告発

(図23)コーマン版『アッシャー家の崩壊』の屋敷

しているとする［「福竜（ラッキー・ドラゴン）・アンド・ビヨンド」一〇六、一一二頁］。

「アッシャー家の崩壊」では竜退治も成就せず、マデラインという恐怖の抹殺にも失敗する結末で、沼がすべてを飲み込んでゆく。ロデリックは恐怖に飲み込まれたのである。双子の男と女が住む「アッシャー屋敷の崩壊〈Fall〉」は「アダムとイヴの楽園の喪失〈Fall〉」も連想させるが、『アメリカン・アポカリプス』でダグラス・ロビンソンは、「ポーがこの作品で扱ったのは人間の精神の運命だけではなく、人種や世界や人類の歴史の運命」であるという［一七五頁］。そして、それはアメリカという国家の崩壊である。物語の最初に「崇高の美学《サブライム・コード》」で屋敷を眺めていた語り手が目撃した、アッシャー館が女性という他者の復讐によって崩壊してゆく「アポカリプス」に、同時多発テロを経験した現代では、アルカイダという他者のテロで双子の世界貿易センタービルが倒壊してゆくのと同じ「アポカリプス」を重ねずにいるのは難しい。「グラウンド・ゼロ」と呼ばれた跡地は、意味づけを飲み込む巨大な穴のトラウマであり、同時多発テロはなかなか映画化できなかった。だが、その時期を経過すると、トッド・A・コーマー編の研究書『恐怖と映画的サブライム』（二〇一三年）が示すように、『クローバーフィールド――HAKAISHA』（二〇〇八年）では、謎の巨人の攻撃で断首されたかのごとく、自由の女神が破壊されて首が転がり、ニューヨークが廃墟となってゆくスペクタクルが描かれるのである。同時多発テロは現代の「崇高《サブライム》」として、映画の銀幕に形を変えて描かれてゆくことになる。

# 第五部　ポーにおける竜殺し（2）——「黒猫」を読む

人間の心の奥には、墓穴や洞窟がある。
ただ、そのうえにある光や音楽のために、それらの存在、
そこに埋められているものや隠蔽されている囚人のことを忘れているのだ。
ナサニエル・ホーソーン「憑かれた心」

# 第一章　「黒猫」と告発される人種の奴隷制
## ——侵食しあう白と黒

あたかも「闇の動物園」のごとく、ポー文学には黒い動物がたくさん棲みついている。「大鴉」で詩人の部屋に入ってきて「けっしてない《ネヴァーモアー》」という言葉を反復する大鴉、「モルグ街の殺人」の部屋に侵入し母娘を惨殺するオランウータン、そして「黒猫」の黄泉の国の王の名前をもつ猫。この黒猫プルートは、「アッシャー家の崩壊」の炎のような舌をもつ竜と同じく、真っ赤な口をひらき、最後には「怪物」とまで呼ばれている。[40]「黒猫」は現代ホラーの旗手スティーヴン・キングの小説を映画化した『ペット・セメタリー』(一九八九年)の黒猫にさえ、そのイメージが継承される人気の短編である。「黒猫」にも「竜殺しの物語」が反復されてはいないのか。「これから書き記す奇怪であるが、それでいてどこかありふれた話を、私は読者に信じてもらおうとは思わない」と、語り手が理性的な「正気」を装い物語は始まる〔八四九頁〕。幼い頃から語り手は動物をこよなく愛していた。ところが、酒に耽溺するようになると、ペットを虐待し始める。一匹目の黒猫の眼をナイフでえぐって、木から吊るすのである。家が火災で焼け落ちた後に二匹目の黒猫を飼うが、またしてもこの猫を殺そうとして誤って妻を殺害し、その死体を壁に塗り込めて隠蔽する。だが、壁から聞こえた猫の声によって犯罪が発覚してしまう。絞首刑が執行されるのを待つ語り手は、この話を獄中でかたっていたのだ。

語り手が「重罪犯の独房」の壁のなかで、「飲酒という悪魔」が破滅させたその生涯を「告白」する形で物語をかたっていたという「黒猫」の構造を考え直してみるなら、語り手が一人称で話す「黒猫」が一種の「自伝」の体裁を取っているのがわかってくる。幼妻ヴァージニアが暖を取るために抱いていたという三毛猫だけではなく、ポーは黒猫も飼っており、また、幼少時に継母アラン夫人のペットの小鹿を殺したことさえあり、ポー自身もアルコール依存症が指摘されていることを考えあわせれば、「密告する動物園」で巽が指摘するように、この語り手はポーの「自伝的分身そのもの」と解釈できないこともない［九一頁］。作者と語り手を読者が同一視する傾向をポーは計算に入れて「黒猫」を書き、読者の窃視的欲望を煽って、この短編を売ろうとしているかのようだ。読者が喜びそうな猟奇的作家という「役割《ロール》」をポーが「演技《プレイ》」しているようでもある。この意味においては、TVシリーズ『13 thirteen』の一話として、スチュアート・ゴードンが監督した『黒猫』は、ポーとヴァージニアが語り手と妻に設定されているという点において、じつに興味ぶかい。

酒に溺れて破滅し死刑を控えた語り手が生涯をかたるという「自伝」の体裁をそなえ、まるで犯罪実録物のような小説が「黒猫」である。[41]『アメリカン・ルネサンスの地層』や『盃の蛇』で、批評家ディヴィッド・レナルズは、当時には犯罪者の手記が読み物として人気を博していたことや、禁酒運動のパンフレットをとりあげ、酒で幸福な家庭が崩壊するという実話形式の血生臭い「禁酒体験記《テンパランス・ナラティヴ》」と「黒猫」の類似に注目している。そもそも、ポーの人生そのものが、一八五二年の雑誌『ナショナル・マガジン』に掲載されたリチャード・ストッダードの記事のように、ときに禁酒運動のパンフレットに警告の物語として掲載されてもいた。酒によって転落していった男の人生を描き、最後にその人物の名前をストッダードは明かすのである。「読者諸君、お読みになったものはフィクションではない。ここに記された状況や事件のすべては、最も有名で想像力に富んだ作家のひとりのポーに現実に起こったことなのである」〔ピープルズ 六頁〕。禁酒運動との関連を考えれば、いつの時代、どこの国とも書かれていない「黒猫」には、きわめてアメリカ的な文化背景が織り込まれていたことは明らかである。それならば、「黒猫」には奴隷制のことも刻印されているにちがいない。

語り手は「動物を撫で餌をやるときほど楽しいことはなかった」と回想し、「動物の無欲で自己犠牲的な愛情は、見かけだけが人間《マン》である連中のくだらぬ友情や薄い忠誠心を知っているものの心に訴えかけてくる」と、ペットとの愛情を自慢している〔八五〇頁〕。ペットという制度や動物園が成立したのがこの一九世紀なかばの頃だが、なぜ二本足でかろうじて立つ猿を見て、人は拍手するのか。なぜ与えられた餌をむさぼる飼い犬を見て、飼い主は微笑むのか。これらの仕草は、動物は奴らだと、動物と堅固な壁で区切られ、人間が人間であること、主人が主人であることを証明するからである。イーフー・トゥアンが『愛と支配の博物誌――ペットの王宮・奇型の庭園』〔一九八四年〕において、愛の名によって美化されたペットを飼うことの権力を分析しているように、「黒猫」が突くのはこうした権力の戦いである。それにしても、この黒猫はいったい何なのか。語り手の家庭には「小鳥、金魚、立派な犬、兎、子猿」などのペットが飼われている〔八五〇頁〕。しかしながら、ペットといえば動物だけだろうか。アメリカにはあと二つのペットがいたのではないか。奴隷制と家父長制が所有するペット、黒人奴隷と妻という名の奴隷たちである。

一八三一年には黒人奴隷たちが白人五十人以上を虐殺したナット・ターナーの反乱が勃発し、トマス・グレイがナット・ターナー自身に聞き取りをして、それを記した犯罪実録物の『ナット・ターナーの告白』(一八三一年)が版を重ね、セオドア・ウェルズの『アメリカ奴隷制の現状』(一八三九年)が大量に売れるなど、鞭打ちなどの奴隷制の残忍な刑罰を描いた書物が人気を見せていた。ソロモン・ノーサップの回顧録『12 Years a Slave』(一八五三年)も鞭打ちのシーンを見せ場にしており、この回顧録を映画化し、二〇一四年のアカデミー作品賞を受賞したスティーヴ・マックイーン監督の『それでも夜は明ける』でも、鞭打ちで観客をひきつけていることは否定できないだろう。一八四一年のある朝、自由黒人で家族もあったソロモンは、目が覚めると奴隷として牢獄で鎖につながれ、南部に売られてしまう。彼が奴隷から自由になるまでの一二年間にわたり、鞭打ちなどで虐げられた苦境を綴るのがこの回顧録である。ポーの「陥穽と振子」は、語り手が目覚めると、なぜか地下の牢獄につながれているることがわかり、振子が体を切断しようと降りてきたり、灼熱に熱された壁が迫ってくるという短編だが、『12 Years a Slave』とよく似ている。奴隷制が「底のない穴」「カトリックの異端審問の牢獄」などにたとえられた当時、「陥穽と振子」は奴隷制の恐怖を活用している[ゴデュー]。

ポーの「黒猫」には奴隷制に触れた箇所はないが、レスリー・ギンズバーグが立証したように、微妙に奴隷制の問題が影を落としている。語り手の家では「動物園」のようにおびただしい数のペットが飼育され、よく奴隷につけられた「プルート」という名が黒猫に与えられているのみならず、小猿まで飼われている。「モルグ街の殺人」のオランウータンに南部貴婦人を「強姦《レイプ》」する黒人という「猿《エイプ》」の恐怖が反映されていること、前作「黄金虫」において主人に媚びを売る黒人奴隷の名は「ジュピター」だったこと、次作「ウィサヒコンの朝《モーニング・オン・ザ・ウィサヒコン》」では、フィラデルフィア州のウィサヒコンの自然において、野生のシンボルであるべき角鹿が黒人から塩をもらうペットにすぎなかった事実をある

「朝〈morning〉」に知ってしまった語り手が、飼い慣らされた動物に「嘆き〈mourning〉」を感じていたことなど、「黒猫」に主人と奴隷の物語が隠されていると考えるだけの証拠は少なくない。黒人奴隷ナット・ターナーの反乱以後、語り手のもとを離れようとしないプルートのように、奴隷制の脅威は白人作家たちの脳裏を片時も離れず、反乱の恐怖を和らげるために情深い主人と献身的に仕える奴隷の「愛の絆」の物語がかたられたのである。たとえば、ポー本人が書いたかどうか議論があるものの、一八三六年に奴隷制を肯定したポーの書評「ポール・ドレイトン・レビュー」には、臨月も近い黒人奴隷が病床にあえぐ夫人のそばを離れず、帰宅することを主人が命じると、帰っても寝ることなどできないと答える奴隷の「愛の絆」のエピソードがあげられている。

南北戦争前のアメリカでは、奴隷制の恐怖を鎮めそれを正当化するために、主人とペットの物語がよく使われた。ポーの友人の大学教授トマス・デューは、「一八三一年、三二年のヴァージニア州会議の議論総括」(一八三二年)という記事において、動物を飼育することがその幸福につながるように、「森の野獣」としての黒人もまた過酷な訓練によって文明化されることが幸福に結びつくと、奴隷制を肯定していた〔ギンズバーグ 一〇九頁〕。メルヴィルの中編「ベニート・セレーノ」(一八五五年)では、反乱が起きて船が奴隷に乗っ取られていることを知らずに、デラノー船長は沖に漂着するスペイン船に乗り込んでゆく。乗組員たちが奴隷に監視されていることを隠す不穏な空気を和らげようと、デラノー船長は以前飼っていた忠実なニューファンドランド犬のことを回想し、それを黒人に結びつける。「彼のそばに背の低い黒人が立っていた。牧羊犬のように黙って時々このスペイン人の船長を見あげる黒人の粗野な顔には、悲しみと愛情が混じっていた」〔一二三頁〕。「モルグ街の殺人」のオランウータンは飼い主のひげ剃りの真似をして白人女性を殺害してしまうが、デラノー船長は黒人の召使バボーに剃刀をあてられることになると、再び主人と愛玩犬の「愛の絆」のことに思いをめぐらす。「たいていの善良な人間がそうであるように、慈善からではなく心からデラノー船長は黒人が好きであり、それは人がニューファンドランド犬を好きになるような気持ちからだった」〔二六五頁〕。

これらのことをまとめてみれば、語り手の手を牙で傷つけ、「野獣」とまで描写された黒猫の正体が見えてくる。首に縄を巻かれ木に吊るされた黒猫は、リンチで木から吊るされた黒人の死体を哀れむビリー・ホリディのジャズの名曲『ストレンジ・フルーツ』を思いださせるように、惨殺された黒人奴隷の表象だったのだ。精神病院が患者たちの反乱で乗っ取られる「タール博士とフェザー教授の療法」という題名に、タールと羽根《フェザー》を相手の体に塗りたくる「タールとフェザー」という黒人リンチの名前を与えたポーだが、自分たちのことは自分たちで裁こうとリンチが横行するこの国で、絞首刑にされたものが復讐に帰ってくるという物語が書かれるのは不思議ではない(42)。焼けた家の白い壁に浮かびあがる黒猫の刻印、また、黒猫の胸でしだいに大きくなり、絞首台の形となって黒を侵食する白い斑点は、語り手の罪を咎めにくる。しかしながら、ここで告発されるのは、語り手個人の罪ではなく、人間を「商品」とする奴隷制の国家的な罪なのではないか。それならば、語り手が猫を吊るすことを「許されない罪《デッドリー・シン》」と呼んでも、けっして大げさなことではない〔八五二頁〕。

また、境界線の揺らぎは「黒猫」のみならず、白い毛が一本もない利口な黒い雌猫を飼っている語り手が、猫の知性について述べるポーのエッセイ「本能 vs 理性——黒い猫について」にも登場している。このエッセイの冒頭において、「獣類のもつ本能と人間が誇る理性との区分を分かつ線は、言うまでもなく、きわめて曖昧な性質のものである。それはオレゴン州と北東部との境界線を決めるのと同様に難しい」と、動物と人間の境界線の揺らぎを、当時のイギリス領とアメリカ領の間でひかれ、議論の的であった領土の境界線と重ねている〔四七七―八頁〕。黒い毛並みを侵食する白は、フェアレディがダークレディに変身する「ライジーア」のように、白人と黒人の区分を撹乱するポーがよく扱うテーマである。ポーにオマージュを捧げるスティーヴン・キングは、「黒猫」を念頭においた短編「魔性の猫」において、額が白と黒の二つに割れ白黒の境界線がくっきりと口まで走っている黒猫が、薬殺された猫たちの恨みとして人間を殺しまくる物語を執筆し、これまた境界線の恐怖を示唆している。火災で焼け落ちた白い壁の表面に浮きあがる黒猫の痕跡のように、「黒猫」は白い紙のテクストのうえに、「闇の力」が抑圧された奴隷制の罪を焼きつけたアメリカン・ゴシックだった。そして、また「黒猫」はもうひとつのペットの復讐を見せつけるのだ。妻という奴隷の復讐を。

## 第二章　「黒猫」と告発される性の奴隷制——壁のなかの亀裂《あな》

前章では「黒猫」が奴隷制を告発していることを見てきたが、この章では、女性虐待に焦点を当ててみたい。現代女性作家ジョイス・キャロル・オーツは「黒猫」を意識した短編「白猫」において、金持ちの男性と年齢の違う若い女優、白いペルシャ猫にまつわる愛と憎しみの物語を展開したように、「黒猫」もまた男と女の愛の寓話と読める。二匹目の黒猫は「片時も離れずつきまとい……身の毛もよだつ愛撫をせがみ……服に長く鋭い爪を立て胸まで登り」、夜ごと男の胸のうえに「重い体重」をのしかけ「熱い息をあびせる……夢魔」と描写される〔八五五、五六頁〕。猫を女と読みかえれば、執念ぶかく男につきまとい、セックスをせがんでくる女の性欲が、そこに透けて見えることだろう。ある夜に語り手が酔って帰宅すると、プルートは彼を避けた。愛撫を拒んだのである。男と女の愛憎が猫の姿を借りて生々しく描かれる。これまで妻のことを「汚い言葉で罵り……暴力をふるってきた」語り手だが、猫の行為に激怒し片眼をペンナイフでえぐる〔八五一頁〕。「黒猫」は「家庭内暴力」の物語である。片眼を潰された猫は、最後に首に縄をかけられ木から吊るされることになるのだ。

黒猫が「魔女の化身」だと囁かれていたことを思いだそう〔八五〇頁〕。男が黒猫を木に吊るしたことは、巽孝之が嗅ぎとるように、一六九二年のアメリカ史に悪名高いセイラムの魔女狩りの再現なのかもしれない。魔女狩りは、小説家ナサニエル・ホーソーンの先祖も登場するロブ・ゾンビ監督の『ロード・オブ・セイラム』（二〇一二年）が近年にも製作されたように、幾度となく回帰してくる女性虐待の記憶である。そもそも、男性医師による正統医療に背を向ける産婆や呪術師など、規範を逸脱した女を罰する女性虐待の試みが、魔女狩りだったのである。また、精神分析的にみれば、猫に去勢する恐ろしい母を、男による猫の虐待に去勢恐怖にたいする攻撃を見出すこともできる。語り手は去勢の脅威を匂わす猫の眼を、まるで女性器をえぐるように潰すのだ。しかしながら、皮肉にも、空洞となった猫の眼窩は、あるべきものがそこにないという去勢の不安を見せつけることになる。猫に虐待を加えた夜、語り手の家は火事で焼け落ちる。猫が表象する女の怒りで、屋敷は崩壊するのである。「主人」の「家財」は、その「所有物《ペット》」の黒猫によって灰となるのだ。そして、焼け落ちた壁の表面には猫の姿が焼きつけられていた。「黒猫」は人種と性差による二つの奴隷制を告発する。

語り手はプルートを木に吊るした後、酒場で二匹目の黒猫を見つけて飼うことになる。猫への虐待を控えはするが、新しい家の地下室への「急な傾斜の階段」を降りていった語り手は、猫に絡まって階段を転げ落ちそうになる[八五六頁]。冥府の王プルートが語り手を地下へ誘う。すでに述べたように、プルートのふるまいは女の性欲を連想させたが、性欲によって語り手は「急な傾斜《じんせい》の階段」を転落しそうになったのか。また、酒に耽溺するあまりに、進化の梯子をくだって動物に退化したのか。語り手は黒猫を殺そうと斧を振りあげる。「獰猛な野獣」と形容され[八五五頁]、最後には「怪物」とまで呼ばれるプルートはたんなる猫にとどまらない。猫が表象する女のセクシュアリティ、あるいは、猫に投影した自分の内なる獣性の抹殺を試みるのである。理性を誇る男性が、本能的な存在を抹殺しようとする。ところが、妻の手が斧を拒んだ。「不満も漏らしたことのなかった妻」が逆らったのだ[八五六頁]。語り手の怒りは黒猫から妻へと向かい、妻の脳天に斧が落ちる。「アッシャー家の崩壊」

において竜の頭に鉾を振りおろすエセルレッドの竜退治が、ここで再現されることになるのだ。

語り手の斧は妻の脳髄を破壊するが、都市伝説の研究家ジャン・ハロルド・ブルンヴァンもこうした動作に注目するように、都市伝説から『13日の金曜日』などのホラー映画にいたるまで、男性殺人鬼が女の頭を凶器で強打し殺害する場面は、女には考える頭脳は必要なく、性の玩具《ペット》として身体のみを重要視する女性差別のあらわれだろう〔『消えるヒッチハイカー』一〇一頁〕。女性は男性から区分されて、動物的セクシュアリティの範疇におかれるのである。キスをすると豹に変身してしまい、男を喰い殺すと信じ込んだヒロインの悲劇を描くジャック・ターナー監督の『キャット・ピープル』（一九四三年）、そのリメイクでナスターシャ・キンスキーが特殊メイクで実際に黒豹に変身する『キャット・ピープル』（一九八二年）、化猫女優《ヴァンプ》として有名な入江たか子が、御家騒動にまつわる陰謀によって抹殺された弱者たちの恨みを晴らすという「怪猫映画シリーズ」、究極的には清水崇監督の『呪怨』（二〇〇〇年）まで、猫と女が結ばれたホラー映画は数多くつくられている。そうした映画の「銀幕《スクリーン》」には、男性の深層心理に「隠蔽《スクリーン》」された女性にたいする罪悪感と恐怖が露呈されているのである。

アクロバティックな立ち回りを披露し、城内を暴れまわる入江たか子らが扮する化け猫を、刀を抜いた侍たちが退治するという女性嫌悪のきわみの結末が、「怪猫映画シリーズ」のクライマックスである。入江たか子主演で加戸敏監督の『怪猫――岡崎騒動』（一九五四年）、勝新太郎が主演した三隅研次監督の『怪猫――呪いの壁』（一九五八年）、石川義寛監督で里見孝太郎が出演した『怪猫――呪いの沼』（一九六八年）などでは、惨殺された女の死体と猫が壁に封印され、「黒猫」の影響が見受けられる。また、清水崇監督の『呪怨』（二〇〇〇年）は、家庭で夫に虐殺された妻の伽椰子と息子の俊雄が「呪怨」を残した亡霊となって、その屋敷に足を運ぶものに災いをふりまくという物語で、シリーズ化されてゆく。伽椰子という幽霊は、シャーロット・パーキンス・ギルマンの「黄色い壁紙」(一八九二年)のように、地面を蛇や動物のごとく「這う女」であり、俊雄は殺されたペットの黒猫の鳴き声を真似ているという意味では、家庭内暴力によって虐殺された弱者たちの復讐で家が崩壊する『呪怨』シリーズは、「御家騒動」にまつわる怪猫シリーズの末裔だといえるのかもしれない。

リサ・チュートルによれば、動物をペットとして飼うことが、奴隷制や女性の出産を管理することのモデルを提供したという歴史背景を逆手にとり、一九八〇年代の女性SF作家たちは、女性が動物に変身することで家父長制度に抵抗するというSFを書いていたという。この指摘をふまえれば、盲目の父や娘など殺害された弱者の怨念が、化け猫の姿を借りて復讐するというパターンの「怪猫映画シリーズ」、あるいはポーの「黒猫」までも、こうした系譜に位置づけることができるだろう。「黒猫」において、妻の脳天を破壊した語り手は、死体の隠匿方法を「人間《マン》」らしく「頭脳」を使い考える。「モルグ街の殺人」で主人の水夫のひげ剃りの真似をして、白人の母娘を惨殺したオランウータンが、母の死体を窓から投げ、娘は煙突に押し込んで隠していたように、死体の隠蔽はポー文学の定番である。語り手は「死体を商品のように装い梱包し、家から運び出すこと」を考えていた〔八五六頁〕。語り手のなかで妻は「商品《もの》」にすぎないのである。そして、殺害された女性の死体は、地下の壁に塗り込められて、人々の視線から「隠蔽《スクリーン》」されることになる。「消えた女」になった妻。家庭の地下室(cellar)は、夫に背いた独房(cell)となる。これはマデラインを地下に埋葬したロデリックの姿とよく似ている。そうすると「黒猫」でプルートを狩りたてた竜退治のゆくえも想像できよう。

語り手は屋敷を捜査にきた警官たちに完全犯罪を誇る。「まったくよく建てられた家です……この壁を御覧ください。ちゃんと組み立てられています」と誇らしい声でしゃべり、死体を塗り込めた壁をわざわざステッキで叩くのである〔八五八頁〕。ところが、奇怪な声が響き、警官たちがレンガを取り除いて壁が崩れる。壁にあいた巨大な穴。「腐敗して血のりの固まった妻の死体は、警官たちの前にまっすぐ二本足で立ちはだかっていた。妻の死体の頭のうえに、真っ赤な口をひろげ、火のような片眼の忌々しい野獣が座っていたのである」〔八五九頁〕。語り手の家の「家庭的《ホームリー》」な装いは崩壊する。

精神分析学者フロイトは一九一九年の論文「不気味なもの」において、意識の下に抑圧されていたものが、再び回帰してくる恐怖を論じていた。「不気味なもの〈das unheimliche〉」は the uncanny のタイトルで英訳されるが、この形容詞には unhomely という英語もあてられる。「見慣れている〈heimliche〉」ものは、「家の一部をなすもの」「漏れないよう隠された秘密」などの意味をもつが、既知のものが抑圧され無意識下に隠された後に表出するとき、それは「不気味な〈unheimliche〉」ものに変わるという論文である。つまり知っていながら、意識から消し去ったものが再び表出するとき、それは「不気味なもの」となるのである。壁に隠していた死体は「不気味なもの」として回帰してくる。

第一行で語り手が強調した「ありふれた話〈most homely narrative〉」が〔八四九頁〕、最終行で「私は怪物を墓穴《トゥーム》に塗り込めていたのだ」と超自然的な事態を述べることで〔八五九頁〕、壁に抑圧された黒きものが帰還してくる「黒猫」は、フロイトのいう「不気味な〈unhomely〉」物語となる。「黒猫」とは、悪であることを認めながらも、人々が忘れようとした奴隷制の罪悪感が、人間の良心をとがめに回帰してくる物語である。黒猫と妻が溶け合った「異種混淆《ハイブリッド》」な存在は、巽が指摘するように、四本足か二歩足か、動物か人間か、分類できない謎を投げかけるスフィンクスとなる。復讐のために女性が動物に変身するSFを考察したリサ・チュートルの図式を使えば、それは妻と黒猫が変身した解釈不能な未知のエイリアンともいえる。語り手がステッキを握っていたことを見逃してはならないが、二本足の妻、三本足の語り手、四本足の黒猫は、巨大な猫としてスフィンクスが投げかけてきた、朝は四本足、昼は二本足、夜は三本足とは何かという問いを再現し、「人間とは何か」という物語を問い直す[巽「密告する動物園」一〇六頁]。アメリカ人が意識下に抑圧してきた奴隷制の罪が回帰してくるのだ。黒猫の真っ赤で牙のある口から聞こえてくる「声」は、白人男性の「所有物《ペット》」として迫害された二つの存在にたいする罪を「告げ口」する。女性と黒人を迫害する奴隷制の罪を。

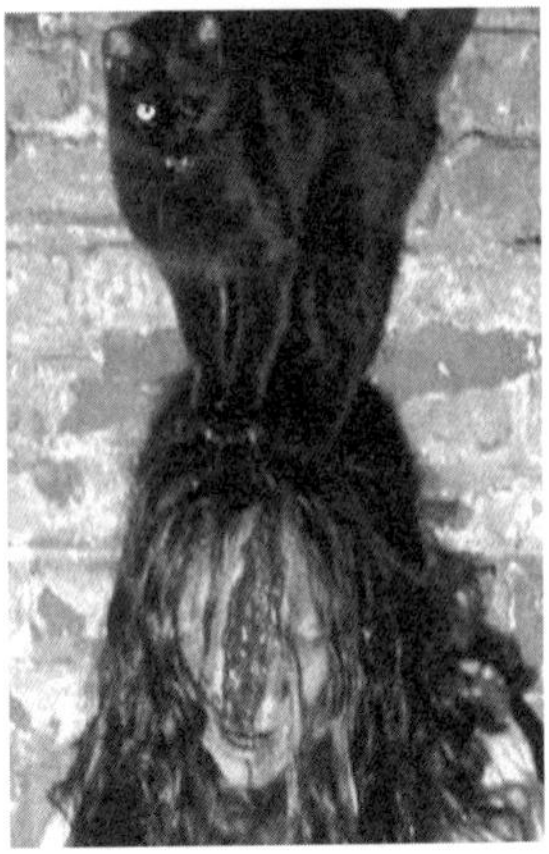

(図24)『13 thirteen』片眼の猫　女性器としての妻の顔

「黒猫」のクライマックスでは、崩れた壁の奥で、黒い毛並みに猫の真っ赤で牙のある亀裂《くち》がひらかれる。それは「牙の生えた膣《ヴァギナ・デンタータ》」を思わせてならない。TV映画『13 thirteen』の『黒猫』では、真っ赤な口と牙に加えて、斧で割られた妻の顔も女性器という「穴」を連想させていた(図24)。「墓穴《トゥーム》」に塗り込められていた「子宮《ウーム》」。片眼をえぐられ「穴」になった黒猫の眼窩は去勢の恐怖を煽ってくるのだ。頭脳が破壊されたはずの妻の頭に利口な黒猫が乗り、気絶しそうになった男は壁に手をつく。直立した妻の頭に乗ることで、「女／動物」が二本足でそびえたち、「男／人間」はよろめくという「転覆《さかしま》」の構図。壁から聞こえた声は、語り手の罰を欲する「良心の叫び」だけではなく、「他者たちの咆哮」でもある。男の言葉だけでかたられた告白から、女が声を奪って男を裁くのだ。壁から響いてくる猫の叫びは、「よくできた家」のことを自慢する語り手の声をかき消してゆく。かくして、男の「声」は、猫の「声」によって「子宮《ウーム》」に飲み込まれる。男の「告白」が女からの「告発」に。「黒猫」という「物語《フィクション》」は弱者を蹂躙してきた国家の罪を暴露することになった。

　壁の崩壊とともに、奴隷制の擁護論者たちが語《か》／騙《た》り続けた「主人とペットの愛の物語」という「虚構《ファブリケーション》」も瓦解してゆく。猫の声にかたりの声を奪われた「黒猫」というテクストは、衣服に爪を立ててよじ登ってくるプルートさながらに、奴隷制を正当化するために織りあげられてきた「織物《ファブリック》／物語」をひき裂くのである。『エイリアン』でリプリーが猫と一緒に眠りに入る結末とはちがい、「黒猫」の猫と女は沈黙を守りはしなかった。プルートが表象する黒人や妻という奴隷が壁から解放され、男が築いた家は崩壊する。ポーの竜退治はことごとく失敗するのだ。男の首にロープが巻かれ、彼が絞首台から吊るされることになろう。子供の頃から私は動物が好きだったと男が告白する、自伝的小説の変形である「黒猫」において、猫から「眼球〈eye〉」をえぐる行為により、作者の「私〈I〉」もくり抜かれていたのかもしれない。死刑を控えた私という作者が正気なのか狂気なのかわからず、壁のなかに死体と生きた黒猫がいたという超自然的な告白では、自伝というジャンルの信憑性も不安定な宙吊りになる。木に吊るされた黒猫は、そのかたりが信頼できるか宙吊りとなる「黒猫」というテクストそのものだったのではなかろうか。ペットを「所有物」として虐待してきた「語り手／作者」は、文字通り絞首刑となって「作者の死」を迎える。そうすることで、飼い主に逆らうプルートのように、奴隷制を擁護したといわれてきたポーの「黒猫」は自由（な読み）を確得するのだ。

# 第三章　「バートルビー」と告発される階級の奴隷制
## ――壁のなかの労働者

「アッシャー家の崩壊」「黒猫」では壁のイメージがきわだっていたが、南北戦争前のアメリカ文学に頻出する壁について、最後に少し考えておきたい。ポーの「赤死病の仮面」でプロスペローたちは堅固な壁の僧院に立てこもり、「陥穽と振子」では、語り手を押し潰そうと灼熱の壁が迫ってくる。ホーソーンの『緋文字』(一八五一年)は不倫をしたヘスターが監獄の扉を開くことから物語が始まり、メルヴィルの『白鯨』のエイハブ船長は「白鯨こそわたしにとって押しつけられたその壁だ」と演説する。かつて植民地時代では、犯罪者や精神病患者を自宅など民間で罰し矯正していたが、一八三〇年代以降、専門の施設が大量に設立され始めて、「監獄の誕生」という時期を迎えていた。監獄の中心から全体を一望する「一覧監視装置《パノプティコン》」と呼ばれる監視塔が監視社会の象徴として発明され、実際は監視されていなくても、囚人たちに見られているという意識を植えつけることで精神を束縛し、監獄の管理が従来よりもよりいっそう効率的になっていたのである。(43) こうした監視の方法は、現代の廻っていなくても、そこにあるだけで犯罪防止効果をあげる監視カメラに相当するだろう。かつてヨーロッパの迫害からピューリタンたちが逃れてきた「避難所《アサイラム》」であったアメリカは、数々の問題をかかえ始め、一九世紀なかばには国家自体が巨大な「収容所《アサイラム》」のような存在へと変貌していったことを大井浩二は指摘している〔『金メッキ時代・再訪』二八―三〇頁〕。

狂気が国家の関心事となってゆき、精神病院が次々に建てられだしたのがこの時代である。イギリスの小説家チャールズ・ディケンズやフランスの政治思想家アレクシ・ド・トクヴィルが視察しにくるほど、米国では監獄が数多く建築されていた。ポーはディケンズとも対談をしたが、ディケンズが監獄を訪問した頃、ポーは有名な収容所のあるフィラデルフィアに住んでいた。ホーソーンの『ブライズデイル・ロマンス』(一八五二年)において、ホリングワースが犯罪者たちの矯正施設の設立を考えていたように、この時期に頻繁に建てられだした収容所は、揺らぐ共和国の傾きを元に戻そうとするあがきだったのである。こうした数ある壁のテクスト群のなかでも、「ウォール街の寓話」という副題をもつメルヴィルの中編小説「バートルビー」(一八五三年)ほど、オフィス街の壁、衝立、監獄の壁と、壁のイメージがこれほど目立つものは、ほかにはそうないのではないのか。これまで多くの現代思想家や現代作家に影響を与えた、この不思議な物語を読み解いてみよう。

「バートルビー」の語り手は、毛皮貿易から巨万の富を築き、アメリカの理想の「セルフ・メイド・マン」の代表ともなった実業家ジェイコブ・アスターの下で働いたことを誇り、ウォール街で法律事務所を経営する男である。この語り手は法律文章を複写するためにバートルビーを雇うことになる。最初は「写す」業務に没頭するバートルビーだが、「できればしたくないのですが」と、仕事を拒みだし、壁を凝視するようになる。解雇されても事務所から立ちのかないバートルビーは、最後には「墓穴《トゥーム》」という名の刑務所に連行され、食事を拒んで死を迎える。たしかに理解しがたい物語だ。いったい、バートルビーとは何者なのか。解釈は無数に存在する。無抵抗で社会に背を向け殉死するイエス・キリストなのか。メキシコ戦争遂行の税金を払うことを拒否し、投獄された思想家ヘンリー・デイヴィッド・ソローなのか。メルヴィルの前作『ピエール』で自殺した物書き志望のピエールの亡霊なのか。人喰い人種の間で過ごした体験を生かした『タイピー』のように、経験を写実的に写した商業小説を書くことを拒んだメルヴィル自身なのか。そして、何とバートルビーを恐竜との関係で読み解く超刺激的な論すら存在する〔巽『恐竜のアメリカ』八八―九頁〕。謎はつきない。

　スペインの作家エンリーケ・ビラ＝マタスが、ソクラテス、カフカ、サリンジャーなどにいたる突然に書くことができなくなった作家たちの姿を綴った『バートルビーと仲間たち』（二〇〇〇年）において、作家が「書けなくなる」ということを「バートルビー症候群」という名称でとらえたように、「バートルビー」のテーマは「書くこと」であり、それも同じものを強制的に反復して生産させられることである。「独身男たちの楽園」と二部作の「乙女たちの地獄」の製紙工場では、顔面蒼白の少女たちが機械で「紙《ペーパー》」を大量生産する労働を強いられていた。[44] 最近でも職場のお茶くみとコピーはＯＬたちの仕事とされてきたが、同じように、バートルビーもひたすら文章を写し、「書類《ペーパー》」を大量生産する機械的な奴隷と化していたのである。バートルビーのモデルになったのが、「当時、夫に逃げられた薄幸の夫人として知られていたアガサ・ロバートソンである可能性も高いことを考えると、バートルビーの真の性別を必ずしも男性と想定しない読みさえ不可能ではあるまい」とも巽は述べている〔『恐竜のアメリカ』八七―八頁〕。女のような性差の危ういバートルビーは語り手を驚愕させるのである。監獄でバートルビーは蒼白な顔色のために、「結核《コンサンプション》」で死亡した有名な偽造犯ではないかと看守に疑われたように、複写を続けた「消費《コンサンプション》」のために命を蝕まれつつあった。一八五〇年代にニューヨークでは奴隷のような過酷な労働を強いる資本家たちにたいして、労働者たちは労働運動で抵抗していたが、バートルビーはストライキを続ける男を表象していたのだ。

奴隷の機械人間のようになったバートルビーは、雇用主に反抗し複写の仕事を拒むが、それはメアリー・シェリーの『フランケンシュタイン』(一八一八年)に近づいてゆく。奴隷制をめぐり南北分裂の予兆に揺れ、奴隷の反逆に怯えるアメリカで、この人造人間は話題を呼んでいたのである。「一八三一年、三二年のヴァージニア州会議の議論の総括」(一八三二年)において、奴隷制を擁護した大学教授トマス・デューは、西インド諸島で反乱を起こし、一八〇三年に独立した国家を成立させた黒人たちについて、次のように述べている。「黒人を扱うときに彼らは強靭な身体と力をそなえるが、子供並の知性しか持っていないことを忘れてはならない。肉体を感情にまかせる黒人を自由にすることは、最近執筆された優れた小説《ロマンス》において創造物を育てることに似ている……悪行の限りを尽くす存在を創造してしまったことに気がついた主人公は、つくりあげた怪物から逃げだそうとするのである」[ヤング二〇頁]。この小説《ロマンス》とは『フランケンシュタイン』のことを指し、黒人奴隷の反逆をそこに重ねている。言語を習得して「声」をそなえ自立してゆく怪物は、解放されて独立国家をつくった西インド諸島の黒人奴隷たちを、どう教育するかという問題とも関わっていた。

ポーの「使いきった男」では、黒人奴隷によって機械部品を手足などにはめ込まれ、バラバラになった身体から完全な身体へと変身する半機械人間《サイボーグ》ジョン・A・B・C・スミス代将が「セルフ・メイド・マン」のパロディを展開し、「メルツェルのチェス人形」においては、当時話題であった機械のチェス指し人形内部に人間が入っていたイカサマがあばかれる。(45) ホーソーンの「ラパチーニの娘」(一八四四年)では、エデンの園のような庭園には、様々な種の植物の「姦淫《アダルタリー》」の結果で誕生した毒草が繁っており、毒草によって育てられたベアトリーチェは、ラパチーニ博士による人造人間だと考えてよい。娘の仲間にしようとジョバンニを庭に誘い込む博士は、「フランケンシュタインの花婿」をつくろうとしたのだ。種の混淆で生まれた植物を妹と呼び、ジョバンニに毒を感染させるベアトリーチェは、ラパチーニ博士への抗議として死を選ぶのである。第二部第一章で述べたように、メルヴィルはエイハブの機械人間的イメージを展開したが、バベルの塔のようなそびえたつ鐘塔におかれた一二体の「乙女の鐘つきの自動人形」に、その創造主が殺害されてしまう「鐘楼」（一八五五年）も書いている。「フランケンシュタイン症候群《シンドローム》」によって作家たちが人造人間への夢と恐怖を示したこの時期に、「バートルビー」もまたその兆候を示した作品だったのかもしれない。

『フランケンシュタイン』は黒人奴隷が支配者に反逆する恐怖を呼び起こしていたが、「バートルビー」が出版される前年にあたる一八五二年の一月雑誌『ランタン』には、黒人のフランケンシュタインの怪物のイラストが掲載されている（図25）〔ヤング 三九頁〕。黒猫プルートに奴隷の反乱の恐怖が反映されていたように、蒼白なバートルビーには、こういった黒い反乱が影を落としている可能性はないのだろうか。機械人間のようにただ書くという業務をバートルビーが拒否するのは、視力を失ったためだと語り手は考える。「黒猫」でプルートから眼を奪ったのは主人の「ペンナイフ」だったが、資本家が命じた「ペン」による業務がバートルビーの視力を奪ったなら、その眼は語り手がえぐったにひ

（図25）『ランタン』掲載の黒人フランケンシュタイン

としい。蒼白なバートルビーは、プルートと同様に、「事務所の奇妙な生き物」「幽霊」「たえがたい夢魔《インキュバス》」になぞらわれ、「私といることを好むのだ」と［九〇頁］、語り手につきまとっていたことも忘れてはならない。プルートは寝ている語り手の胸にのしかかってきたが、「夢魔《インキュバス》」は寝ている女性のうえに座り込むものであり、語り手が女性化されているといえる。語り手は「バートルビーを職場で死ぬまで生かせて、そして、亡骸を壁に塗り込めてしまいたい」とも述べていた［九〇頁］。こう「黒猫」と「バートルビー」を並べると、この二つの接点がよりいっそう鮮明に見えてくる。

事務所を立ち退かないバートルビーに、「顧客たちは離れてゆき、暴動が起こるのではないかと恐れを抱くものもいた」が［九三頁］、資本主義という奴隷制にたいして、労働者たちの怒りが投影された亡霊、それがウォール街に出没したバートルビーではないのか。この幽霊は「できればしたくないのですが」という言葉を、「うらめしや」のように反復するだけである。自分が従業員にたいして慈愛の姿勢で接していると考える語り手にとって、理解できないバートルビーは資本主義の「疎外《エイリネーション》」が生みだした「他者《エイリアン》」でもある。火災によって「壁《ウォール》」に浮かびあがる黒猫の影さながらに、資本主義による奴隷制の罪が「ウォール街」に焼きつけられるのだ。日曜に事務所の机にただ座っているバートルビーを見た語り手は、文句を言おうとするが、そこから立ち去ってしまう。「バートルビーの不思議で穏やかな態度が、私に敵意を喪失させたのみならず、私を狼狽させたのである〈unmanned〉」［七六頁］。法律事務所では、男たちだけで書類を「生産」していたが、バートルビーはこのホモソーシャル的空間にやってきて、生産活動を妨げることで、「セルフ・メイド・マン」を自認する語り手を「解体／去勢した〈unmanned〉」のである。プルートという動物が主人を「人間《マ》／男《ン》」の地位からひきずりおろしたように。「独身男たちの楽園」であった法律事務所は、崩壊しようとするのだ。テクストは「バートルビー、ああ、人間」と、「人間とは何か」を問うかのように結ばれていた。

解雇されても事務所に居座るバートルビーは、「墓穴《トゥーム》」という刑務所に収監されることになる。刑務所で「ここも悪い場所じゃない」と慰める語り手に、バートルビーは「自分が今どこにいるか知っています」と答える〔九六頁〕。痛めた眼にもかかわらず、バートルビーはアメリカが収容所と化した事実を見抜き、眼を見ひらいたまま死んでゆくのである。バートルビーが資本主義によって酷使された労働者の表象であれば、刑務所の壁の内部にその死体が隠蔽されたことになるだろう。法に携わるものたちが、階級による奴隷制の罪《つみ》を隠蔽してしまうのだ。しかしながら、エジプト風の石づくりの刑務所において、「永遠のピラミッドのような内部に鳥が落とした種が、何らかの魔法により石の亀裂から芽を吹きだしていた」のを、語り手は目撃していた〔九八頁〕。堅い石にも亀裂をいれる芽は、「墓場《トゥーム》」という刑務所の壁を崩壊させないとも限らない。「黒猫」でも「墓場《トゥーム》」と呼ばれた壁が崩壊していたのだから。ピラミッドを思わせる「墓穴《トゥーム》」という刑務所で、「子宮《ウーム》」のなかで膝をかかえ体を丸めて眠る胎児のような格好で死を迎えることになるバートルビーは、いつか再生するかもしれないのだ。「アッシャー家の崩壊」「黒猫」「バートルビー」において、男性たちの権力を擁護するはずの壁は崩壊する。地下室に監禁された狂女、壁に塗り込められた黒猫と妻、刑務所に収監された男と、アメリカン・ゴシックの他者たちは、白人男性たちに一種のテロリズムを仕掛けてくるのである。

# 第六部　世紀末の竜殺し——『ドラキュラ』を読む

さあ、聞け、夜の子供たちが鳴いている。
いったい何の歌を歌うのか。
ブラム・ストーカー『ドラキュラ』

# 第一章　封じられるドラキュラの口――ヒステリーという症状《ことば》

竜退治が成就することのないポー文学において、男の所有物であった女たちが秘められた力で男たちを転覆させ罪を告発していた。だが、竜たちは抹殺されるのが常である。たとえば、ブラム・ストーカーの『ドラキュラ』(一八九七年)は、トランシルヴァニアの国王「ドラキュラ〈Dracula〉」の名が「ドラゴン〈Dragon〉」に由来するように、英国の守護聖人、聖《セイント》ジョージが姫をドラゴンから救出する竜退治物語の変奏であることは言うまでもない。書簡体小説の形を取る『ドラキュラ』は主人公ジョナサン・ハーカーの日記で始まるが、聖《セイント》ジョージが殉死した五月五日を悼む聖《セイント》ジョージ祭を控えた五月三日に書きだされている。しかし、この世紀末の竜退治も、男たちの正義ばかりを称賛するものではない。第六部では、まず『ドラキュラ』と当時のヒステリー治療を並べて考察し、ヒステリーに似た症状の吸血鬼ルーシーが、メデューサとして殺害されるのを眺めた後に、ドラキュラという竜退治を讃えるかに思えたこのテクスト自体が、信頼のできない語《か》／騙《た》りであり、そこには二つの力がぶつかっていることを考えてみたい。さらに第七部においては、敵を排除するのに用いられてきたメデューサの隠喩が、現代においても息づいていることを検証し、迫害されてきた女の恨みがメデューサのイメージを伴って、『リング』の貞子に継承されていることを浮かびあがらせてゆきたい。

それでは、二〇一二年にもイタリアン・ホラーの巨匠ダリオ・アルジェント監督によって最新作『ダリオ・アルジェントのドラキュラ』が公開されたように、映画化されて銀幕に「増殖」を続け、これまで一度として絶版になったことのない「不死身」の書『ドラキュラ』とは、どのような物語なのか。事務弁護士ジョナサン・ハーカーは、婚約者ミーナを残し、ロンドンに屋敷を購入するというドラキュラの依頼で、東方のトランシルヴァニアの城に向かう。だが、この城にハーカーは監禁され、三人の女吸血鬼に襲われる。いっぽう、ロンドンに隠れ家を得たドラキュラは、トランシルヴァニアの土を詰めた棺に隠れて、貨物船で英国に侵入してくる。ミーナの友人ルーシーは吸血鬼となり子供たちを襲いだす。ルーシーの婚約者アーサー・ホルムウッド、精神病院の院長ジャック・セワード、アメリカ人の大地主クインシー・モリスたちは、アムステルダム大学の教授ヴァン・ヘルシングに率いられ、ルーシーの胸に杭を打ち込むのである。ミーナも吸血鬼にされそうになる危機にたいして、男たちは団結しドラキュラに立ち向かう。『ドラキュラ』は日記や手紙や新聞記事、様々な媒体で構成された一種の「書簡体小説」であり、ミーナは速記記述で、セワードは蓄音機で日記をつけるなど「記録」のことが強調されるが、この世紀末の竜退治はハーカーの日記で幕をあけるのだ。

トランシルヴァニアという「闇の奥《ひがしのはて》」に向かう「東欧《オリエント》」への旅において、主人公ハーカーは「隠蔽《ハイド》」された自分の性的無意識を発見することになる。向こうの山脈にみえる鋸のような岩は、彼の「牙の生えた膣《ヴァギナ・デンタータ》」の恐怖が投影されたものだろう。ドラキュラの城で起こる恐怖の「捕囚体験」は、ハーカーの日記によって伝えられるが、フェミニズム批評家エレイン・ショーウォーターが、ハーカーのこの体験を、知的なミーナと結婚する前の抑圧された彼の願望と不安の産物だと解釈しているように〔『性のアナーキー』三〇八頁〕、城に監禁されたハーカーのベッドに三人の女吸血鬼が現れて弄ぶという、いわば深層に「隠蔽《ハイド》」された乱交への欲望が実現しかかるのである（薬の力で紳士が犯罪者へと変身するロバート・ルイス・スティーヴンソンの二重人格小説『ジキル博士とハイド氏の奇妙な症例』が書かれたのは、一八八六年のことだった[46]。コッポラが監督した『ドラキュラ』(一九九二年)では、このシーンが前半のクライマックスとなり、ひとりの女がメデューサへと変身し、ハーカーの股間に顔を埋め、オーラル・セックスを連想させると同時に「牙の生えた膣《ヴァギナ・デンターター》」の恐怖を呼び起こす。恐怖とも歓喜とも断定しがたい「エロスとタナトス」の表情がハーカーの顔に浮かぶのである。

だが、女たちに襲われそうになった瞬間にドラキュラが現れて、「この男は俺のものだ」と女たちをたしなめる[四三頁]。ドラキュラは子供のように無力なハーカーのかわりに、子供を女たちに与えるのだ。「この男は俺のものだ」とは文字通りにとれば、獲物という意味だが、そこに同性愛の影を読み込むこともできる。ハーカーの「深層《クローゼット》」に「隠蔽《ハイド》」された同性愛の欲望/恐怖が、「棺《クローゼット》」に眠るドラキュラに投影されたのかもしれない。ドラキュラが「この国では性を名の前に呼ぶ習慣がある」と、ハーカーを「ハーカー・ジョナサン」と呼ぶトランシルヴァニアは、「性倒錯《トランス・ジェンダー》」の起こるまさしく「倒錯《さかしま》の世界」である[二八頁]。一八九五年にストーカーの友人の作家オスカー・ワイルド〈Oscar Wilde〉が、青年にたいする同性愛行為で有罪になったが、ストーカー自身もまた一八七〇年代には同性愛者であった可能性が高い。ハーカーはまるでオスカー・ワイルドに弄ばれる青年のように、「私が囚人になったことがわかったとき、奇妙な感情〈wild(e) feeling〉が襲ってきた」と告白している[三二頁]。ドラキュラに同性愛のイメージを読み取れるのならば、ドラキュラはハーカーの影でもあるが、ハーカーの手鏡には自分の顔が映るのみで、後ろにいたはずのドラキュラはハーカーの顔はなかった。ハーカーは分身であったはずのドラキュラを認識できなかったのである。

ロンドンに隠れ家を得たドラキュラは英国に入り込み、血を吸われたルーシーは吸血鬼になってしまう。精神科医セワード、大学教授ヘルシングらの男性の専門家たちに、ルーシーは治療されることになる。『ドラキュラ』には、催眠療法を使いヒステリー患者を治療した一九世紀の神経科医ジャン=マルタン・シャルコーの名前が言及されるが、治療されるルーシーは、世紀末に浮上していたヒステリー患者の治療の姿を思いださせる。女性の身体をめぐる解釈が展開《たたかい》されるのである。エティエンヌ・トリアの『ヒステリーの歴史』(一九八六年)を見れば、神経症を意味する「ヒステリー」が、いかに「女の病《フィメール・マラディ》」に捏造されてきたのかがよく理解できる。古代ギリシアで医学の父と呼ばれたヒポクラテスは、ギリシア語で「子宮」を意味する「ヒステリー」は、子宮の移動によって起こり、治療には子宮の位置を安定させるために性交を行ない、妊娠させればよいと考えた。一九世紀後半、シャルコーやフロイトらの精神分析によって、ヒステリーの原因に心理的外傷が想定され、男性にも起こるものだと修正されはするものの、第一次世界大戦の「砲弾外傷《シェル・ショック》」によりトラウマを抱えた男性兵士たちの問題が浮上するまで、ヒステリーは女だけがかかる病としての見解が中心的であった。

ヒステリーは一九世紀の女性特有の病として流行病となり、現在でも残っている「ヒステリー女」という言葉の基盤ができてしまった。ヒステリーという病状のレッテルが、女性の諸症状を包括するのに格好の病名として使われ、中流階級の女性の治療をすることが男性開業医の財源になってゆく。治療する男性医師/治療される女性患者という図式である。エネルギーを浪費させないという口実で、女性を束縛し「家庭の天使」へひき戻すことになった「安静療法」などもこの時期に提唱された。「安静療法」に処された女性が、「壁(紙)のなかの女」が動き回ることを見て、しだいに病状が悪化してゆくシャーロット・パーキンス・ギルマンの短編「黄色い壁紙」(一八九二年)では、「安静療法」の欺瞞が見せつけられる。こうしたヒステリーの治療を通して精神分析の理論を完成させていったのが、精神分析の創立者フロイトである。深層に隠蔽された過去の精神的外傷を、催眠術を使った催眠療法や心に浮ぶことを話させる自由連想法によって思いださせ、かたり直させれば、症状が緩和されるとフロイトたちは考えた。だが、それは、女たちが精神の「内部」の苦悩を体を使って「外部」に表現した「身体言語」であるヒステリーを、男たちが治療を名目に自分の都合よく解釈し、告発の言葉を発する「身体《くち》」を封じ込めてきたことにほかならなかった。

ヒステリーの治療方法について、卵巣、子宮、クリトリス切除手術のほか、女性器をマッサージし性的快感を高めることなども行なわれた。現在は性的玩具でしかないヴァイブレーターは、もともとは医者たちが性的マッサージを効率よく行なうために発明された医療器具だったのである。ターニャ・ウェクスラー監督の『ヒステリア』(二〇一一年)は、ヒステリーの治療方法としてヴァイブレーターを発明した医師を抱腹絶倒で描いたコメディ映画であり、病の女たちの「下の口《ヴァギナ》」にペニスの代替物を挿入することが、当時の「ヒステリー女の治療《たいじ》」だったことを教えてくれる。[47] それはまた、吸血鬼となり胸に杭を打ち込まれるルーシーの姿でもあった。いかに逸脱した女を病人につくりかえ、治療するかという戦い、それが『ドラキュラ』なのである。世紀末のロンドンを舞台に、ドラキュラとフランケンシュタインの物語を「縫合《つぎはぎ》」したアメリカのTVドラマ『ペニー・ドレッドフル――ナイトメア血塗られた秘密《ペニー・ドレッドフル》』(二〇一四年)では、ヒステリーだと診断されたバネットという女性が、冷水につけられて水を浴びせられる水療法、攻撃性を抑制する脳内手術《ロボトミー》を受けるシーンが生々しく描かれ、沈黙を強要する男性たちの女性虐待が告発されるのである。ルーシーを治療しようとするヘルシングたちは、こうした医者の一味でもあった。

　ヒステリーは女性が苦悩を示そうとするあまり、抵抗の身体表現として「演技性」を帯びるものである。セワードの精神病院には狂人レンフィールドが監禁され、蝿を食べる奇怪な姿が読者のための見世物となっていた。パリ精神病院で撮影されたヒステリー患者たちの写真を集めたディディ＝ユベルマンの『アウラ・ヒステリカ』に見るように、医者という「案内／基準《ガイド》」があれば、病院の内部を観覧でき、そこで狂気とは何かが決定される精神病院は、興味本位の「劇場」でもあった。シャルコーは女優や娼婦を雇い、緻密な計算をしてヒステリー患者のポーズをとらせ撮影していたのである。見えない精神内部が可視化される。シャルコーにとって、ヒステリーは「女の病」でしかなく、「ヒステリー患者の女王」と呼ばれた女性患者ブランシュ・ウィットマンは見世物になり、「狂人の舞踏会」の主役となった［ショーウォールター『心を病む女たち』一八九頁］。ヒステリー患者の図像は、『エクソシスト』（一九七三年）においてイラクから発掘された悪魔に憑依され、「牧師《ファーザー》」たちに「悪魔祓い《ちりょう》」される少女のように、ホラー映画に形をかえて継承されている[48]（図26）。

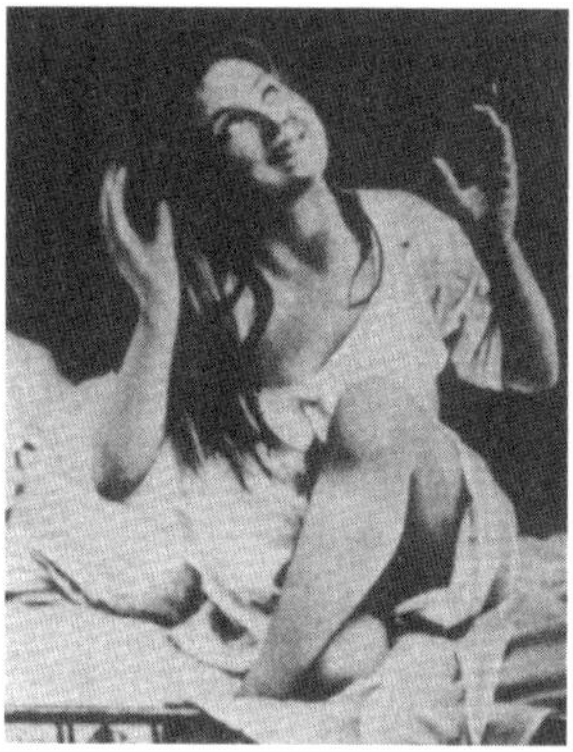
（図26）オーギュスティーヌの図像

　こうしたヒステリーの治療方法は、推理小説にも似ている。たとえば、フロイトの「カテリーナの症例」では、一八九〇年代のある日、山岳の避暑地で休暇をとるフロイトのもとにカテリーナがやってくる。彼女はヒステリーの発作が起こり、そのときには恐ろしい顔が浮かぶことを訴える。カテリーナのかたった話からフロイトは、その恐ろしい顔をかつてカテリーナに性的関係を迫った叔父の顔だと結論する。「カテリーナの症例」は、まるで「ヒステリーのミステリー」とも呼びたい症例である。この「症例〈Case〉」に「恐怖の顔」という題名がついて、「ホームズの事件簿〈Case Book〉」に収録されても違和感はない。ちなみに、ドイルは「黄色い顔」（一八九三年）というホームズの物語も書いている。ホームズの物語では変人のクライアントがたびたび現れ事件を話しだし、探偵がその仔細に耳を傾けるのだ。フロイトの症例には、「鼠男」「狼男」と怪物のような仮名を与えられた患者がいるが、理由が分からぬ「ヒステリー」という「ミステリー」が起こり、「トーキング・キュア（発話療法）」として、過去のなりゆきを話しだす。そうすると、父親という「加害者《はんにん》」による性的虐待が浮上するという図式は、まさしく犯人探しの物語でもある。フロイトの推理小説的要素については膨大な研究が存在するし、フロイトとホームズについても多くフィクションが書かれている。

たとえば、トロント大学の応用認知心理学の教授キース・オートリーが書いた小説『ホームズ対フロイト』（一九九三年）は、陳腐な邦題にかかわらずなかなか読ませる小説である。後見人S氏の家庭で性的虐待を受けたという孤児エミリーの治療をひき受けたフロイトが、S氏が殺害されるという事件に巻き込まれ、ホームズの協力を受けることになるのである。精神分析にエジプト発掘の象形文字解読や探偵小説の要素が含まれていることを指摘しつつ、現実と虚構の人物が入り乱れてゆく。やがて、フロイトとホームズが交差し、最後にはこの事件が原題の「エミリー・V嬢の症例」となったと結ばれる。また、一九七六年には映画化もされたニコラス・メイヤーの『シャーロック・ホームズ氏の素敵な冒険』（一九七四年）は、未発表のワトソンの手記が見つかったという設定を使い、コカイン中毒のホームズがフロイトの治療を受けることで冒険に巻き込まれてゆく。フロイトが催眠術をかけ、ホームズの女嫌いやモリアーティを憎む理由を掘り当てる精神分析も行なわれている。同世代のフロイトとホームズは、現実とフィクションの人物という違いはあるものの親戚のような存在である。

そういえば『ドラキュラ』においても、まるでフロイトのように、ヘルシングがミーナに催眠術をかけ「霊媒《メディア》」のように使い、ロンドンから逃げだす伯爵の逃亡経路を、詳細なデータから「推理」してゆく第二六章は、推理小説にきわめて似てくる。(49) いわば、知力を使い男たちはドラキュラを追い詰めようとするのだ（だが、知的なミーナが力を奮って戦いに参加しているのも、このテクストが一枚岩的なものではなく、二つの力が衝突していることを示している）。ここでドラキュラの性差に目を向けたい。第二一章において、ドラキュラは自分の胸から流れる血をミーナに飲ませるが、ときに血と精液が同一視されることから、これはフェラチオの強制だと解釈できる。ところが、奇妙なことに、「この二人の様子は、子供が子猫に無理やり皿のミルクを飲ませるのに似ていた」と、セワード医師の日記に印象が述べられていたのを忘れてはならない［二四七頁］。ドラキュラが乳を与える母のイメージになっているからだ。最初に述べたように、同性愛者の影が表象されていたのと同じく、ドラキュラが恐ろしき母となることで、性の境界が侵犯されていると考えてよい。この意味では、女性化されたドラキュラの口は「牙の生えた膣《ヴァギナ・デンタータ》」と同列に並ぶのである。ルーシーとドラキュラの裂けた口は、男たちによって封じ込められることになるわけだ。そして、この章の最後に口が封じられたルーシーとドラキュラとは反対に、口をひらいた二人の女のことを見ておきたい。フロイトのヒステリー女性患者ドラ、ノルウェイの劇作家イプセンの演劇『人形の家』(一八七九年)の妻ノラのことである。

一八九九年のこと、仮名でドラと呼ばれる聡明な一八歳の少女が、父親によってフロイトのもとに連れてこられた。ドラの父親は友人K氏の妻と不倫をしており、以前そのK氏はまだ一四歳だったドラにキスを強要していた。父親は不倫の罪とひきかえに自分をK氏に渡し、今度は口封じのためにフロイトに譲渡されたとドラは感じていたのである。父親はドラが感じていることが思春期の空想だと理解させたかったのだ。ドラの症状は失語症だったが、かたらないことでドラはかたろうとしていたのかもしれない。ドラのヒステリーの失語症を父親への近親相姦的欲望、レズビアン的あるいはバイセクシャル的願望のためだと「解釈《すいり》」することで、フロイトはこれを封じ込めようとした。だが、ドラはこの解釈を否定し、治療は中断されたまま終わってしまう。ヒステリーという女の抵抗としての「身体言語」を、精神分析の構築する因果関係と専門用語で、紡ぎ直そうとするフロイトにたいして、その解釈を否定し、一二月三一日、一九世紀最後の日に治療からドラは去っていったのだ。弁護士の夫の支配する家から、夫の人形であることをやめ、「あたしもそうだけれど、あなたはもう何も、束縛を感じることはないのよ。完全に自由なのよ、両方で。さあ、あなたの指輪を返すわ。あたしのをちょうだい」と、鍵を残してでてゆく『人形の家』のノラと並び、ドラはフェミニストたちに賞賛された女であった〔一七一頁〕。家父長制度に抵抗したノラとドラ。フランス作家エレーヌ・シクスーの演劇『ドラの肖像』(一九七六年)では、「あなたは私に復讐しているのだ……あなたは私を棄てるんだ」というフロイトに、ドラはきっぱりという。「私の復讐は私が一人で行くってこと。私は一人で回復するわ。そして私は印をつけた日に先生を棄てようと心に決めたんです。それは一九〇〇年一月一日よ」〔七八―九頁〕。

## 第二章　世紀末の怯える男たち――殺害されるメデューサ

ヒステリー的な様相を示していたルーシーは、メデューサを思わせる吸血鬼となって子供を襲うことになる。「セワード医師の日記」には、納骨堂で待ち伏せをした男たちがルーシーを目撃したことがかたられる。「ルーシーは、胸に抱いていた子供を悪魔のように無造作に地面に投げ捨て、骨を守る犬のように唸りだした……その美しかった顔色は蒼白になり、眼は地獄の炎のような光を放ち、とぐろを巻いたメデューサの蛇のような皺が額に刻まれていた」〔一八八頁〕。ここで名前があがるギリシア神話のメデューサは、もとは美しい乙女であったが、海神ポセイドンによってアテナ神殿で強姦されてしまい、神殿を汚されたと怒った女神アテナは、彼女を髪の毛が蛇の怪物に変えてしまった。「邪眼」による「視線の力」で見たものを石に変えるメデューサの姿を、英雄ペルセウスは盾に写し換えることで、首をはねたのである。さらに、メデューサを倒した後、岩に縛られて海の怪物《リヴァイヤサン》の生贄にされているアンドロメダ姫に出会ったペルセウスは、切り取ったメデューサの首を見せることで怪物を石にして、彼女を危機から救ったのだった。この「アンドロメダ救出譚」は、『ドラキュラ』が執筆された一九世紀末に熱狂を集めていた。それは、いったい、どういうわけだろうか。

世紀末美術の主題として好まれた「アンドロメダ救出譚」には、鎖で岩に「拘束《ピンナップ》」され生贄になろうとしているアンドロメダを裸体に描いた絵画も多く、性的な辱めを受けたかのような彼女は、あたかも顔に性的エクスタシーを浮かべ、まるで官能的なポーズの「ピンナップ写真」のようだ。「鎧」

で武装したペルセウスが「裸」のアンドロメダを救う「衣服を着た男／裸体の女」という構図。それは、「男が文化／女は自然」というジェンダーそのものである。アンドロメダは岩に縛りつけた「鎖」から解き放たれるが、ペルセウスは海の怪物を倒した後の戦利品として、アンドロメダを結婚という「鎖」によって、家父長制に再びつなぐのである。「家庭の天使」として理想化された主婦は、「ジェンダー」という「コルセット」で堅く拘束され、ヒステリーという神経症的病状を発症した女性患者たちをあふれさせ、そのいっぽうで、抑圧をかなぐり捨てて、解放をめざした「新しい女たち」が台頭していた時代である。アンドロメダ救出譚が流行したのは、「新しい女たち」による女性解放にたいする嫌悪が巻き起こり、女性を家庭に束縛しておきたいという保守的な理由からだった［ミューニッチ 八一―三七頁］。こうした文化的状況は『ドラキュラ』でも共有されたのは間違いない。

トランシルヴァニアの城において、三人の女性に弄ばれるハーカーは、深層心理下に秘めていた乱交への欲望を解消したともいえるが、大英帝国では、自由奔放なルーシーは三人の求婚者を自慢していた。男性は許されても女性は許されないことが多かった当時の「性の規範《ダブル・スタンダード》」において、ルーシーのたどる運命は容易に想像できるだろう。ルーシーは吸血鬼になってゆくが、ルーシーの求婚者アーサー、セワード医師、アメリカ人モリスたちは、ヘルシングの指揮のもと団結して窮地に立ち向かうことになる。ヴァン・ヘルシングというキャラクターは、ヘルシングと吸血鬼との戦いにフランケンシュタインが絡む映画『ヴァン・ヘルシング』（二〇〇四年）の主人公にもなり、二〇世紀末の大英帝国の騎士団「ヘルシング機関」、吸血鬼たち、ナチスの残党の三つ巴の戦いを描く平野耕太のコミック『ヘンルシング』など、男性的な存在とされてきた。また、劇場版アニメーションではカットされたが、伊藤計劃×円城塔の小説『屍者の帝国』(二〇一二年)において、大英帝国の手先として死者蘇生の秘密が記された「フランケンシュタインの手記」を手に入れ、屍者の言葉は大英帝国の所有物とすべきだと主張するヘルシングは、体制を維持しようと男たちを束ねる父的存在である。

家父長的存在のヘルシングによる指揮のもと、血を失い衰弱したルーシーはこの四人の男性から輸血を受けることになる。大量の輸血をした男性たちは、立ちあがれないほど憔悴するのである。血液と精液が浪費されることを禁じられた貴重な存在だと考えられた時代に、ルーシーは男性たちを衰弱させる脅威の女である。フロイトは一九二二年に書かれた論文「メデューサの頭」において、切り落とされたメデューサの頭に、子供が初めて女性器を見たときに感じるペニスがないという去勢の恐怖を指摘していたが、性に放埒であり、解放された考えをもつルーシーは、メデューサにたとえられる男たちを去勢する女である。ヘルシングは衰弱して死亡したルーシーを「首を切り落とし、心臓を取りだしたいのだ」と「検死解剖」を行なうことを計画していた〔一四九頁〕。世紀末は、ヒステリー治療という名のもとで、クリトリスの性的快感におぼれ体力を浪費させないことを目的とするクリトリス切除手術をはじめ、多くの女性たちが解剖された時代であった。この切除手術はクリトリスを封じてペニスの価値を高めるという女性支配のための手術でもあった。

発掘熱にわき植民地主義と考古学が連動した世紀末、一八九八年にヒステリーを治療するフロイトは、催眠術で分析を行なうことを、「記憶のより深い層に」入り込んで、抑圧された過去の記憶を表面にひきだせると「層」のイメージでかたり、一層ごとに病巣を取り除く精神分析が埋没した都市を「発掘」する方法に似ていると述べた。また、一九〇五年には記憶を掘りだす自分を「良心的な考古学者」にたとえていた。フロイトは女性の精神を解剖しようとしたが、医学の名のもとに男性たちは女性を解剖し続けたのである。ロンドンの「東の果て《イースト・エンド》」で、娼婦の陰部を切断し続けた「切り裂きジャック」が犯罪を開始したのは一八八五年だった。ちなみに、コナン・ドイルの「サノックス卿夫人事件」(一八九三年)は、サノックス卿が自分の妻と不倫をした医者を騙して、ヴェールをかぶせ顔を見せずに妻の唇を切り取らせる短編である。妻にはこの道徳的手術が必要だったと医者にいうサノックス卿は、この手術を逸脱した妻を矯正する正当な罰だと考えるのだ。唇は女性器を意味することも多いのだから、これはクリトリス切除手術を思わせはしないだろうか。口を切り取られ言葉を禁じられる妻。「闇の奥」である女に恐怖した男たちは、女たちを解剖して内部に光を当てようとする。

男性としての揺らぎを感じているのが、この物語の男たちである。奇妙なことにヒステリー的症状を示しているのは、女たちだけではないからだ。第一三章「セワードの日記」には、ルーシーの埋葬を済ませた後、それが記されている。「馬車の中でヘルシングはヒステリーの発作に陥った……彼は笑いだし、次には泣きだし、誰かが見て誤解するといけないから、ブラインドを下ろさなければならなかった。女性がするように、笑いだしたかと思うと、泣きじゃくるなどを繰り返し、こうした状況で私は女性にそうするように、ヘルシングに厳しく対処せねばならなかった」〔一五七頁〕。アーサーはルーシーを失った後に泣きじゃくり、ハーカーはドラキュラ城の体験がもとで放心状態になるなど、男たちはヒステリーのような発作を起こす。また、「トランシルヴァニア」という「性倒錯《トランス・ジェンダー》」の辺境で、「ドラゴン」を意味する「ドラキュラ」の城に監禁されるハーカーは、「その昔美しき貴婦人が赤面し思いを込めて、拙い恋文を綴った机に座り、この日記の続きを速記している」と書いている

[四〇頁]。ハーカーはドラゴンの生贄になる「囚われの乙女」の役を演じているのだ。女性化している男性たちは、竜殺しを行なうことで、男であることを取り戻そうとしているのである。

ヘルシングたちはルーシーの死体の解剖をたくらむが、吸血鬼になったルーシーはよみがえって子供たちを襲っている。納骨堂で待ち伏せる男たちの前で、メデューサと化し抱いていた子供を投げ捨てるルーシーは、母性愛という神話に縛られず、育児を放棄した女たちの戦慄の表象である。しかしながら、ルーシーは「男根的象徴《ファリック・シンボル》」ともいえる巨大な杭を、アーサーによって打ち込まれる。「アーサーが全力で杭を打ち込む。棺の吸血鬼は身もだえした。血も凍るような叫びが口から漏れた。体は激しく捩れて痙攣し、白い歯は唇が切れるほど噛みしめられ、口は血の泡で汚れた。だが、アーサーはためらわず……情け容赦なく杭を打ち込んだ」[一九二頁]。どこか処女の強姦も連想させるし、またアーサー自身があたかも吸血鬼のようである。第二部第二章で論じた『ジョーズ』でも、牙の並んだ口の巨大なサメに男たちが銛を打ち込み、最後には酸素ボンベを突っ込んで爆破したのだが、その姿を思いださないわけでもない。この場面は男たちが団結するための擬似的レイプなのである。三人の求婚者がいたルーシーは、その処罰とばかりに、最後に首までも切断されるのだ。

記憶を整理してみれば、ドラキュラ城でハーカーは三人の女吸血鬼たちに「襲撃《レイプ》」されており、今度は男たちがルーシーに「報復の処罰《リベンジ・レイプ》」を行なっていることになる。この暴力を隠蔽し正当化するのが、メデューサの記号なのだ。ルーシーは何度も何度も婚約者に「アーサー、こっちに来て」と誘いをかけている。レイプのことを断罪された男性たちは女性に自分が誘惑されたことを犯罪の正当化のためによく使うが、ルーシーの抹殺のための口実が着々と準備されているのだ。世紀末の男たちを脅かしていたジェンダーやセクシュアリティが揺らぐ恐怖は、それを体現するルーシーというメデューサを抹殺することで和らぐのである。そして、最後の「ミーナの日記」で、ドラキュラの最後がかたられる。「ハーカーの巨大なナイフが光った。私はそれが喉を切り裂くのを見て叫んだ。その瞬間に、モリスのボウイ・ナイフが胸を刺した。それは奇跡のようだった。息をつくまもなく、ドラキュラの体が灰になり、視界から消えうせたのである」〔三二五頁〕。ハーカーの「深層《クローゼット》」に「隠蔽《ハイド》」された同性愛者としての分身ドラキュラが抹殺されるのである。しかしながら、ルーシーの殺害が杭を打ち込まれ首が切り落とされたのに比べると、何ともあっけない最後ではないのか。

そう、ドラキュラは死んでいないのかもしれない。ストーカーの草稿では詳細に城が轟音をたてて崩壊する様子が記されていたが、それは出版時に削除されてしまった。『ドラキュラ』の続編が計画されていたという話もある。ドラキュラが殺された日、死んだクインシーの名前をつけられたハーカーとミーナの息子が生まれる。だが、この息子の名前はクインシーではなく、名前をもたないドラキュラの名前がつけられるのがふさわしいのではないか。ドラキュラの子供なのだ（ヴェルナー・ヘルツォーク監督の『ノスフェラトゥ』（一九七九年）では、死んでゆく王としてのドラキュラに代わって、ハーカーが新たな吸血鬼の王になっている）。「世紀末の竜退治」としての『ドラキュラ』は、男たちの「自身／自信」の回復の物語であった。武藤浩史が示すように、血を吸うドラキュラの「口」が事件を巻き起こすこのテクストは、専門家で権威あるヘルシングを中心に、吸血鬼についてかたられる情報が、いかに人々の間に「伝達《かんせん》」されてゆくかについての物語でもある。そして、この物語はドラキュラの「口」を封じる者たちの「口」によってのみ、語《か》／騙《た》られているのである。このかたりを信頼してはならない。

## 第二章　語《か》／騙《た》られる竜退治の物語
### ——ドラキュラとは何者か

大英帝国がかかえる様々な不安を表象しているのがドラキュラである。吸血鬼たちが「石を投げたときの水紋のように、輪を広げ増殖してゆく」と書かれており〔一九〇頁〕、丹治愛の『ドラキュラの世紀末——ヴィクトリア朝外国恐怖症《ゼノフォービア》の文化』（一九九七年）のように、東方から大英帝国に入ってきたコレラなど疫病の恐怖をそこに見出すのは簡単だろう。ドラキュラは腐葉土が詰められ悪臭を放つ五十もの棺に隠れて、貨物船に積まれて東欧から潜入してくる。ヘルシングは「輸入されたその土」を「殺菌〈sterilize〉する必要がある」という〔二四〇頁〕。一八八二年の『十九世紀』誌にアーネスト・ハートは「コレラの予防について」なる記事を載せ、土はコレラの増殖に好都合な媒体であり、細菌は土の中で毒性を養うと述べていたが、こうテクストを歴史と並列させてみれば、一八八四年に公衆衛生調査会の初代会長に就任した社会浄化運動家エドウィン・チャドウィックらと、ヘルシングが酷似してくるのは皮肉なことである。そして福島の原発放射能汚染事故以後の日本に『ドラキュラ』のこうした場面をおくなら、穢された土が現代的意味合いをもって何と強烈に迫ってくることか。

また、ドラキュラは「鷲のような、ほっそりとした高い鼻で、アーチ形の鼻孔をしている。額は張りだし、髪の毛はこめかみあたりは薄いが、ほかの部分は密集している。眉は濃くて、眉毛は鼻のあたりまで垂れている……耳は青白く尖っている。顎は広く頑丈で頬は痩せているが、しっかりしている」〔二三―四頁〕という「際立った容貌《フィジオノミー》」をそなえ、「伯爵は犯罪者タイプの典型です。ロンブローゾやノルダウならそう分類するでしょう」と〔二九六頁〕、犯罪人類学者チェーザレ・ロンブローゾのいう「生来性犯罪者」の顔で描かれている。顔や頭蓋骨の形から人間の性格や能力を測ろうとする「観相学」や「骨相学」の流れを汲むロンブローゾは、犯罪者は猿に退化した生来性の悪人であり、異常に長い手足、左右非対称な顔、大きい耳、突きだした顎、毛深さなどの身体的特徴から識別できると定義したのである。ロンブローゾは自然主義作家のフランク・ノリスやジャック・ロンドンに影響を及ぼした。そして、富山太佳夫のいうように、ノーベル賞作家のウィリアム・フォークナーでさえ『サンクチュアリ』（一九三一年）において、トウモロコシで女をレイプするポパイという男性を背丈も異常に低く、ゴムのような目、白い肌をした「生来性犯罪者」に造形している〔一八五―一一三頁〕。

ジョセフ・コンラッドの『闇の奥』（一八九九年）には「科学的な関心」から人間の頭を測る医者が登場し、語り手に「家系に精神障害者はいないかね」と尋ねているが〔一七頁〕、白人人種の退化に怯える世紀転換期は、人間の身体がしきりに測定された「人間の測り間違い」の時代であった。たとえば、耳について、コンラッドの『密偵』（一九〇六年）には、「下唇がたれさがった」精神薄弱者の弟スティーヴィーが登場するが、彼を「典型的な退化の形態だ、耳を見るだけで分かるんだ、もしロンブローゾを読んでいればね」と考え、夫を殺害した姉ウィニーにたいして、その頬、鼻、目、耳、歯を眺めて「ロンブローゾを思い起こし」、「退化的人間の姉」は「間違いなく犯罪者タイプだ」と考える男オシポンが登場する(50)〔四九、七七、二五九頁〕。コナン・ドイルの「ダンボール箱事件」（一八九三年）では、切りとられた耳が送られてきて、シャーロック・ホームズが「人間の体の中で耳ほど形の異なる部分はない。どの耳も概してほかの耳とは違っているんだ……僕はダンボール箱の中の耳を専門家の目で観察し、その解剖学的特徴に注目した」といい、耳の形態から被害者をわりだす〔八九六頁〕。

犯罪者の顔を分析して「退化した顔」の典型を見出そうとし、いわば「悪の身体の発明」をなし遂げたロンブローゾによって、犯罪者の見えない内面は、特徴的な外見へと可視化されることになった。犯罪者の顔を「ステレオタイプ化」することで、犯罪者の監視を可能にしようとするのである。第二五章において、ミーナはロンブローゾの名を持ちだし、ドラキュラの顔が「犯罪者タイプの典型」で「ロンブローゾならそう分類するでしょう」と書くことで、蝙蝠や狼へと姿を変える吸血鬼の見えない脅威を、見えるものにしようとしているのだ。また、鷲の嘴のような鼻、黒い口髭のあるドラキュラの顔には、ユダヤ人の容貌が刻印されている。ドラキュラはハーカーに、「自分がよそ者だと分からない」ように、「君と話すことで英語のイントネーションを学び、もし私が間違った発音をすれば注意して欲しい」と、ロンドンに同化するために一種の英語教育を依頼していた〔二六頁〕。英語を話す市民になることで、群集に溶け込み「見えない存在」になろうとするのである。東欧から貨物船の船倉に積まれた悪臭を放つ棺に隠れ、大英帝国に潜入してくるドラキュラに、ユダヤ人移民の影を発見することはたやすい。ドラキュラには見えない脅威が凝縮されているのである。

『ドラキュラ』の翌年の一八九八年には、血を吸う火星人が地球に襲来してくるH・G・ウェルズの『宇宙戦争』が書かれているように、当時ドイツやロシアなどに警戒を強めていたのが大英帝国であった。黄昏の大英帝国をめぐる様々な脅威を表象するドラキュラにたいして、オランダ人のヘルシング、イギリス人のハーカー、ルーシーの婚約者アーサー、精神科医セワード、アメリカ人のモリスなどが団結して立ち向かうのである。ホモソーシャルな絆を結んだ男たちのことを、小野俊太郎は「多国籍軍」と称していた。『ドラキュラ』において、ヘルシングは「連帯《コンビネーション》」という言葉を使っているが、それは、帝国内の階級や植民地との亀裂を回復するために、当時よく使われた言葉だった［小野『フランケンシュタイン・コンプレックス』一六二頁］。世紀末の男たちによる「多国籍軍」は、暴君ドラキュラというドラゴンの虜になり吸血鬼と化したミーナを、その毒牙から救出しようとするのだ。こういった意味においては、『ドラキュラ』は一九世紀末の「メデューサ退治」であるとともに、「ドラゴン退治」の物語でもある。しかしながら、この物語を信頼してよいのだろうか。

『ドラキュラ』は当時では珍しい、やや時代遅れの書簡体小説であり、速記、タイプライター、蓄音機などの最新の「媒体《メディア》」で、物語が記録されているのである。ところが、テクストを構成するのは、ハーカーの日記、ヘルシングの手紙、セワードの日記など、ドラキュラを倒す側の報告だけである。『ドラキュラ』のかたりを構成する様々な媒体について、エピローグにあたるハーカーの「ノート」では、事件を記録する「媒体《メディア》」の信憑性についての疑問が提起される。「帰国して長く金庫に保管していた書類を取りだした。事件を記録した膨大な書類の中に立証された文章《オーセンティック・ドキュメンタリー》がひとつもないことに驚いた。ミーナ、セワード、私たちの後半のノート、ヘルシングの手記を除けば、残っているのはタイプ原稿の束だけなのである。この狂気の話を信じてくれとはとても頼めない」と書かれているのだ［三二六頁］。生の「声」を伝えるはずの蓄音機や速記による記録は破壊され、タイプされた「文字」による情報しか残っていないのだ。じつは原作を考える限りでは、ドラキュラが女性たちを襲ったという証拠さえ希薄だと言わざるをえない。すでに触れたように、ヘルシングは「ヒステリー」の様相を示していた。『ドラキュラ』という物語は医学の権威をひけらかすヘルシングという狂信的な指導者によって、集団ヒステリーに陥った男性たちが幻想を騙る口にまつわるテクストである。

こう考えれば、『ドラキュラ』は、結婚を控えたハーカーやアーサー、求婚を拒絶され抑圧が蓄積されたクインシーやセワード、あるいは近視眼的な大学教授ヘルシングたちが、その不満と不安の矛先として、集団の敵たる吸血鬼を捏造し、抹殺する集団ヒステリーの記録とも読みえるのである。第二部第一章で見たように、白鯨を追跡し続けるエイハブと船員たちを思いだしはしないか。一人称で構成された『ドラキュラ』が、一方的で偏った「媒体《メディア》／報道」によって語《かた》／騙られていることを見落としてはならない。吸血鬼を退治する側は、速記、タイプライター、蓄音機などの最新の「媒体《メディア》」で事件を記録するが、ドラキュラの口から発せられる声はそこには含まれない。高山宏は『ドラキュラ』をドラキュラ処刑裁判のために提出された「証拠文書の束」だと呼び、「被告ドラキュラその人の立場がドラキュラの側から一度として表現されない理不尽な欠席裁判である」と皮肉っている〔『世紀末異貌』一五一頁〕。この一方的な騙りにたいして、フレッド・セイバーヘーゲンの『ドラキュラのテープ』（一九七五年）でドラキュラは弁明する。言葉を奪われたまま殺害されたドラキュラの自己弁明を録音したテープが、ハーカーの息子の車の座席に残され、ドラキュラの側から事件をかたるのだ。「ルーシーの死にたいして私を咎めるかもしれないが、誓って私は無実だ。たしかに美しいルーシーを抱いたが、その意思に反してではないし、ほかの女にも無理強いはしていない」と〔二一―三頁〕。

ブラム・ストーカーの甥のひ孫にあたるデイカー・ストーカーは、続編的小説『新ドラキュラ』（二〇〇九年）を書いている。ストーカーの『ドラキュラ』の物語は、ヴァン・ヘルシングが事件の手記をストーカーに売り渡したものであるとして、もうひとつの「真相／深層」の物語が綴られる。事件の二五年後、セワード医師やアーサーたちが次々に殺害される。蘇ったドラキュラの報復かに思えたこの連続殺人は、永遠の美貌のために処女の生き血を集めたとして史実に名を残すエリザベート・バートリーによるものだった。バートリーこそがかつて大英帝国を震撼させた「切り裂きジャック」の正体だったのである。むしろ「切り裂きジャック」である吸血鬼のバートリーを葬り去るために、ドラキュラはトランシルヴァニアからイギリスに渡ってきたが、バートリーに騙されたヘルシングたちは間違ってドラキュラの邪魔をしてしまっていたのだ。第四八章では、バートリーが変身した翼と剃刀のような尻尾をしたドラゴンが現れ、事件を追う警部補の胸を尾で「串刺し」にするが、それはまた「ファリック・ウーマン」として性の境界撹乱の表象である（「切り裂きジャック」というように犯人は男に同定されていたが、この事件の真犯人としてもバートリーは性の境界撹乱をする存在となる）。『ドラキュラ』を綴り直したこの小説で、ドラキュラが汚名を着せられていたという「真相」が明らかになるが、「バートリーこそが、真に邪悪なる者なのだ」と、悪が女に転嫁されることになったのは皮肉なことだろう［下巻一四〇頁］。男たちの「深層」にひそむ女性嫌悪が暴露されているのだから。

『新ドラキュラ』において、ドラキュラが変装した演劇役者のバサラブは、「『ドラキュラ』の名の本当の意味は『ドラゴン』の息子だ。ドラキュラ公の父親はカトリック教会ドラゴン騎士団に属し、キリスト教団をイスラム教徒から守ると誓った騎士だった。だが、ギリシア正教においてドラゴンは悪魔の象徴だから、そこで混乱が生じたのだろう」といい、「ドラキュラは英雄だ。生き延びるために、するべきことをしただけだ……ドラキュラ公は教皇直々の任命を受け、十字軍の統率者となった。

神の名のもと、たった一人で巨大なオスマン帝国に立ち向かったのだ」と、自己弁護をかたっている〔上巻一四九、三一八頁〕。ハーカーの息子で主人公のクインシーも「真実というのは見る側の立場によってちがうものですね」と頷いている〔上巻一四九頁〕。ドラキュラを擁護するテクストは少なくないが、新しいところでは、オスマントルコ帝国の侵略から、トランシルヴァニアを守るために自ら吸血鬼になって戦うドラキュラの苦悩を描くゲイリー・ショア監督の『ドラキュラZERO』（二〇一四年）が製作され、「串刺し公」の異名をとるドラキュラが敵を威圧するために、敵兵を串刺しにしたことが正当化される。ちなみに、原題は『語られなかったドラキュラ〈Dracula Untold〉』である。

こうしたドラキュラを擁護するテクストを合わせて考えると、『ドラキュラ』において、すでに見たように、ドラキュラはたんなるトランシルヴァニアからの無実の移民にすぎなかったのかもしれない。口を封じられ無実の罪で裁かれたドラキュラの無念の「咆哮」は、その後も数々の作家たちによって、かわりに綴られてきたのである。そして、『ドラキュラ』が集団的狂気に駆られた男たちの移民排除の記録だとすれば、パリ同時多発テロ以後の移民の流入に怯える「恐怖の世紀」においてこそ、このテクストはよりいっそう重要性を帯びてくることだろう。そして一九世紀末の大英帝国で起こったこの「狂気の竜殺し」は、二〇世紀、二一世紀の帝国アメリカの湾岸戦争、イラク戦争で繰り返されることになる。テキサス出身の大地主クインシー・モリスはドラキュラとの戦いで命を落としたが、フセインというドラゴンにたいして多国籍軍が派遣された湾岸戦争、存在しなかった大量破壊兵器を口実にイラクが滅亡したイラク戦争において、テキサスの名門一家で親子二代にわたるジョージ・ブッシュ大統領が展開する「聖《セイント》ジョージの竜退治」によってこの物語が反復されることになる。

# 第七部　現代に生きるメデューサ――『リング』を読む

おのれ、この恨み晴らさでおくべきか。
鶴屋南北『四谷怪談』

# 第一章　映画におけるメデューサたち——他者を抹殺する記号

隠喩としてのメデューサはいたるところに存在する。たとえば、『肉体と死と悪魔——ロマンティック・アゴニー』でも男を死に追いやる美女を追及した美術史家マリオ・プラーツは、一九七九年に執筆した美術研究の大著のタイトルを『ペルセウスとメドゥーサ』としている。マリオ・プラーツは、一九四〇年代後半からフランスを中心に流行し、非定型(Art Informel)を意味する抽象的なこのアンフォルメル美術など、現代の先端美術を忌み嫌っていたようだ。「われわれのこの二〇世紀には、この偽りのイメージが居座わり、堕落をきわめたゼラチン状のメドゥーサと化している。すべてを麻痺させるその触手がいわゆるアンフォルメル美術なのである」と、プラーツはメデューサの隠喩を使って当時の美術界の風潮を批判している。そして「メドゥーサの首を切り落とした、正義の復讐の象徴であるペルセウスは、本書では不死＝不滅の芸術の象徴となる。不滅の芸術は結局、反＝芸術に、すなわち芸術の偽りのイメージにうちかつにちがいない」と、ペルセウスの物語を展開するのである［一一頁］。人間を物質(石)化させるとするアヴァンギャルド美術をメデューサと呼ぶことで、プラーツは先鋭美術の非難を正当化したのだった。メデューサは悪の隠喩として生きている。

メデューサは妖艶な若い女として描かれてきたが、イギリスのホラー映画社「ハマー・フィルム」によるピーター・カッシングとクリストファー・リーが共演した『妖女ゴーゴン』(一九六四年)では、第一次世界大戦前の一九一〇年、ドイツの古城が舞台にされ、そこに監禁された熟年の女にゴーゴンの妖女がのりうつっている。ゴーゴンを見た犠牲者は老化が進んだように灰色になり動けなくなるように、この映画が老いの恐怖を織り込んだのは興味ぶかい。名匠レイ・ハリーハウゼンが特撮を担当した『タイタンの戦い』（一九八一年）では、ペルセウスが切り落としたメデューサの首で巨人のような海の怪物《リヴァイヤサン》を石にして倒すという戦いが人形アニメーションで見事に再現され、二〇一〇年に『聖闘士星矢』の影響を受けたルイ・レテリテ監督がCGリメイクした。また、ジャック・ゴールド監督の『メドゥーサ・タッチ――恐怖の魔力』（一九七八年）においては、ジェット機を高層マンションに衝突させたり、原発事故を勃発させるテロリズムを超能力で巻き起こす男（リチャード・バートン）が登場するが、メデューサの邪眼と男の邪眼がオーヴァーラップされ、一種の性の境界侵犯がなされている。

現代においてメデューサはテクノロジーと一体化し始めた。たとえば、ジョン・J・ナンスの小説の映画化『核弾頭メデューサ』（一九九七年）では、電磁波で防御システムを破壊する最新兵器に、また、SDI計画破壊の陰謀を描いたジャネット&クリス・モリスの小説『メデューサ――核ミサイル迎撃機発進』（一九八六年）では、大気圏まで飛行できる戦闘機に、それぞれメデューサの名がつけられている。「強力わかもと」のネオンが輝き、重々しい雨が降る歌舞伎町のイメージを持ち込み、日本への技術的脅威《テクノフォービア》に満ちた二〇一九年のオリエンタリズム満載の未来都市を描いた映画といえば、何が浮かぶだろうか。リドリー・スコット監督の『ブレードランナー』（一九八二年）だ。この未来都市にもメデューサは出現する（日本にやってきて「偽札《まがいもの》」の「原版《オリジナル》」の捜査に巻き込まれる刑事を描く『ブラック・レイン』（一九八九年）において、リドリー・スコットは原爆投下後の「黒い雨」に言及し、オリエンタリズムに満ちた暗黒の「錯誤《まがいもの》」の大阪をつくりあげてゆく）。『ブレードランナー』はあたかもハードボイルド刑事を連想させるような主人公ディカード（ハリソン・フォード）の重々しいナレーションで幕をあける。反乱を起こして逃亡中のレプリカントと呼ばれる「人造人間《まがいもの》」たちの抹殺を請け負うディカードは、彼らの追跡を始めることになる。労働用の奴隷であったレプリカントたちは黒人奴隷のことを容易に連想させるが、首領のロイは典型的な白人の姿であり、オリジナルの人間よりも人間らしくなることは皮肉である。そして、レプリカントにメデューサのイメージをもつ女がいるのだ。

レプリカントを追いつめてゆくディカードの前で、ショーガールで蛇を飼っているレプリカントのゾーラが、シャワーを浴びるシーンが展開する。ヒッチコック監督の『サイコ』（一九六〇年）以降、すべての映画のシャワー・シーンはその「変奏」にすぎないと言っても過言ではないが、女たちは男たちのために裸体を露にしてきたのである。男性を「見る」という特権的位置におき、女を快楽として「見られる」対象にひきさげる「見る男／見られる女」という構図が、映画史において繰り返されてきた。[51] しかし、ゾーラはディカードの視線を気にすることがない。加藤幹郎の言葉を使えば、「つまり彼女は映画史上初めて自分自身のためにシャワーを浴びる」ことになる〔『「ブレードランナー」論序説』一一七頁〕。ところが、球体へアドライアーで髪を乾かすゾーラは、髪が蛇のように逆巻き、メデューサの姉妹「妖女ゴルゴン」のイメージを加藤に指摘される。また、もうひとりのレプリカントでアフロ的髪型のプリスは、『フランケンシュタインの花嫁』（一九三五年）に登場した人造人間のゴスロリ的花嫁を連想させる。だが、このプリスはディカードを殺そうとするシーンで、髪の毛が逆立ちゴルゴン的脅威を見せるのだ（図27）。ディカードはレプリカントに同情し始め、しだいに「人造人間《まがいもの》」と「本物《オリジナル》の人間」の区別が危うくなってゆくのだが、同情を断ち切り二人のレプリカントの抹殺を可

（図27）フランケンシュタインの花嫁のようなプリス

能にするのが、このメデューサの記号ではないのだろうか。

バリー・ソネンフェルド監督の『メン・イン・ブラック2』（二〇〇二年）にも、メデューサのイメージはでてくる。だが、その前に『メン・イン・ブラック』（一九九七年）を見ておきたい。メキシコから不法侵入してくる「移民《エイリアン》」のなかに、人間の皮膚をかぶった「異星人《エイリアン》」を黒服の男たちが発見するシーンで映画は始まる。エイリアンを目撃した人々に、黒服の男が手に持ったフラッシュ・ライトを見つめろという。フラッシュ・ライトから閃光が走ると、エイリアンを目撃した記憶は跡形もなく消えてしまうのだ。そして、ガス爆発があったのだと、偽の記憶が植えつけられる。一八九九年に精神分析学者フロイトは、覚えていると精神衛生に悪いトラウマ的記憶を「隠蔽」すべく、無意識的に別の記憶がつくりだされ、それが植えつけられることを「隠蔽記憶《スクリーン・メモリー》」と名づけていた。これを映画のジャンルに応用すれば、うまく映画の働きを説明できないだろうか。これまで国家にとって悪しき記憶を隠蔽し忘却させ、国家に都合のよい記憶を語／騙《かた》り続けてきたのがハリウッド映画だとすると、映画はある意味で「銀幕の記憶《スクリーン・メモリー》」として機能してきたといえる〔スターケン 一六―四二頁〕。ハリウッド映画は、観客をきらびやかなスペクタクル映像で幻惑して歴史的事実を忘却させ、歪めた記憶を植えつけるという「銀幕《スクリーン》／隠蔽記憶《メモリー》」を行使してきた。忘れることで記憶はつくられるのだ。『メン・イン・ブラック』はそのことを当てこすっているかのようである。

『メン・イン・ブラック』において、フラッシュ・ライトを見つめると記憶が消えて、別の記憶が植えつけられるシーンは、ハリウッド映画への「自己言及《セルフ・パロディ》」なのかもしれない。そして、『メン・イン・ブラック2』では、蛇のようなエイリアンが地球に侵入してくる。エイリアンは近寄ってきた犬を、「牙の生えた膣《ヴァギナ・デンターター》」のようにその体を広げて脅かし、グラビアの「ヴィクトリアの秘密」というページの美女を見て、この女に変身する。頭の触手がメデューサの蛇の髪の毛に似ている。女に変身したエイリアンをレイプしようとしたパンクは、逆に貪り食われてしまう。まさしく「牙の生えた膣《ヴァギナ・デンターター》」である。またシリーズ化された『スピーシーズ――種の起源』(一九九五年)では、研究チームがエイリアンから送られてきた遺伝子の新配列を使い、数週間で美女に成長する人間をつくりあげる。急激に成長する女は、どんどん変わってゆく女にたいする男の不安をあらわしているが、この美女はしだいに本性をみせて、男性を虐殺し、最後にはメデューサのようなエイリアンに変身する。自分を「見られる」ことで相手を「見る」という逆説的なやり方で、男を石に変える怪物がメデューサだが、女性として「見られる」のではなく、「見る」という男性の特権的地位を奪った境界撹乱の脅威として、メデューサはSF映画などで形を変えて再生されている。

メデューサが出没するのはフィクションだけに限らない。文化史家サンダー・ギルマンが『ユダヤ人の身体』において指摘するように、一九一六年にベルギーで製作された梅毒予防のポスターでは、股間に髑髏を描かれた運命の女としての娼婦が、メデューサのイメージで描かれ、梅毒の感染が広がる脅威を表象していた[一五三―五頁]。治療や原因が分からない病気は、不安が空想を生みだし、隠喩化されて怪物のイメージを帯びることがある。思想家スーザン・ソンタグのいう「隠喩としての病」

である。たとえば、「癌」という「病気が病気としてではなく、悪として、無敵の略奪者として扱われる限り」、患者はその恐ろしいイメージに、なすすべもなく屈服してしまうだろう。様々な恐ろしいイメージを病気にかぶせるのをやめて非神話化し、病は純粋に病として把握することをソンタグは説いている〔九頁〕。恐怖の隠喩は、病に力を与えてしまうことになるのだ。最後にソンタグにしたがって、エボラ出血熱の謎を追求したリチャード・プレストンのノンフィクション『ホット・ゾーン』（一九九四年）を再読してみたい。「隠喩としての病」の貯蔵庫のようなテクストだからだ。

まず、エボラ出血熱のウイルスは「分子のジョーズのごとき仮借のないマシーンとして働き、人間の肉体を食い尽くしていくのだ」と、ホオジロザメにたとえられる〔上巻一四〇頁〕。そして、あのメデューサが呼びだされる。大学院生のトムが顕微鏡で蛇のようなウイルスを覗く。そうすると、「突然、ある映像が浮かんできて、全身にさむけが走った。男性の股間にぶらさがっている生殖腺――睾丸が膨れあがって、ドス黒く変色し、それが破裂して、皮膚がべろっと垂れさがっている」〔上巻二四一頁〕。去勢の恐怖がテクストに影を落とす。「トムは現像液からネガをとりだして、ライトにかざした……そこに、ヘビのようなウイルス粒子が見えた。さながらメデューサの髪のように、白いコブラがもつれ合っている。それは自然自身の顔、自然の女神の猥褻な裸身だった。それ自体は息を呑むように美しい」〔上巻二四二頁〕。「見えない」ウイルスが顕微鏡で「見える」姿に可視化される。それはメデューサの女の姿でとらえられるのだ。ウイルスはメデューサとして「根絶／殺害」される。「うつす女」というイメージは恐怖の対象だが、鈴木光司の小説『リング』でもきわだっている。次の章ではエイズ恐怖に便乗してヒットした『リング』を取りあげ、メデューサとしての貞子を考えてみたい。

# 第二章　『リング』における再生される幽霊
## ――『皿屋敷』と『四谷怪談』と貞子の姉たち

数々のイメージの変奏をつくりだしてきたメデューサだが、この章では、鈴木光司の小説『リング』(一九九一年)を取りあげよう。そして、古典的怪談の伝統に位置づけ、女の復讐の物語を眺めた後に、エイズや同時多発テロとの関係、そして、そのメデューサのイメージを論じてみたい。貞子という恐怖の女のキャラクターを誕生させたJホラーの代表作『リング』は、同じ時刻に四人の男女が死亡したという怪事件を雑誌記者の浅川が捜査することで始まる。やがて、この四人が伊豆のペンションで奇怪な映像を見たという接点が発見され、それを見た者はダビングして、誰かに見せなければ死亡するという呪いのビデオテープが浮かびあがる。千里眼である貞子の母の山村志津子は予知や念写などの超能力を所有していたが、実験に失敗しメディアからの迫害を受け、最終的には三原山の噴火口に投身自殺する。こうした母の恨みを受けて誕生したその娘貞子も、最後の天然痘患者に強姦されて、井戸に捨てられたのである。貞子は世を呪い、井戸の跡に建ったペンションのテレビ画面に、その恨みを念写していた。これを録画してしまったのが、呪いのビデオテープだった。

もともと『リング』は過去にあった伝統的な恐怖を「更新」したものである。たとえば、「不幸の手紙」がある。不幸の手紙を読んだ人間は、それを写し直して、再び投函しなければ不幸が訪れるという古い媒体《メディア》である「手紙」の恐怖を、『リング』はビデオテープという媒体《メディア》で「再生」させていた

（『貞子3D』（二〇一二年）では、貞子は呪いの動画サイトというネット媒体《メディア》で呪いを広めるサイバーテロを行なう）。また、『リング』は女と水と井戸という古典的怪談のイメージを踏襲《コピー》している。女と井戸といえば、もちろん浮かんでくるのは、怪談『皿屋敷』だろう。武家屋敷に奉公にあがったお菊は、家宝の十枚揃いの皿を割ってしまう。そして、主君の播磨によって手討ちにされ、死体は井戸に捨てられる。幽霊となったお菊は毎夜毎夜に井戸からでてきて、一枚二枚三枚と皿を数えだし、十枚目になると一枚足りないと嘆くことで、武家屋敷の人々を恐れ慄かせるのである。古くは馬場文耕の講談ものであった『皿屋敷辨疑録《さらやしきべんぎろく》』（一七五八年）などにこの物語は登場しているし、日本各地で伝えられている『皿屋敷』には様々なバリエーションも存在するという。『四谷怪談』のお岩と並んで『皿屋敷』のお菊は「怪談界のアイドル」として、文化史を彩ってきた「貞子の姉」にたとえてもよい(52)。

「数えるから足りなくなる」をキャッチコピーに、京極夏彦の小説『数えずの井戸』（二〇一〇年）では、強迫神経症的に数にこだわる登場人物たちがでてくる。いつも何かが足りないと考えてしまう播磨のように、『皿屋敷』はその解釈の「隙間《いど》」を作家たちの想像力によって埋められ、再創造されてきたのである。たとえば、岡本綺堂の戯曲『番町皿屋敷』（一九一六年）は、お菊が播磨の愛を試すために皿を故意に割るが、心を試されたことを知った播磨は、お菊を手討ちにして自害するという悲愛物語として執筆された。岡本綺堂のこの解釈は、伊藤大輔監督の『番町皿屋敷――お菊と播磨』（一九五四年）を筆頭に、三回ほど映画化されている。岡本綺堂はお菊の側だけに感情移入することのない脱怪談を書いたが、『皿屋敷』は女の悲劇として読まれ続けたのである。『皿屋敷』を現代的に見た飯倉義之によれば、ブラック企業に就職した派遣OLが会社の罪を被せられ、解雇されて自殺する物語だと読め

(図28) 中田秀夫版『リング』
テレビからでてくる貞子

るという〔一九八頁〕。お菊の恨みは武家屋敷を崩壊させるのだ。柳田國男は「皿屋敷」を、井戸が埋めたてられ「更地」になってしまった廃墟の「更屋敷」のことだと指摘していた〔板倉 二〇〇頁〕。『リング』の貞子の姿は、江戸時代の画家円山応挙が描く足がないのに立つ幽霊画の伝統を受け継ぐが、お菊のように井戸から這いだし、テレビからでてくる「這う女」である(図28)。貞子が見せる不気味な這う動きは、後に『呪怨』シリーズで夫に自分が殺害された家に足を踏み入れる者に祟りをなし、その家を呪いの「廃屋《さらやしき》」にした伽椰子に継承されることになる。ポーの「黒猫」「アッシャー家の崩壊」のように、女の復讐で家は崩れ落ちるのである。

また、貞子のもうひとつのルーツは、鶴屋南北の戯曲『東海道四谷怪談』(一八二五年)だろう。お岩は実在の人物だとされ、上演のときには四谷の「お岩稲荷」に参拝しないと祟りがあるという、まさしく現実と虚構の境界《あわい》を揺るがす半ノンフィクション的物語である。そして、市川海老蔵と柴咲コウ主演の現代版四谷怪談『喰女 クイメ』(二〇一四年)まで、数えきれないくらい映画化されてきた(ちなみに、タイトルの『喰女 クイメ』は、男を喰らう脅威の女お岩、女を喰いものにする伊達男の伊右衛門、この二人のことを指している)。四谷に住むお岩は貞女の妻として田宮伊右衛門に尽くしていたが、心変わりをした伊右衛門に毒を飲まされて顔が崩れて、あげくに殺されてしまい幽霊となってその仇討を果たすというこの物語は、歌舞伎などで演じられた。よく使われる幽霊が出没するときの「ヒュー、ドロドロ」という音は、歌舞伎で幽霊が現れるときに打ち鳴らされた太鼓の音だったのである。『四谷怪談』でこの太鼓の音は、忠臣蔵の討ち入りの太鼓に劣らず、蹂躙されてきた女たちの報復を称賛する喝采のようにも聞こえたのかもしれない。鶴屋南北が「陰間」といわれるゲイであり、いわば社会のマイノリティであったことも無関係ではないだろう。お岩の恨みは文化史を形を変えて彷徨する。

また、一八二五年に書かれて以来、歌舞伎として『四谷怪談』が『仮名手本忠臣蔵』と同時に舞台にかけられていたことは、ぜひとも憶えておきたい。一七〇三年、無念に切腹を命じられた主君浅野内匠頭の仇討をせんがために、大石内蔵助を筆頭に赤穂浪士たち四七名が、仇の吉良上野介の邸宅に討ち入るという忠義を尽くした家臣たちの物語である。主君ばかりに切腹を申しつけた幕府の横暴な権力に限界まで耐え抜いて、やがて討ち入りに立ちあがった赤穂浪士たちは、日本の美徳を体現してきた。権力の不正にたいして、死を賭して抗議した赤穂浪士の死に様は、散りぎわの美学として日本人の心をとらえてきたのである。『忠臣蔵』は日本だけではなく、キアヌ・リーブスが主演したファンタジー映画『47RONIN』(二〇一三年)、中世の騎士の時代に舞台を変えた紀里谷和明監督の『ラスト・ナイト』(二〇一五年)などハリウッド映画化もされており、『忠臣蔵映画と日本人――〈雪〉と〈桜〉の美学』(二〇一五年)の小松宰によれば、シェイクスピアの『ハムレット』を超えて、世界で最も数多く映画化されてきた日本人のアイデンティティそのものである。それは男たちによる仇討の「光」の物語である。そして、その「影」の物語が女の仇討を見せつける『四谷怪談』なのである。

江戸時代末の『四谷怪談』の歌舞伎上演において、昼間は忠義という表向きの美徳をたたえる『忠

（図29）さかさまのお岩の幽霊

臣蔵』が演じられ、夜は『四谷怪談』が上演されたというのだから面白い。一九九四年に深作欣二監督は、田宮伊右衛門（佐藤浩市）を赤穂浪士に設定した『忠臣蔵外伝――四谷怪談』を製作しているが、仇討が時代遅れになり武士の時代が終わりかけた一八二五年に、鶴屋南北は『忠臣蔵』の「陰画《ダーク・ファンタジー》」として『四谷怪談』を書きあげたのである。立身出世の欲と妻への忠義の間でゆれ動く伊右衛門のなかでは、武士という自我像が崩壊していった。いっぽう、毒を飲まされ顔が崩れてゆく場面で、お岩は鏡に映った自らの顔を見ることになるが、鏡はその人物の自己像をつくりあげるのを助けるどころか、貞淑な武士の妻としての自我像の崩壊を映しだすのである。主人公の男と女は二人とも崩壊してゆくのだ。瓦解してゆく江戸末期を描く『四谷怪談』は、女による父権制度への「仇討《テロリズム》」を見せつけてきた。歌舞伎で提灯から逆さまに出現するお岩は話題を呼んだが、奇妙にも逆さまで降りてきたり、逆立ちで歩く「さかさまの幽霊」の図像が少なくない（図29）。服部幸雄の『さかさまの幽霊』（一九八九年）によれば、井戸から逆さまに落とされたり、地獄へと落下してゆくことを意味すると同時に、女幽霊の復讐によって男尊女卑の封建主義秩序が「さかさま」に転覆される表象だったのである。[53]

実在したとされるお岩の顔が崩れた原因は、天然痘にかかったためだという指摘もあり、貞子もまた天然痘に感染していたのだから、夫に「貞淑」だったお岩は、「貞子の姉」だと呼べなくもない。また、髪の毛の隙間から片眼だけを見せる貞子は、抜け落ちる髪を振り乱し、片眼の潰れたお岩の図像を受け継いでいる。(54)こう考えれば、貞子のイメージは、男たちに復讐してきた『皿屋敷』のお菊や『四谷怪談』のお岩などの古典的幽霊が、現代的に「複製《コピー》」されて「再生《リメイク》」されたものであるのは明らかだ。女たちの怨みを継承した貞子は、人類《マン・カインド》にテロリズムを仕掛けるのである。お岩は「うらめしや」と繰り返すだけだし、お菊は「一枚足りない」と嘆くだけで、同じ言葉を反復するにすぎない。貞子にいたっては髪に隠れて口が見えない。(55)沈黙を強いられてきた女たち。女の幽霊は語ることができるか。だが、念写の超能力をもつ貞子は、映像という言語の形で、ビデオテープの乱れた画像にその姿を「映《うつ》す」ことをなし遂げた。お岩たちの姿を「リメイク」した貞子は、女たちを蹂躙してきた男たちを震えあがらせ、父権制社会を「リメイク」する可能性を秘めている。「リメイク」という反復を続ける女の幽霊、それを小澤英実は「リメイキング・オブ・ザ・デッド」と称したのだった。

# 第二章　メデューサとしての貞子――エイズ、映像、同時多発テロ

それを見た者はダビングして誰かに見せなければ死亡するという呪いのビデオテープを描いた『リング』だが、舞台は一九九〇年に設定されている。一九八七年には神戸で不特定多数と関係をもった女性がＨＩＶに感染していることがわかり、週刊誌で実名報道されるなどパニックを生み、エイズ恐怖が広まっていた時期である。この一九九〇年に書かれていたのは、筒井康隆の小説『文学部唯野教授』であり、大学という聖域を赤裸々に暴露し、唯野教授が現代思想の授業を行なう場面などが話題を呼んでいた。そして、ＨＩＶに感染しているゲイの教授が登場し、同性愛／エイズ恐怖が嘲笑される。教授たちが集まった夜のクラブにおいて、蚊では感染しないという説にたいして、「あれはパニックが起らぬようにというので流布された嘘だ……蚊が伝染させる病原体は……いっぱいある。なんであれだけが感染しないなんていえるんだ」と教授が反論する［五九頁］。ホステスが蚊を潰すと、「叩いちゃいかんのだ……わしは恐ろしい。赤い赤い夢だ。嫌いなんだよこういうの。あれでだけは死にたかねえんだよ。薬が何もないでしょうが」という恐怖がかたられる［六〇頁］。やがて、教授に同性愛を強制されてきたエイズの助手が、体じゅうに傷をつけ血を塗りたくって、教授たちに噛みついてまわりＨＩＶに感染させようとする復讐のクライマックスを迎える。

九〇年代には「エイズの世界にようこそ」という都市伝説が巷では噂されていた。男が美女と知り合い、意気投合した二人は、一夜をホテルで過ごす。翌朝、目を覚ました男は、ベッドに女がいない

ことに気がつく。不審に思ってバスルームを覗くと、鏡に真っ赤なルージュの文字がある。「エイズの世界へようこそ」と。女から男への感染率は低いにもかかわらず、ここでは女がエイズの感染源となっていることに注目したい。また、都市伝説研究家ブルンヴァンは、この噂の「原型《オリジン》」を二つ調査している。ひとつは梅毒を敵の間に広めるために治療を受けずに、将校たちと寝たフランス軍大尉の情婦を描いたフランスの自然主義作家モーパッサンの短編「二九号の寝台」(一八八四年)。もうひとつは二〇世紀初頭に自分がチフスであることを知りながらも、家政婦として働き料理を通してニューヨーク一帯に疫病を撒き散らしたとされるアイルランド移民の「チフスのメアリー」。この二つを「エイズの世界へようこそ」の都市伝説とつなげている(『くそ! なんてこった』一六一—八頁)。さらに究極的にたどるなら、こうした「うつす女」の脅威は、エデンの園において、蛇の誘いに応じて禁断の果実を手にして、その毒をアダムに感染させたイヴにゆきつく。だが、そうすれば「終着点《オリジン》」が見えるというのだろうか[56]。「うつす女」というイメージは、映写機の光に照らされることでスクリーンに「映《うつ》る」。そして、それは映画を観る観客にも「伝染《うつ》る」のである。

疫病のように呪いをふりまく貞子の伝染的恐怖に加えて、鈴木光司の原作では、貞子について映画は省略しがちな詳細な設定がなされていた。貞子は「睾丸性女性化症候群」という、男性と女性の性器をもつ中間的な両性具有の体質であった(中田監督版の映画では、髪に隠され貞子の眼だけがクローズアップされるシーンを男性が演じている)。最後の天然痘患者に強姦され、殺されて井戸に捨てられた貞子は、そのときに天然痘に感染していた。「父と母を死に追いやった大衆への恨み、人類の叡智によって絶滅の縁にまで追いつめられた天然痘ウイルスの恨み、それは、山村貞子という特異な人間の体内で融合され、思いもよらない形で再び世に現われた」［三二四頁］。念写の超能力のある母親をもち、両性具有の体であり子供を産めない貞子は、呪いのビデオテープを生み落とし井戸に隠された自分の身体を焼きつけたのだ。四人の男女が変死した事件の「起源」となったのは、それを見た人間は「複製《コピー》」して他の人間に「再生」して見せなければ死亡するという、「環《リング》」となって増殖するビデオテープだった。撲滅された天然痘の恨み、父と母を奪われた憎しみから貞子は、いわば「複製《コピー》」され続けるビデオテープによって、人類に連鎖を断ち切ることのできない「映像的呪い《テロリズム》」を仕掛けたのだ。

映画版『リング３Ｄ』では、貞子が何人にも増えて襲ってくるように、『リング』の脅威は、エイズのように恐怖の存在が増殖することであり、その核心には「コピー」や「映像」の問題がおかれている。ビデオテープというアナログの「媒体《メディア》」が時代遅れとなり、映像が劣化しないＤＶＤというデジタルの「媒体《メディア》」が台頭してきた一九九八年に、『リング』が映画化されたことにも注目しておきたい。映画版では「再生」された粗悪な画質の画面から貞子がでてくるシーンがクライマックスとなるが、それはダビングするたびに画質が劣化するビデオテープだけが醸しだす恐怖ではないだろうか。あの世とこの世をつなぐ「媒体／霊媒《メディア》」の素質をそなえ、呪いのビデオテープを生みだした貞子は、その体もまた男女の「中間《メディア》」にあり、念写という「うつす」超能力を有していた。一九世紀末ごろ神経を病む女性たちの狂気を視覚化して、写真に捉えようとする「女が写《うつ》る」という女性嫌悪文化の背後に、女を病的存在だと考え、「女が伝染《うつ》る」と怯える男性の恐怖が隠れていたことを見抜いたのは、『女がうつる』の富島美子だったが、「うつるんです」とばかりに、貞子は憎しみが「伝染／写《うつ》る」ということを体現している存在なのである。

呪いのビデオの画面には貞子が「映《うつ》る」。そして、貞子の呪詛はそのビデオを見た人間にも「伝染《うつ》る」のだ。さらにいえば、テープを見た人間を硬直させ、不気味なネガのような姿で死亡させる片眼の貞子は、あたかもカメラのような存在である（図30）。見てはいけない女。それは、「現代のメデューサ」としての邪眼の女のイメージを継承しているともいえるだろう。第八部第二章でも述べるように、「銃を撃つ」と「撮影する」を意味する単語は〈shoot〉になるが、ビデオを見たものは貞子に「撮影／射殺《シュート》」されるのである。また、「ホラー」という言葉は「髪の毛が逆立つ」を意味するラテン語の〈horrere〉に由来するが、女性的な美の象徴である髪の毛は、そのいっぽうで、きちんと手入れされなければ体系を撹乱する脅威となる。そして、抜け落ちても生え続けることで、生命力のおぞましさを見せつける。『四谷怪談』でも、毒薬を飲んだお岩は髪を梳くものの髪の毛はごっそり抜け落ち、それが川を流れて縁の人間に絡まる。女の情と因縁の深さを覗かせる恐怖のシーンである。さらには、登場人物たちにまとわりつく貞子の長い髪の毛は、ジュネヴィーヴ・ユが指摘するように、メデューサの蛇の髪の毛も連想させるのだ〔四一頁〕。こうした意味では、人間を硬直させる邪眼と不気味な髪をもつ貞子を、現代に蘇ったメデューサだと呼んでもかまわない。

（図30）中田版『リング』　片眼だけの貞子

そして、貞子は髪の毛に顔が隠されているために、片眼だけしか見えない「顔のない女」である。長い髪の毛、白装束、井戸、水、片眼などの幽霊を示す記号によって構成された記号の束のような存在なのだ。思想家ジャン・ボードリアールのいう、オリジナルなき存在がひたすらコピーを続けてゆく「摸造品《シュミラークル》」が、まさしく貞子である。幽霊の記号だけで構成され、無限にコピーされうる貞子は、ネットワークを通していたるところに偏在する。オリジナルのイメージがなく、伝統的な幽霊を示す記号だけで構成された「摸造品《シュミラークル》」の貞子は、ひたすら複製されてゆくのだ。中田秀夫監督の『リング』では、呪いのビデオの噂はどこからきたのかという問いに、高山竜司（真田広之）は答えている。「最初に言いだしたやつなんかいない。みんなが不安に思ったことが噂になる」。起源なき恐怖。井戸にある貞子の亡骸という起源を見つけることが、呪いを解くことになるかと思われたにもかかわらず、死体を発見しても呪いは終わらない。ハリウッドでは『ザ・リング』、韓国では『リング・ウイルス』としてリメイクされ、呪いの動画を広めるサイバーテロを行なう『貞子3D』シリーズが現在でも続き、『貞子vs伽椰子』などの対戦もの、パチンコやパチスロ、コミック、角川書店のアドベンチャーゲームなど、貞子という「顔のない女」は、劣化した複製《コピー》をどんどん増殖させている。

そして、映像と関わりの深い貞子がハリウッドによって「再生《リメイク》」されたのが、同時多発テロ以後であることは、いくら強調してもしすぎることはない。「男根的象徴《ファリック・シンボル》」的な世界貿易センタービルが崩れ落ち、「去勢」の恐怖をふりまいた同時多発テロは、その同時中継映像を見ていた人々を恐怖で「硬直」させることになった。そして、その後に世界貿易センタービルというあるべきものがないという「更地」もまた、「去勢」を暗示することになった。ハリウッド映画的な性格が指摘された同時多発テロ映像は、際限なくテレビで「再生」されることで、「増殖」を続けたのである。そして、映画が現実化してしまったような同時多発テロをアメリカが経過したその翌年、ゴア・ヴァービンスキー監督によるハリウッド版『ザ・リング』(二〇〇二年)が公開されたのだった。『ザ・リング』において、貞子にあたるサマラが「再生」されたテレビの世界から、現実の世界へとでてくるという恐怖のクライマックスが「リメイク」されたのである。かくして、同時多発テロとその報復的なイラク戦争が起こり、憎しみが連鎖を続ける「恐怖/テロの世紀」において、貞子の怨みは様々な映画に形を変えて「再生」され続ける。ダビングを続ける貞子のビデオテープは、空爆で肉親を奪われたテロリストが報復としてテロを行ない、テロリストを撲滅しようと空爆が反復され、またテロが画策されるという、終わりなき「憎しみの連鎖」と同じものなのだ。そう、憎しみは「うつる」ことをやめない。

これまで現代のメデューサの貞子も含め、メデューサが悪の記号として使われてきたことを見てきた。メデューサのイメージを与えれば、それはいっきに嫌悪の対象と化し、抹殺できるのだった。メデューサという記号は、敵対する他者の殺害を可能にしてきたのである。だが、メデューサは帰ってくる。女たちの報復の物語を集めた『メデューサを取り戻す――現代プエルトリコの女性たちの短編集』(一九八八年)では、声を奪われ抹殺されてきた女たちが声をあげるのである。「ペルセウスの盾を覗いたとき、メデューサは何を感じたのか。この問いがなぜ発せられなかったのか。なぜ読者は女の力を奪ったペルセウスとばかり一体化するのか……メデューサは何を望んでいるのか。きっと、復讐だろう」と[ベレスii頁]。これとは反対に、フランス女性作家でフェミニストのエレーヌ・シクスーは、逆のことを告げている。「メデューサを見るためには、正面から彼女を見るだけで十分なのである。そうしても、彼女は死をもたらしたりはしない。彼女は美しく、そして笑っている」[二八頁]。

# 第八部　メデューサのスクリーン――映像の政治学

恐怖。恐怖。

ジョセフ・コンラッド『闇の奥』

# 第一章　銀幕／隠蔽記憶《スクリーン・メモリー》とアメリカ——ベトナム戦争映画論

その盾にメデューサの姿を映しかえ、首をはねることに成功したペルセウスの物語から、「メデューサの鏡」という言葉をつくったのは高山宏である。メデューサを鏡に「移《う》／映《つ》しかえる」ことによって、ペルセウスが怪物の脅威を削ぎ落とし退治したように、恐ろしい他者の姿を都合のよい形に描き直すという「表　象《リプレゼンテーション》」の力を、「メデューサの鏡」と呼んだのである。「世界そのものの身の毛のよだつ相貌からホモ・エウロンペスが身を守るためにつくりあげたブロンズの盾——鏡、それこそわれらが〈表象〉という名で呼ぶところの〈制度〉なのだ」と高山はいう〔『メデューサの知』一〇頁〕。我々が見ているのは、ありのままの世界ではなく、偏見を通してつくり変えられた「鏡のなかの世界《リプレゼンテーション》」なのかもしれない。とりわけ西洋で描かれてきた異民族は「メデューサの鏡」のなかで「代表／再現《リプレゼント》」されたステレオタイプでしかなかった。鏡の力を借りたペルセウスがメデューサを退治したように、表象の力で他者を都合のよい姿につくりかえ、西洋は東洋を征服していったのである。それは二〇世紀に映画という分野で繰り返される。ここでこれを「メデューサのスクリーン」と呼んでみたい。映画は生々しい事象を国家の理想的な形につくり変え、現実を構築するのである。

　まずは映画以前の風刺画のことなどを見てみれば、そこには竜としての他者があふれている。たとえば、一九世紀末の黄禍時アメリカにおける中国人のイメージを扱う胡垣坤編の『カミング・マン』を開けてみるなら、西洋がいかに他者をステレオタイプ化していたかがよく分かるだろう。太平洋鉄道建築工事のときに、大量の中国移民が流入してきて、白人たちの職を奪ってゆく風潮のなかで、竜として風刺された中国人が登場するのだ。西海岸の鉄道事業において、白人資本家は低賃金で労働を提供する中国人労働者を利用して市場の独占を企て、これに反対する労働者たちは改革を望んでいた。一八八八年に雑誌『ワスプ』は、四つの巨大な鉄道会社が市場を独占したのは、低賃金でも平気で働く中国人労働者のためだと中国人を非難する（図31）。そして、企業の頭脳としての資本家が、中国人という竜を操る者として描かれることになる［胡 八四頁］。「現代の聖《セイント》ジョージ」として反独占党が、独占をたくらむ四つ頭をもった竜を成敗するという風刺画が掲載されたのである。

　悪の竜としてアジアは、『ワスプ』の風刺画からおよそ百年後のマイケル・チミノ監督の『イヤー・オブ・ザ・ドラゴン』（一九八五年）でも、まだ健在である。ベトナム戦争はジャングルに隠れたゲリラたちに苦しめられた「見えない戦争」だったが、「これはベトナム戦争の再現だ。今度は負けない」というベトナム帰還兵の刑事スタンリー・ホワイト（ミッキー・ローク）が、中国系マフィアのジョーイ・タイ（ジョン・ローン）と対決するのだ。ジョーイ・タイが「身体から放つのは『ドラゴン・レディ』と似た阿片の魔力のようなアジア的エロスである」と指摘され［村上『イエロー・フェイス』二〇五頁］、「知的で両性具有的であり、サディズムとマゾヒズムを併せ持つ性的危うさをも身につけて」いる人物で、中国人のステレオタイプ的悪役の「フーマンチューを思い起こさせる」［リー 二六一頁］。また、こ

（図31）竜としての中国人

の映画ではメディアの意味が問われるが、ジョーイ・タイは中国系女性テレビ・リポーターにたいして、「どうしてメディアは我々のチャーリー・チャン的な悪のイメージばかりを強調するのか」と、良い面も報道するべきだと批判をしている。こうした中国系マフィアにホワイト刑事は「敵は目の前にいる、奴らはジャングルに隠れてでてこない」といい、辛酸を舐めさせられたベトコンをドラゴンとされてきた中国人マフィアにおき換えて、ベトナム戦争の再戦をしようとするのである。

そもそも、ベトナム戦争とは、冷戦期にインドシナ半島の南北に分裂した南ベトナムに傀儡政権を樹立し、それを援助したアメリカがソ連や中国が支援する北ベトナムのベトコン（ベトナム共産主義者）と十年以上にわたって戦った代理戦争である。ベトコンという「見えないゲリラ」に苦しめられ、一九七五年に戦争終了宣言がだされ、アメリカが撤退し国家に大きな傷跡を残したが、後にそのトラウマを解消しようとする映画が製作されるのも無理はない。冷戦末期のジョン・マクティアナン監督の『プレデター』（一九八七年）では、特殊な光学迷彩装置によって背景に同化することで姿を消してジャングルに出没し、米兵を次々に殺害してゆく「見えないエイリアン」が登場する。舞台となっている架空の国は、そのジャングルからベトナムを連想させ、このエイリアンは黒人特有のドレッドヘアーのような容貌をしているが、姿を消して神出鬼没に現われるベトコンの表象でもあろう。クライマックスで核爆発のようなキノコ雲をあげて、エイリアンを仕留めるのはアーノルド・シュワルツェネッガーである。原爆のキノコ雲がアメリカでは男性性とつながったことは第二部第三章において触れたが、冷戦末期に理想のアメリカ的身体であったシュワルツェネッガーの体とキノコ雲という二つの「見える男らしさ」の表象が接合されて、ベトナム戦争のトラウマが払拭されるのである。

（図32）エディ・アダムズの捕虜殺害映像

本当にアメリカの介入が必要だったのかと疑われ、その正義が疑問視されてきたベトナム戦争において、一九六八年に写真家エディ・アダムズは、この「見えない戦争」を「見える虐殺」に変えることに成功した。アメリカが支持する傀儡政権である南ベトナム国際警察の署長が、両手を縛られたベトコンの容疑者の頭を、取調べもせずにリボルバーの拳銃で撃ち抜くという残酷映像を報道して世界に見せつけたのである。ベトナム戦争ではメディアによって残酷な映像が暴露された。たとえば、アメリカ軍のナパーム弾攻撃のもと、九歳のベトナム少女キム・フックが両手を広げて逃げ惑う映像は有名だ。キム・フックの両手を広げたポーズに、「磔刑のイエス」の姿を読み取ることもできるにちがいない。エディ・アダムズの捕虜殺害映像は、少女キム・フックの映像と並び、アメリカを震撼させた映像となった（図32）。しかしながら、マイケル・チミノ監督の『ディア・ハンター』（一九七八年）は、リアルで血生臭い描写を突きつけたにもかかわらず、こうした犠牲者としてのベトナム人の表象を改変しようとする。第七部第一章で述べたような「銀幕《スクリーン》／隠蔽記憶《メモリー》」によって、鏡に映したように、逆の映像が構成され、観客の記憶を改変しようとするのである。

　作品賞などアカデミー賞を五部門受賞した『ディア・ハンター』は三時間を超える長編映画だが、その最初に、大学を卒業し徴兵されることを間近に控えた三人の若者たちは、神話的な風景の山中に狩りにでかけ、ただの「一発《ワン・ショット》」で苦しめず鹿を仕留めることを経験する。ジェイムズ・フェニモア・クーパーの小説『ディア・スレイヤー』（一八四一年）を連想させる

（図33）『ディア・ハンター』
エディ・アダムズの映像の逆転

ようなこの通過儀礼的シーンの後、若者たちはベトナムの戦場に向かうのである。この映画の最大の見せ場は、ベトコンの捕虜になったマイケル（ロバート・デ・ニーロ）とニック（クリストファー・ウォーケン）の二人の青年兵たちが、敵兵に頭に拳銃を当てられ、ロシアン・ルーレットの賭けの標的にされるシーンである（図33）。アメリカン・ハンターたちの一瞬で苦しめず鹿を仕留める「一発《ワン・ショット》」、ベトコンたちのじわじわと敵をなぶる悪夢の「一発《ワン・ショット》」、このふたつが対比されることになる。この恐怖のロシアン・ルーレットのシーンでは、ベトコンの言葉に字幕がつけられることはなく、英語圏の観客たちには残虐で理解不能な他者としての狂気だけが強調されるという効果を生んでいる。

　しかしながら、ここで着目したいのは、ベトコンの命令でリボルバーがマイケルとニックの頭に突きつけられるという構図である。鏡に映したように、エディ・アダムズが暴露した捕虜殺害映像の「加害者」であったアメリカ側が、「被害者」の捕虜にすりかわる反転である［フランクリン 一四―二二頁］。警察署長がベトコンの頭に拳銃を突きつけるという構図が、さかさまにすりかわるのである。この被害者と加害者の逆転を可能にしたひとつの装置が、一七世紀の植民地時代のころに創造され先住民による捕囚の恐怖を煽り、様々な形で現代においても活用されている「インディアン捕囚体験記」の構造なのかもしれない。しかしながら、二人はベトコンたちを殺してこの捕囚を逃れる。ところが、帰国してもマイケルは鹿を「一発《ワンショット》」で仕留めることをためらってしまう。『ディア・ハンター』において、戦争で犠牲になったのは、ベトナム人の命ではなくアメリカの青年たちの青春なのだ。「銀幕《スクリーン》／隠蔽記憶《メモリー》」による記憶の詐術によって、『ディア・ハンター』はエディ・アダムズの報道映像を鏡に映したように逆転させ、国家の罪を覆い隠したのである。

　最も有名なベトナム戦争映画は、ホメロスの古代叙事詩『オデュッセイア』やジョセフ・コンラッドの小説『闇の奥』(一八九九年)を下敷にしたフランシス・フォード・コッポラ監督の『地獄の黙示録』(一九七九年)だろう。カンボジアの奥地で王国をつくり君臨するカーツ大佐(マーロン・ブランド)を抹殺するという使命を受け、ウィラード少尉(マーティン・シーン)は川を遡ってゆく。カーツの支配する集落に到着したウィラードは捕虜になってしまう。だが、その捕囚を通して、ウィラードはしだいにカーツの心境に接近し、顔にカーツと同じペインティングを施し、カーツに同一化してゆく。二人は分身あるいは親子の関係に近づく。魅惑するカーツを抹殺するウィラードは、象徴的に泥沼から立ち上がることで新たに生まれ変わる。やがてカーツという病んだ王は殺害され、新たに王となったウィラードの前に、原住民たちは武器を下ろす。戦いは終わり、救済の雨が降るのだ。映画に影響を与えたノーベル文学賞詩人T・S・エリオットの詩『荒地』や「うつろな人々」、文化人類学者フレイザーの『金枝編』などを参照しながら、『解読「地獄の黙示録」』(二〇〇二年)において文芸批評家の立花隆は結末をこう解読していた。「曖昧性《アンビギュイティ》」に満ちた『地獄の黙示録』の結末は、文学的な香りの漂う「オープン・エンド」で評価も高い。

　この映画の最大の見せ場は、西部劇の象徴であるカウボーイ・ハットと『黄色いリボン』でジョン・ウェインが首に巻いていた黄色のスカーフをしたキルゴア中佐(ロバート・デュヴァル)に指揮され、米軍ヘリ部隊がベトナムの村を攻撃するシーンである。インディアンの部族や酋長の名前「アパッチ」「シャイアン」「ブラック・ホーク」が攻撃ヘリの名称につけられているように、米空軍のヘリ部隊は騎兵隊の伝統を継承している。海上からこのヘリ部隊が攻撃時に威嚇のためにスピーカーから大音量で流すのが、リヒャルト・ワーグナーが作曲した『ワルキューレ』である。ナチスに影響を与えヒトラーも愛好したワーグナーの曲が流されることで、アメリカの狂気とナチスの狂気を重ねることが、コッポラが狙った演出だった(57)。だが、このシーンは逆にまるで米軍の攻撃を賞賛しているようにも映るという「曖昧性」が生じてしまった。さらには、ヘリが負傷者を救助に着陸したとき、女ゲリラが爆弾を帽子の下に隠して、ヘリを爆破するシーンが差し挟まれている。これは後半で川を遡るウィラード一行が漁師の船を停止させたとき、子犬を守ろうとして動いた女を誤って射殺してしまうシーンの伏線となり、ベトナムでは女にも油断できないのだと、その誤射を正当化する顛末となる。

川を遡ることで、人間の根源へと回帰してゆくウィラードは、自己探求の旅をしてゆくと考えてよい。だが、そこで発見されたのは、コッポラを含め白人たちの深層にひそむオリエンタリズムでしかなかったのではないか。紫煙と死臭がたれ込めるジャングル、散乱する生首、吊るされた死体、カーツを崇拝する奇怪な原住民、捕虜になってしまう白人。これらは第一部三章で触れたデオダート監督の『食人族』(一九八〇年)の映像とたいして変わらない。むろん、映画とは過去の映画シーンからの引用を変形した集合体にほかならないが、コッポラはヤコペッティ監督の「残酷大陸アフリカ」シリーズから多くの構図を借りているのは明らかだ。カーツ殺害シーンと重ねられる原住民が牛の首を切り落とす儀式は、『世界残酷物語』(一九六二年)にも登場するし、ベトコンがアメリカ軍から予防接種を受けた子供たちの腕を切り落としたとカーツが述べるエピソードは、『さらばアフリカ』(一九六六年)で紹介された手首を切り落とす制裁に近い。牛をヘリから吊るして運ぶシーンや映画のポスターのイメージは、『さらばアフリカ』のポスターそのものである。『地獄の黙示録』の後半は、狂気の他者に拉致され、捕囚生活を体験する恐怖が強調されるのだ。辺境を「闇の奥」としてしか見ないオリエンタリズムが、帝国の植民地への介入を許し、戦争を招いてきたことを考えると皮肉なことだろう。そして、フィリピンで巨額を投じてロケを敢行し、現地でやりたい放題の撮影をしたコッポラは、彼自身がカーツになりかわり、『闇の奥』を再演してしまったのである(撮影隊の残したゲイ売春の悪影響についてはショーウォーター『性のアナーキー』一八九頁参照)。

ベトナム戦争映画でアメリカが被害者にすりかわるのは珍しくない。徴兵制の不公平に怒りを覚えて志願兵となったクリス(チャーリー・シーン)の体験を描くオリバー・ストーン監督の『プラトーン』(一九八六年)は、アカデミー作品賞、監督賞を受賞している。クライマックスで仲間に裏切られたエリアス軍曹は、無数の北ベトナムの兵士に追われ銃弾を受ける。ナパーム弾で焼かれた少女キム・フックは「磔刑のイエス」を思わせたが、『プラトーン』でエリアス軍曹が両手を広げて倒れ込む姿勢もまた、「磔刑のイエス」のようではないか。そして帰国するクリスの「ふり返ってみると、我々は敵と戦ったのではなかった。自分と戦ったのだった。戦争は終ったが、それはずっと記憶のなかに残ってゆくだろう」というナレーションで映画が閉じられる。十年を超えたベトナム戦争は一九七五年には戦争終了宣言がだされていたが、すでに撤退が始まっており、また、戦争の意味自体も定かではなかったために、いつ始まりいつ終わったかという輪郭の明白ではない「終わりなき戦争《エンド》」だった。

『プラトーン』において、ベトコンとの戦いは自分との戦いにすりかえられ、意味のない戦争に意味が見出されるという精神的治療が行なわれて、この戦争に「終止符《ジ・エンド》」が刻まれるのである。

ブライアン・デ・パルマ監督の『カジュアリティーズ』(一九八九年)は、米兵たちがベトナムの村から拉致した娘を集団強姦して殺害するが、ひとりだけ参加しなかったエリクソン上等兵(マイケル・J・フォックス)が、上官の脅迫にも屈せず犯罪を告発するという映画である(ジャングルや湿地帯で毒蛇に怯え這いずり回ったベトナム戦争だったが、この映画でトンネルを這ってくるベトコンはまるで蛇のようでもある)。「真実の告白」というアメリカの伝統を継承するエリクソンは、殺害された娘のためにだけではなく、アメリカに正義と良心が残っていることを証明するために戦ったといえるだろう。題名になっている「戦争被害者たち《カジュアリティーズ》」とは、殺害された女性やベトナム人よりも、むしろ、狂気の戦場でレイプを犯した米兵たちのことだけを指しているのかもしれない。『ディア・ハンター』はエディ・アダムズの捕虜虐殺映像を、鏡に映したように「さかさま」にすりかえるという「銀幕／隠蔽記憶《スクリーン・メモリー》」として機能したが、アメリカがトラウマに陥ったベトナム戦争において、国家全体の精神的治療がベトナム戦争映画という「メデューサのスクリーン」を通して行なわれたのである。

# 第二章　聖《セイント》ジョージの竜退治としての湾岸戦争
## ――実在《リアル》の砂漠にようこそ

二〇一四年に「ユニバーサル・スタジオ・ジャパン」では、「ターミネーター2・3D貞子ヴァージョン」という劇場型アトラクションが開催された。ジェイムズ・キャメロン監督の『ターミネーター』において、人類を滅ぼす戦略防衛コンピューター「スカイネット」を開発したサイバーダイン社のCMがアトラクションで流れている最中に、『リング』の貞子がその画面の「ハッキング」を行なうのである。スクリーンには『リング』の井戸から貞子がでてくるシーンが流され、アトラクションのその場には役者が扮した貞子が実際に現れるのである。第七部第三章で論じたように、呪いのビデオテープを見た人間を写真のネガのように硬直させる現代のメデューサ貞子は、映像にまつわる恐怖であり、中田秀夫監督の『リング』では、テレビ画面から貞子が現実の世界にでてくる境界侵犯が戦慄のクライマックスになっていた。この劇場型アトラクション「ターミネーター2・3D」では、「スカイネット」を開発したサイバーダイン社という、いかにも男性的な音の響きの名前をもつ西洋の企業のCMに、貞子という東洋の女が侵入してくるのである。

『ターミネーター』にでてくるコンピューターによる防衛システム「スカイネット」とは、ミサイル衛星やレーザー衛星を地上の迎撃システムと連携させ、敵国のミサイルが本土に到着する前にそれを迎撃しようとするレーガン政権提案の防御システム「SDI計画」をもじったものであった。この

「SDI計画」はSFのような構想を現実化しようとしたために、「スター・ウォーズ計画」と嘲笑されていたのである。泥沼と化したベトナム戦争からアメリカが不名誉の撤退をしたのは一九七五年のことだが、一九八一年から八九年まで、第四〇代大統領を務めたロナルド・レーガンは、需要中心ではなく、供給中心とする経済政策によってアメリカ経済を立て直していた。ベトナム戦争の悪夢から強いアメリカを復活させたということで、ケネディやリンカーンに続くほど人気の高いきわめてアメリカ的な大統領なのである。しかしながら、「SDI計画」など、領土にたいする守りばかりに気を取られ、軍事防衛だけを熱心に進めた結果、そのいっぽうの身体の防衛という点では、エイズをゲイの病だと差別的に想定してしまい、エイズ被害が拡大することになってしまった。

さほど有名ではない映画俳優から大統領までになりあがったレーガンは、『空中殺人』(一九四〇年)で敵機を阻止する超兵器を防護する諜報員を演じた経験があり、『スター・ウォーズ』のような「SDI計画」を考案し、映画のセリフから政治演説をひきだすほど、現実と虚構が交錯する大統領であった。そして、一九八一年の三月三〇日、首都ワシントンDCにおいて、レーガンはジョン・ヒンクリーという若者に暗殺されかけたのである。暗殺未遂犯のヒンクリーは、マーティン・スコセッシ監督の『タクシードライバー』(一九七六年)を観過ぎたあげく、少女娼婦役のジョディ・フォスターのストーカーとなり手紙を送り続けた男だった。ベトナム戦争の帰還兵で大統領候補暗殺を企てたタクシー・ドライバー(ロバート・デ・ニーロ)に感情移入するヒンクリーは、ジョディ・フォスターへの手紙が無視されると、この映画の主人公のように大統領暗殺をたくらんだのである。この事件はオリバー・ストーン製作でリチャード・ドレイファスが出演した『レーガン暗殺未遂事件』(二〇〇一年)として映画化されるが、アメリカの史実がいかに映画／劇的であるかを示している。そして、このレーガン暗殺未遂は、巽孝之にならえば、映画によってつくられた大統領が映画によって殺されたかもしれない皮肉な瞬間であった［『ニュー・アメリカニズム』二九三頁］。

レーガンの後をついで第四一代大統領になったジョージ・ブッシュは、湾岸戦争においてベトナムの悪夢を払拭することに成功したといえるだろう。隣国クウェート併合を発表して侵攻したイラクにたいして、国連が多国籍軍を派遣し、一九九一年一月一七日にイラクを空爆することで湾岸戦争が開始される。一月一六日のスピーチにおいて、ブッシュ大統領は「以前に私は国民にこの戦いが第二のベトナム戦争にならないことを約束した。そして今夜もまたそう約束する」と、ベトナム戦争のあやまちを繰り返さないことを演説していた。事実、わずか一ヶ月程度で多国籍軍は圧倒的勝利を収め、クウェートはイラクから解放されることになった。密林でゲリラという「見えない敵」に翻弄されたベトナム戦争とはちがい、リアルタイムで戦闘が報道される最初の「メディア戦争」となった湾岸戦争は、レーダースコープなどの「視覚の力」で敵を発見し、効率的に攻撃する「ベトナム戦争ではない戦争」としてメディアで報道されたのである。夜の空爆があたかも花火のようであったのはまだ記憶に新しい。米国中央軍司令官ノーマン・シュワルツコフが、イラク空軍を破壊することで、「フセインの目をえぐる」と比喩的発言をしていたことも、湾岸戦争がきわめて視覚的戦争となったことを暗示している［スターケン 二二一頁］。戦争において視覚が重要なのはもちろんだが、湾岸戦争はいかに映像の主権を乗っ取るかという「まなざしの戦争」となったのである。

戦争とともに偵察や撮影用の光学機器が進歩を続け、戦争と視覚とは密接な関係にあるが、じつは映画もそこに絡んでくる。「ツーショット」という単語のように、「撮影される」ことを〈shoot〉の過去分詞〈shot〉であらわすが、英語の〈shoot〉という単語には「撮影する」と「発射する」という二つの意味があり、撮影することの暴力性を示しているといえる。「撮影された」とは「撃たれた」ことなのである。写真の初期によく噂された、撮影されれば魂が抜かれるという迷信の根拠も頷けるような気がする。写真に「撮影／射殺《シュート》」され、擬似的に死んだ自分が切りとられて、そのコピーができるのだから。藤崎康のいうように、二〇世紀の光学機器の進歩により、おたがいに飛躍的発展を遂げた産業が映画と軍事なのである。たとえば、村上由見子は「『スター・ウォーズ』は軍事用の自動追尾システムの〈目線〉を応用し、カメラが猛スピードで林の中を走り抜ける迫力ある映像を作り出した」と指摘している〔『ハリウッド100年目のアラブ』三一三頁〕。共犯関係をむすぶ映画と軍事。「競争《アゴン》」は哲学者ロジェ・カイヨワのいう「偶然《アレア》、模倣《ミミクリー》、眩暈《イリンクス》」と並んで、遊びの四大要素のひとつだが、冷戦時の米ソ競争の結果できたのが光の兵器となる原子爆弾であり、それが進化したのが原子力発電なのである。こう考えるなら、戦争の競争が人類を進化させたことになる。こういった意味では、戦争という競争も遊びの一部になるのだろうか。思いだしてみれば、映画会社「二〇世紀フォックス」のロゴである空に向かってのびる光の線は、空襲を警戒する巨大な対空サーチライトをデザインしたものであり、戦争の痕跡を残している。フランス人の映画の創始者リュミエール兄弟は、一八九五年に「シネマトグラフ」という映画装置の原型を発明したが、フランス語の「リュミエール」という「光」を意味する単語が名前にあったのは、偶然とはいえ、きわめて意味ぶかい。映画とは、フィルムに光をあてることで、「銀幕《スクリーン》」に影を映しだす光と影の装置ゆえに、光ととりわけ親和性が高いものであった。そして、その「銀幕《スクリーン》」には観客たちの不安が「投影《プロジェクト》」されることになる。深層から「隠蔽《スクリーン》」されていた恐怖が。

リュミエール兄弟のシネマトグラフとレントゲン博士によるX線の二つが一八九五年に同時に誕生していた。この二つの発明はどちらも「光」とその裏にひそむ「影」を重要な要素として使うものであるが、やがて、そのちょうど半世紀後にあたる一九四五年には、光の兵器である原爆が投下されたのだった。原爆投下時の閃光と、それによってできた影の映像のことを考察したリピット水田堯は、「広島と長崎における原子爆発は、閃光の一瞬のうちにこれらの都市を巨大なカメラに変えたのである」といい、放射線によって犠牲者たちが地面に焼きつけられことを「放射線撮影された」と表現して、原爆の映像性をついている〔一二九頁〕。冷戦期にソ連の核ミサイルの不安が投影された結果、多数のUFOが当時目撃されることになったが、空は人間たちの恐怖が「投影《プロジェクト》」された「銀幕《スクリーン》」であった。空には人々の不安の影が踊るのだ。東西冷戦さなかの五〇年代は、SF映画の黄金時代であり、アラスカの観測基地に出現したエイリアンの侵入を描く『遊星よりの物体X』(一九五一年)において、「空を見続けろ(Watch the Sky)」という警告の言葉は、時代をとらえたセリフだった。(58) SF小説の父であるH・G・ウェルズの『宇宙戦争』(一八九八年)も、一九五三年にジョージ・パル監督によって映画化されたが、同時多発テロ以後の二〇〇五年にスピルバーグがこれをリメイクしている。現在連日のように空爆の続くイスラム圏の人々は、いったい恐怖の空に何を見ているのだろうか。

スピルバーグの『宇宙戦争』には、『インデペンデンス・デイ』への言及であるかのように、旗が掲げられる独立革命の記念日に、レイ(トム・クルーズ)たちが不安げに砂嵐の吹く空を見あげる。このシーンは崩れ落ちゆく世界貿易センタービルを眺める人々を連想させる。そして、地中に埋まっていたエイリアンの操る兵器が現われる。「光ると広島のようだ」というセリフもあり、兵器から発せられる光線で原爆投下時のごとく人間が跡形もなく灰にされてゆく。同時多発テロでは世界貿易センタービルの倒壊によって、原爆投下時のキノコ雲のような粉塵があがり、その跡地は爆心地を意味する「グラウンド・ゼロ」と呼ばれたが、こうした記憶を『宇宙戦争』は回帰させるのだ。光線が発せられる前に、逃げ惑う男のもったビデオ・カメラが画面に挿入されているように、光線を発するエイリアンの兵器の形は、明らかに三脚に乗ったビデオ・カメラを連想させる。また、隠れている主人公たちを探す先端にレンズのついた蛇のような触手的機械に、同時多発テロ以後の街中の監視カメラ、ブッシュ政権による盗聴行為など、監視の恐怖を吉本光宏は指摘する〔二一四頁〕。そして、レイたちは鏡の後ろに隠れて難を逃れ、監視の触手はその姿が鏡に映ることで「自分の姿《ドッペルゲンガー》」を見ることになるが、斧でこの首を切り落とすのはメデューサとの関連かもしれない。第二部第二章で論じた『ジョーズ』のように、しばしば原爆のイメージを散りばめてみせたスピルバーグは、『宇宙戦争』において原爆という光の映像性と映像の暴力性を暗示してみせたのだった。

　ハイテク・レーダーでゲームのようにミサイルが投下される湾岸戦争は、「ニンテンドー・ウォー」とも揶揄され、死の匂いのない映像が問題視されていた[59]。メディアで報道された夜間の空爆がまるで夜の花火のようだったのは、とりわけ印象的だった。湾岸戦争とは「多国籍軍《アメリカ》」がフセインという「中東の狂人」「バクダッドの屠殺屋」の怪物を制圧する「目的／結末《エンド》」の映画的娯楽として、メディアで報道されていったのである。一九九一年一月一六日、第四一代大統領ジョージ・ブッシュは、サダム・フセインのことを「サダーン〈Saad'm〉」と発音し、あたかも、「サタン〈Satan〉」、「ソドム〈Sodom〉」、「ちくしょう〈Damn〉」などを連想させるという効果を狙った男性的演説を行なった。「世界が躊躇している間に、フセインは何の脅威でもない無力な国を強姦《レイプ》し、侵害《プレッジ》し、略奪《プランダー》した。世界が迷っている間に、フセインは巨大な軍隊をクウェートに侵入《ペネレート》させ、進行させた」と、ブッシュは力説したのである［ブッシュ 三一五頁］。イラクが侵入した隣国クウェートは女性化され、「囚われの乙女」を救おうとするペルセウス的英雄に、アメリカがなぞらえられたのだった。現代の「聖《セイント》ジョージ（大統領）の竜退治」とでも呼びたくなる。

湾岸戦争を報道するメディアでは、イラク兵にレイプされたクウェート女性や米国女性兵捕虜のことが強調され、強姦者としてのイラクの脅威がすり込まれてゆく。クルド人に毒ガスを浴びせ、女性化されたクウェートに「侵入《ペネレート》」し、「強姦《レイプ》」する暴君フセインは、まさしく「現代のドラゴン」にイメージされることになる。クウェート救出に向かうアメリカは、「砂漠の盾」「砂漠の嵐」「砂漠の剣」などの名称の作戦を決行した。イラクのミサイルを撃墜した「パトリオット・ミサイル」、黒一色に塗られた夜戦用のステルス戦闘機「ナイトホーク」など、ゲーム的な名前の兵器が使われ、あたかも「アメリカの竜征伐《アメリカン・ドラゴン・(コン)クエスト》」が開始されたかのようである。すでに見たように、様々な「媒体《メディア》」で構成されたブラム・ストーカーの『ドラキュラ』はドラキュラを抹殺する側の言葉だけで語《か》／騙《た》られた小説だったが、同じように、湾岸戦争もまた一方的で偏った「報道《メディア》」により語《か》／騙《た》られたのである。皮肉にも、十万人以上のイラク人が殺害された湾岸戦争において、メディアが訴えたひとつのイメージは、フセインが流したとされるオイルにまみれて飛べなくなった水鳥の姿であった。イラク人の死体は隠蔽されて、鳥が被害者となった。ところが、このオイル流出はアメリカ軍による攻撃が原因だったのだ。そして、二〇〇三年に存在しなかった大量破壊兵器を口実にしたイラク戦争によって、フセインは処刑されることになったのである。どこかドラキュラの末路と似てはいないのか。

大勝利を収めた湾岸戦争は、映画にもその影を落とすことになった。時空を湾曲するスターゲートを通り惑星に運ばれた米軍が、そこで超能力をもつ独裁者ラーと戦うというカート・ラッセル主演のSF映画『スターゲート』(一九九四年)が製作された。砂漠とピラミッドのような建造物まであるこの惑星は中東をイメージし、「ラー」というイスラム教の「アラー」を思わせる支配者の迫害から、中東の難民のような人民を解放することがアメリカ軍の使命である。『クライング・ゲーム』(一九九二年)では、女と見まちがえられた美形の男という「運命の女」を演じた男優ジェイ・デヴィッドソンが扮したラーは、長髪の中性的イメージで周りに裸体の子供をはべらし、性的倒錯者を意味することでフセインをあてこすっている。アメリカの正義を宣伝するこうした映画にたいして、パロディも製作された。ベトナム戦争後も拉致された捕虜の救出作戦を描いた『ランボー/怒りの脱出』(一九八五年)のパロディとなる『ホット・ショット2』(一九九三年)では、イラクが舞台の捕虜救出が展開する。その冒頭でフセインは女のような胸があり、女装で眠る倒錯者として登場している。第四三代大統領ジョージ・W・ブッシュはイラクを「悪の枢軸国」と呼ぶにいたるが、ヒーロー幻想をあざ笑う『ホット・ショット2』において、レーガンやブッシュを連想させるアメリカ大統領は、「悪の帝国」の手先であるダース・ベーダーに扮したフセインとライトセーバーを構えて対決するという、『スター・ウォーズ』の爆笑パロディまでも展開されるのだ。

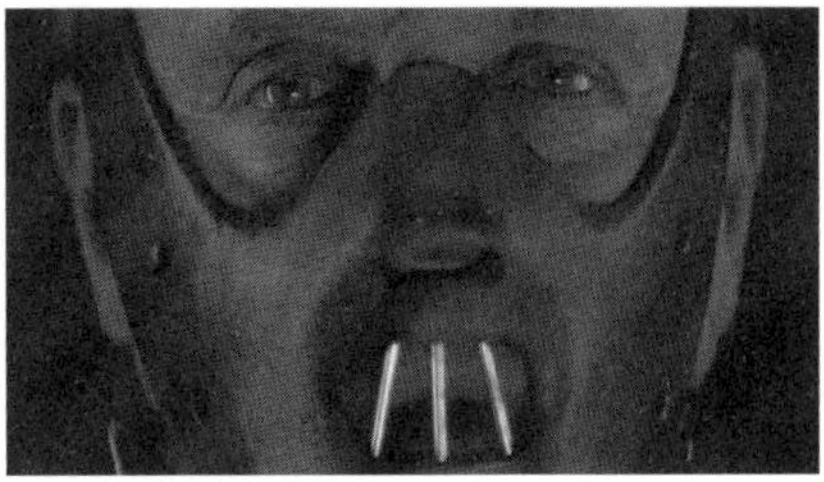

（図34）『羊たちの沈黙』の殺人鬼レクター

ちなみに、湾岸戦争の年に封切られた『羊たちの沈黙』（一九九一年）は、この「まなざしの戦争」に皮肉な視点を投げかけたこともつけ加えておこう。湾岸戦争という「外国」での「体系的」な殺戮が開始され、衛星がイラクを監視するさなか、暗視カメラを使うバッファロー・ビルというベトナム帰還兵らしき男が、「国内」で「単独犯」の殺戮を繰り返す。屈強な身体をした性同一性障害者のバッファロー・ビルは、殺害した女の皮膚を縫い合わせた衣服を着ることで女性になることに憧れており、虚弱な体でしかないレクターは、知性と洗練された雰囲気によって強大な力を有している（逮捕されたレクターの口を封じる拘束マスクが何と不気味なことか）（図34）。この映画には「見る」というイメージが溢れている。新米のＦＢＩ女性捜査官クラリスはバッファロー・ビルを追跡するが、ハンニバル・レクターが精神病院でクラリスに初めて会ったとき、メスメリズムをかけるかのように彼女を見つめ、クライマックスで暗視カメラをかけたバッファロー・ビルは、暗闇で自分の姿は見られることなく、クラリスの位置を見つけて殺害しようとする。男たちに見られる対象でしかなかった女性が、いかに相手を見かえすのかという映画が『羊たちの沈黙』である。クラリスに射殺された後、その巨大なゴーグル的暗視カメラがあたかも勃起したペニスのようにも見えるのは、男性セクシュアリティのパロディであるかのようだ（図35）。

湾岸戦争において、現実の湾岸戦争は映画のように、あるいはゲーム映像のように報道され、中東の砂漠を宇宙の砂漠におき換えた『スターゲート』は、難民を救済する聖戦として湾岸戦争を正当化していた。湾岸戦争での虐殺が「隠蔽《スクリーン》」されて、ベトナム戦争のトラウマは湾岸戦争の勝利に覆われたかのように思えたのである。アメリカン・ゴシックにおいて語り手の「正気／正義」が疑われたのとは反対に、大衆メディアはアメリカという国家の「正気／正義」を確立しようとする。こう考えてみれば、アメリカに都合のよい「銀幕《スクリーン》」のなかに映し変えられた現実世界を、ハリウッド映画のように我々は眺めてはいないのだろうかという気になってしまう。「銀幕《スクリーン》」は「記憶《メモリー》」をつくりあげるのだから。湾岸戦争関連の報道では、映画としての現実を見せられていたのかもしれない。メデューサという見ることで相手を石にする怪物を、ペルセウスは盾に姿を写し取って征伐していたが、相手や現実を映しかえる力を、高山宏が「メデューサの鏡」と呼んでいたことは前章ですでに述べた。現在その「銀幕の盾《スクリーン・メモリー》」を手にしているのはハリウッドなのである。

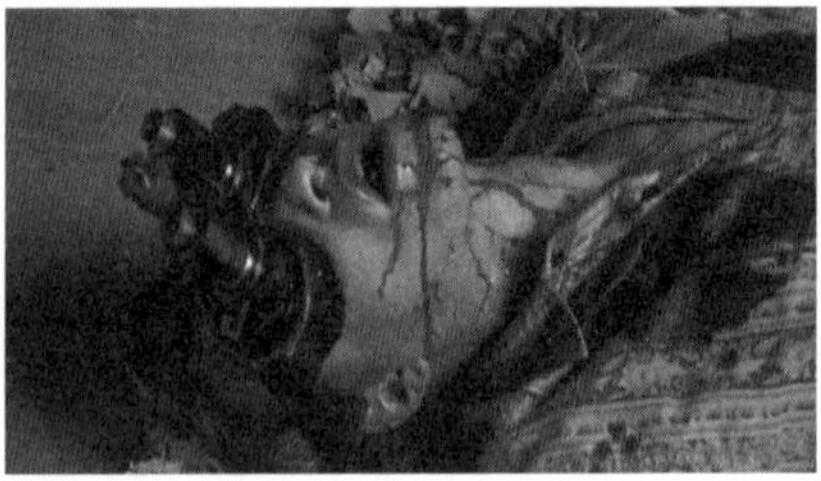

（図35）暗視ゴーグルのバッファロー・ビル

この章の最後に、人類がコンピューターに支配され仮想現実を現実だと信じ込み、エネルギー源として利用されている『マトリックス』（一九九九年）のことを思いだしてほしい。人類を救済する主人公ネオを覚醒させる案内人モーフィアスは語っていた。「実在《リアル》の砂漠にようこそ」と。この「実在の砂漠」という言葉は、オリジナルなき「摸造品《シュミラークル》」によって実在《リアル》がぼやける時代を考察したフランスの思想家ジャン・ボードリヤールの『シミュラークルとシュミレーション』（一九八一年）からの引用である。そして、『マトリックス』の翌年である二〇〇〇年には、新世紀を迎えた瞬間にコンピューターが誤作動を起こし、大規模な混乱が勃発し、核戦争が起こる脅威までも囁かれた「Y2K問題《ミレニアム・バグ》」が浮上したのである。コンピューターHALが「瑕疵《バグ》」によって乗組員を殺害したのは、スタンリー・キューブリックの名作SF映画『二〇〇一年宇宙の旅』(一九六八年)においてだった。コンピューターの反乱はサイエンス・フィクションという「虚構」がずっと煽り続けた恐怖であり、それがなければ、世紀末のコンピューターの誤作動で起こる不安がもたらす「Y2K問題《ミレニアム・バグ》」のこれほどのパニックはなかったのではないだろうか。ネオの身体には機械の「昆虫《バグ》」が皮膚を喰いちぎり侵入していたが、虚構と現実の区分の壁さえも喰いちぎる「瑕疵《バ》／害虫《グ》」、それが「Y2K問題《ミレニアム・バグ》」だったのかもしれない。

さらに二〇〇一年には、ハリウッド映画を思わせた同時多発テロが勃発することになるのだから。

# 第二章　映画としての同時多発テロ——アメリカン・ドラゴンクエストのゆくえ

現実の映画化という現象は、ハリウッド映画が現実化したような同時多発テロにおいて、ますます加速してゆくようになる。世界貿易センタービルに亀裂が走り崩壊してゆく終末的光景を、リアルタイムの映像で目撃した我々は、以前にそれをどこかで見たものだと感じた。世界最高峰の超高層ビルの火災を描いた『タワーリング・インフェルノ』（一九七四年）になぞらえる人間もいたが、それは映画の記憶においての「既視感《デジャヴ》」だったのだ。我々はこの前代未聞のテロリズムを映画の枠組みで理解しようとしたのかもしれない。現代的テロリズムが映像を介して行使されるのであれば、それは演じられる見世物となり、必然的にスペクタクルを伴うことになる。テロリズムが人間の「まなざし」を前提とする以上、表象できないテロリズムはありえないともいえる。こうした意味では、映画とテロリズムとはきわめて相性がよいものなのである。四方田犬彦の言葉を借りれば、映画にとってテロリズムは「特権的なまでに繰り返されてきた主題」になるのも無理はない［一二頁］。

たとえば、D・W・グリフィス監督の『国民の創生(The Birth of a Nation)』（一九一五年）は、南部白人たちの秘密結社「クー・クラックス・クラン」が、黒人の国家をつくろうとする解放された黒人奴隷たちを打倒するという最初のアメリカ長編映画である。この映画がアメリカ映画を完成させ、「フィルム・ネーション」としてのアメリカという「国家」を「誕生」させたと言っても過言ではない。

黒人の帝国をつくろうとするサイラス・リンチは白人女性を強姦しようとするし、映画のクライマックスでは黒人たちに包囲されて絶体絶命の白人たちを、白装束の「クー・クラックス・クラン」たちが救出に駆けつける。「国家の誕生」という意味のタイトルをもつこの最初のアメリカ映画において、黒人という黒い敵によって白人という「国民の創生」がなされていたことを見落とすことはできない。国家形成時の集合的記憶としての「リンカーンの暗殺」が『国民の創生』において再現されて以来、映画は数多くのテロリズムを映画化してきた。同時多発テロは人々の「既視感《デジャヴ》」を誘ったが、「アルカイダの青年たちは、そうしたアメリカ映画が作り上げた集合的記憶に、現実の形を与えただけであったのかもしれない」と四方田犬彦はいう〔iii頁〕。

二〇〇一年の九月一一日は、現場にいた人々は呆然と空を見あげ、現場にいない人々はテレビ画面に釘づけになる「地球の静止する日」となった。世界で最も多くの人間に最も多く繰り返して観られた「映像《えいが》」が誕生したのである。同時多発テロは映画から着想され、現実が映画を演じていると、その映画的側面が多く指摘された(むろん、その反映画的要素も主張されている)。たとえば、マイケル・ベイ監督の『アルマゲドン』(一九九八年)の冒頭では、タクシーに乗って買い物にゆく松田聖子たちが「ここはニューヨークだから何が起きるか分からない」と話す最中に、隕石群が落下してくる。「テロだ」「戦争だ」「サダム・フセインだ」と叫び声があがり、煙を立ちあげ炎上する世界貿易センタービルがクライマックスとして場面を締めくくる。このシーンにはゴジラの人形をもった力士が登場し、散歩中の犬がゴジラの人形に噛みつき、同年に公開されたローランド・エメリッヒ監督の『ＧＯＤＺＩＬＬＡ』のパロディを展開するが、エメリッヒの映画でゴジラに襲われニューヨークの高層ビルが粉塵をあげて倒壊してゆくシーンは、同時多発テロ映像と見まがうばかりで、ハリウッド映像の正確さを思い知ることになった（『メテオ』（一九七九年）において、米ソ両陣営が協力して核ミサイルで隕石《メテオ》を爆破したように、『アルマゲドン』では隕石内部に核爆弾を埋め込み爆発させるという「核の平和利用」が描かれる）。

　ところが、同時多発テロの犯人は、『アルマゲドン』で叫ばれたようにフセインではなかった。首謀者ビンラディンの二一世紀最大の「悪の顔」が、メディアに刻みつけられてゆく。しかしながら、すでに同時多発テロのその年、リドリー・スコット監督の『ハンニバル』（二〇〇一年）にビンラディンは「出演」していたのである。レクター博士の情報を探ろうとする刑事が、懸賞金のかかった世界十大凶悪犯を登録するFBI極秘サイトにアクセスする。犯罪者の顔が次々に現われ、ビンラディンに続いて、現代の人喰い人種としてのハンニバル・レクターが画面に浮かびあがるのだ。ハンニバル・レクターと並ぶオサマ・ビンラディン。あるいは、オサマ・ビンラディンと並ぶハンニバル・レクター。虚構と現実が溶け合い、二人は神話的な恐怖の存在として肩を並べる。ビンラディンは世界で最も有名なテロリストになった。悪の顔としてのビンラディン、そして、その正反対にあるべきなのが、第四三代大統領ジョージ・W・ブッシュの顔ではないだろうか。

　しかしながら、ブッシュから大統領という仮面を剝ぎとれば、そこにはビンラディンが現れはしないだろうか。たとえば、インドの作家アルンダティ・ロイは、ビンラディンを「大統領の暗いドッペルゲンガー（分身）なのだ。すべての美と文明の裏面の野蛮な分身なのである」と主張している。「いまやブッシュとビンラディンは、たがいのレトリックを真似し始めた……どちらも疑いようのない政治的な犯罪に手を染めている。どちらも危険な武器を手にしている。ブッシュは目を背けたくなるほど強力な核兵器を保有している。一方ビンラディンは、完全に絶望した者だけがもつ破壊的な力を発揮している」［七四、五頁］。大統領の制服ともいうべき、ダークなスーツに赤いネクタイを締めたブッシュ、迷彩塗装服を着て自動小銃をかまえるひげ面のビンラディン。メディアにおいて正反対の二人の写真が並べられるとき、そこには文明と野蛮、理性と本能が対比される。アメリカは対極のイメージをまとったビンラディンを、野蛮で異常な敵に捏造した。しかしながら、もともとソ連の南下に対抗すべくアメリカが訓練していたビンラディンは、アメリカが生み落としたフランケンシュタインの怪物だともいえ、抹殺すべき分身としての影である。分身としてのブッシュとビンラディン。

ビンラディンは「ジェロニモ」というコードネームで呼ばれ、アメリカ史上「最大のお尋ね者」になった。「ジェロニモ」とは、最後まで白人に抵抗を続けたアパッチ族の指導者の名であり、『駅馬車』（一九三九年）など映画史に登場するインディアンの「悪の記号」の代表である。正義の「カウボーイ」としてテキサス出身のブッシュ大統領は、悪の「ジェロニモ」であるビィンラディンを西部劇まがいに追跡し、アフガン空爆やイラク戦争と戦争が遂行されてゆく。二つの力が衝突する映画は、帝国主義をときに煽り、ときに疑問を投げかけるのである。ベトナム戦争末期には、「アメリカン・ニューシネマ」という映画群が台頭し、意味なく死んでゆく若者たちがスクリーンで涙を誘っていた。たとえば、同性愛者であるジョン・シュレシンジャー監督の『真夜中のカーボーイ』（一九六九年）は、テキサスからニューヨークにでてきたカウボーイとバイセクシャルの浮浪者の「友情と死」を描いている。そして、その現代版というべき台湾系アン・リー監督の『ブロークバック・マウンテン』は、秘められた二人のゲイのカウボーイの「愛と死」を扱っている。この映画は二〇〇六年にアカデミー賞三部門受賞という快挙を果たし、ブッシュのカウボーイ的政治学に否定を突きつけたのである〔塚田「ゲイ・カウボーイと自閉するアメリカ」一六二頁〕。

太平洋戦争において「男根的象徴《ファリック・シンボル》」の原爆キノコ雲がわきあがり、日本を去勢することになった原爆投下とは逆に、同時多発テロでは、米国経済を支えてきた二本の脚であった世界貿易センタービルが、噴煙をあげて崩れ落ちていった。「男根的象徴《ファリック・シンボル》」としてそびえてきた世界貿易センタービルがない跡地は、あるべきものがない「去勢」をあらわす場所となった。テロの意味を把握できずにトラウマに陥ったアメリカ人たちにとって、この高層ビルがない「穴」は意味づけを拒もうとする解釈の「穴」でもあった。その跡地が原爆の爆心地を意味する「グラウンド・ゼロ」とメディアで命名されたのである。テロの被害地を「グラウンド・ゼロ」と呼ぶことは、アメリカを原爆の被害地にすりかえようとする行為であり、広島と長崎に原爆を投下した罪悪感、イラク戦争で劣化したウラン弾を使用したことを正当化したいという欲望などが絡みあっている。アメリカは原爆投下という過去を記憶から「隠蔽」しようとしてきたが、そうはいかない。エメリッヒ監督版のゴジラが「マンハッタン計画」という原爆製造計画の場所であったニューヨークへ「不気味なもの」として襲来してくるように、「抑圧」されていた原爆の記憶は、同時多発テロにおいて形をかえて「回帰」してきたのである。

これまで核実験のキノコ雲は「見える技術力」として娯楽的スペクタクルの映像となってきた。すでに第八部第二章で触れたように、強烈な光を放ち、影の映像をつくりだした原爆の映画的要素は興味ぶかいが、ピーター・クラン監督の原爆ドキュメンタリー映画『超破壊核戦争――滅亡のエピローグ(Trinity and Beyond)』(一九九五年)のアメリカ版のＤＶＤジャケットには、一九五四年の五月二四日のブースティング原理初実験時に、バカンスのようにビーチでゴーグル眼鏡をかけて、椅子にもたれてキノコ雲をスペクタクル映像として楽しんでいるような人々が、あたかも映画館の観客のように揶揄されて描かれている（現在では3D眼鏡をかけて立体映像を楽しむ「3Dムービー」のみならず、シートが動き風や香りまでする「4Dムービー」のように、映画は体感型アトラクションへ移行しているが、このドキュメンタリー映画は、日本では『ザ・アトミック・ボム3D――核実験体験ムービー』として3D映像のDVD化されている）。映画的光景が銀幕からあたかも飛びだしてきたような「現実」を実際に「体験」した同時多発テロにおいて、安全な海上ではなく、間近なニューヨークの空に巨大なキノコ雲がそびえたつのを、アメリカ人たちは皮肉にも目撃することになったのである。

また、事件後の講演において、思想家エドワード・サイードはメルヴィルの『白鯨』を持ちだし、ブッシュ政権によるビンラディンの追跡を批判する。ビンラディンを「白鯨のような世界の悪の象徴」として執拗に追い求めるブッシュを、足を喰いちぎった白鯨を追跡するエイハブにたとえたのである。「エイハブ船長は、自分のモリのロープに絡めとられ、白鯨と共に海に引きずり込まれ、死の運命に向かう。自滅的ともいえる最後であった」と述べている〔一〇八－九頁〕。だが、サイードの記憶は誤っていた。エイハブがロープでつながれ白鯨と共に海中に消えるのは、ヒューストン監督の『白鯨』であり、原作ではエイハブではなく拝火教徒のフェダラーである。映画化にあたってフェダラーは「消えた男」として「暗殺」されてしまった。サイードの記憶錯誤について巽は示唆に富む指摘を残している。マット・ウエルカーの政治風刺漫画では、ソ連をあらわす「赤い鯨」にSDI計画のミサイルで挑むレーガン、不況などの社会問題を表現する鯨やサメと戦うジョージ・ブッシュ大統領などが描かれたが、映画や風刺漫画など映像のすり込みを受け、サイードは記憶錯誤を犯したと推測するのである〔『「白鯨」アメリカン・スタディーズ』九七―一一七頁〕。「記憶《メモリー》」を構築する「銀幕《スクリーン》」の影響力が窺い知れるだろう。記憶をつくる盾は最強の武器になる。

「アッシャー家の崩壊」において、エセルレッドは竜を殺しても「真鍮の盾」を手にすることができなかったが、世界を都合よく移《う》／映《つ》しかえる「メデューサの鏡」という「銀幕の盾《スクリーン・メモリー》」を獲得しているのは、ハリウッドではないだろうか。映画的テロを仕掛けたビィンラディンは、「銀幕の盾《スクリーン・メモリー》」を奪おうとしたのかもしれない。同時多発テロ映像は世界で最も数多く「再生」されたメガヒット「映像《えいが》」となった。前章ですでに述べたように、「ターミネーター2・3D」のアトラクションにおいて、貞子はCM画面の「ハッキング」を行なったが、ビィンラディンは二機のジェット機のみならず、世界のメディア画面の「ハッキング」に成功したのである。映画的スペクタクルで彩られた同時多発テロは、映画によって敵を竜につくりかえて抹殺してきた「フィルム・ネーション」が、映画によって崩壊せしめられる危機だったのだ。しかしながら、アメリカを否定したはずのテロリストたちが、ハリウッド映画の洗礼《かんせん》を受けたスペクタクル攻撃を行使したのは皮肉なことではないのか。ハリウッド映画的な同時多発テロは、善と悪の対決という映画的図式におき換えられ、被害者たちが悪に立ち向かう物語へとたやすく横滑りするからである。アメリカ人たちを震撼させた同時多発テロは、テロの映像を繰り返し報道する「銀幕／隠蔽記憶《スクリーン・メモリー》」によって、被害者としてのアメリカが強調され、中東への介入を可能にしようとする欲望が実現した瞬間でもあった。

そして、二〇一一年の五月三日には、隠れ家に特殊部隊が突入し、ビィンラディンは射殺されることになった。作戦名は「現代の竜退治」のような「ネプチューンの槍」だった。しかしながら、これが国家による「暗殺」であるのは否定できない。銃撃戦の様子はホワイトハウスに中継され、オバマ大統領たちも観ていた。最も多くの人間に鑑賞された同時多発テロという映画的な映像は、一部の重鎮たちだけが鑑賞する「極秘映像」になって「終止符《ジ・エンド》」が打たれたのである。一九九九年のコロラド州コロンバイン高校での銃乱射事件において、『マトリックス』を思わせる「トレンチコート・マフィア」と名乗る二名の高校生が銃を乱射し、一四名が射殺された。その影響として無差別に人間を射殺しゆくシューティング・ゲーム『ポスタル』、レオナルド・ディカプリオが黒いトレンチコートを着て学校で銃を乱射する夢のシーンが含まれる『バスケットボール・ダイアリーズ』(一九九五年)などが指摘されていた(二〇〇五年には犯人の視点で殺戮を行なうシューティング・ゲーム『スーパーコロンバイン大虐殺RPG』が製作されている)。二〇〇二年の首都ワシントンDCの連続狙撃射殺事件では、数日にわたって十名の人間を射殺した二人組の黒人の一人は、動機については『マトリックス』を見ろと答えたという。若者たちの現実と虚構の混乱が囁かれるが、世界のヒーローになりきろうとするあまり現実と虚構を混同してしまったのは、映画国家のアメリカのほうではないのか。

シューティング・ゲームにおける「FPS《ファースト・パーソン・シューテング》」とは、狙撃手の「一人称の視点」からゲームが進行するものだが、その源流をたどれば、セルジオ・レオーネ監督の『荒野の用心棒』(一九六四年)の冒頭で、クリント・イーストウッドが拳銃で複数の敵を一瞬で射殺するシーンは、主人公が持つ銃の視点から撮影されているためにきわめてFPSであり、そのオープニングのアニメーション的タイトル・クレジットもまたゲーム的要素をそなえている。また、プレステの戦闘ゲーム『メタルギア』シリーズを監修した小島秀夫は、殺人鬼の視点が導入された『ハロウィン』(一九七八年)を参考にしたという。銃撃が一人称の視点から描写されるFPSは、たしかにユーザーを攻撃者に同一化させる。第一部第一章で述べた酒鬼薔薇聖斗による連続殺傷事件のように、凶悪事件が起こるたびに、ゲームや映画が利用者を虚構の世界に埋没させたとするメディア報道が少なくない。そのいっぽうで、「オタクたちがすべて精神病患者というわけではない以上、虚構と現実の区別がつかなくなることはありえない」という東浩紀のような指摘にも頷ける。(60)そして現代において、「極秘映像」が公開されるという構造で、虚構と現実を撹乱する「POV映画」が大流行しているのは見過ごされてはならない。それは、ありえない虚構を現実という偽装で見せることで虚構と現実の混同を皮肉り、それを治療しようとする試みなのかもしれない。

同時多発テロ以後、『ドラゴンクエスト』のゲームのような「物語」が世界を支配する危険を大塚英志は警告していた。「日米同盟という言葉は、主役としてのアメリカの物語に脇役としての日本がいかにコミットするのか」という感覚であり、アメリカ主導型の「ゲーム的物語」によって動かされている世界において、「ロール・プレイング・ゲームのパーティに日本が加わるか、加わらないか、といったリアリティに、日米同盟という言葉は近い」と批判したのである(『物語消滅論』一八〇―一頁)。「物語」は人間の世界認識の雛形として影響力をもち、共同体を構築するのも「物語」だ。「現実」を構築するのもまた「物語」だといえる。そして、世界は「アメリカの物語」に支配されようとしている。同時多発テロ後にジョージ・W・ブッシュ大統領は空母で戦闘機に乗り込み、『トップ・ガン』(一九八三年)のようなパフォーマンスを見せつけたが、ハリウッド映画のような同時多発テロは、大統領が英雄を演じるアメリカ映画的RPGに組み込まれてしまった。そして、皮肉なことに、倒壊した世界貿易センタービルをイメージして、空にまっすぐに延びる二本の巨大な直線の光のメモリアルを放ったその跡地には、ワールド・トレード・センタービル1が西半球で最も高いビルとして君臨することになった。しかしながら、日本がアメリカの物語のパーティに参加するという理由は、二つの国家が同盟国だからという以外には何もない。どうして戦うのかという物語はそこにないのだ。

　竜殺しの失敗を描くポーのテクストにおいて、語り手たちが正気か狂気かが疑われたように、アメリカン・ゴシックは国家の「正気／正義」に揺さぶりをかけ警鐘を鳴らしてきた。文系学部の存続が問われ文学が衰退しつつある現代、物語の復活が望まれてならない。古典的な意味での物語を扱ってきたのは、「文学批評」であり、もともと「批評《クリティーク》」とは「物語批判」を意味したことを大塚英志は強調している〔『物語消滅論』二一二頁〕。今ではディスカウント・ストアの名前としてしか知られないスペイン作家セルバンテスの小説『ドン・キホーテ』（一六〇五年）では、騎士道小説を読み耽るあまり自分を騎士だと信じ込んだドン・キホーテは、巨人だと思った風車に突撃するまでに虚構と現実を混乱することで、英雄物語そのものをパロディにしていた。領土が侵犯される恐怖が煽られることで、集団的自衛権が確立され、安全保障法案が可決されてしまった現在、虚構と現実を混乱してしまったドン・キホーテのようなアメリカ中心のパーティに日本が組み込まれ、サンチョ・パンサのような従者となりゆく危機にこそ、「文学批評」は立ちあがるべきだ。世界を動かしているアメリカの「物語」を「批判」してゆくために。本書が「竜殺しの物語」を再検討する意味はここにある。

# 註

◆第一部第一章

（1）一九六七年から開発され、労働組合系の人々による「平等と友愛の街」となるはずの神戸市須磨区のニュータウンでこの事件は起こっていた。重松清の『定年ゴジラ』（一九九八年）では、ローンで購入したニュータウンのマイホームの価値低下に憤っている定年のサラリーマンたちは、見えない人工的な力に支配されていることを感じ、保存されていたニュータウンの模型を見つけゴジラになったつもりで咆哮しながら壊してゆくが、酒鬼薔薇聖斗はニュータウンの虚構性を暴露したともいえる。

（2）「これからも透明な存在であり続けるボクを、せめてあなたたちに空想のなかだけでも人間として認めて頂きたいのである」と声明文に書いた少年Aは、すべてのものが偽物であるという非現実感に襲われていたのかもしれない。犯行声明もまたコミックや映画からの引用の寄せ集めであったが、様々な文学の引用を散りばめた『絶歌』によって、被害者の遺体を「部分《バラバラ》」に分解した少年Aは、「断片的《バラバラ》」な記憶を結び合わせ、『絶歌』を書くことで、自己を「縫合」しようとしている。それどころか、殺人という命を奪う行為によって、生命を誕生させようとしていたようである。被害者を殺害した当時に少年Aは、「僕は事件を起こしながら、『怪物映画』を頭の中のビデオで撮っていた。フランケンシュタイン博士よろしく、あちこちから採集した言葉やイメージの断片を繋ぎ合わせ、自分だけの『怪物の物語』を造り上げた」と、フランケンシュタインの名前をあげている［七七頁］。また、『絶歌』の最後に「溶接工時代は小説を読むことに没頭したが、会社を辞めてからは、自分の物語を自分の言葉で書いてみたい衝動に駆られた。記憶の墓場を掘り返し、過去の遺骨をひとつひとつ丁寧に拾い集め、繋ぎ合わせ、組み立て、朧に立ち現れたその骨格に、これまでに覚えた言葉で丹念に肉付けしていった。法医学者が白骨死体から生前の姿を再現するように、僕は自分の喪われた人生に、その抜け殻のような人生に、言葉でもう一度息を吹き込みたかった……僕にとって『書く』ことは、自分で自分の存在を確認し、自らの生を取り戻す作業だった」とも記している〔二八〇—一頁〕。

(3)「閑さや岩にしみ入る蝉の声」というように、静寂をきわだたせるには騒音が必要なように、現実にリアリティを与えるには物語という虚構がいるのである。

◆第一部第二章

(4)日本では男性の背中の登り竜などの刺青は竜の力を取り込む行為だが、デヴィッド・フィンチャー監督の『ドラゴン・タトゥーの女』(二〇一一年)では、背中にドラゴンの刺青をした女性リズベットは、自分をレイプした保護観察官の胸に「私はレイプをした豚だ」という文字を刻む強靭な女性であり、少女の失踪事件を探る主人公の相棒として活躍する。

(5)帯のキャッチコピーが「ドラゴンも焼けば美味い」の丸井諒子の『ダンジョン飯』は、3DダンジョンRPGのパロディを試み、地下迷宮を舞台にこれまで人間を食べてきたモンスターたちを、逆に人間側が様々な調理方法で食べるという(グルメ)コミックである。

(6)古典的な「文学としてのRPG」としては、スーパーファミコン用ソフト『イーハトーヴォ物語』(一九九三年)をあげることができる。宮沢賢治がなくした七冊の手帳をイーハトーヴォで探すというもので、「グスコーブドリの伝記」「オツベルと象」「ゼロ弾きのゴーシュ」などの物語が利用されている〔八尋 二四六—五七頁〕。

◆第一部第三章

(7)『羊たちの沈黙』シリーズ第二作『ハンニバル』では、レクターに麻酔をかけられた男性が脳を切り取られて、調理された自分の脳を食べさせられるという究極の悪趣味な「人喰い《カニバリズム》」が展開する。

(8)カニバリズムは多くの映画でテーマになるが、『ソイレント・グリーン』(一九七三年)では、人口増加で深刻な食糧不足に見舞われた二〇二二年の格差社会が描かれている。肉や野菜などといった本物の食料品を手にできない人間たちは、プランクトンでつくられた「合成食品《ソイレント・グリーン》」というソイレント社の製品によって生き延びていた。だが、主人公はこの製品の原料が人肉であることを発見する。他人を食べることで生き残るこの近未来は、老人を食いものにするオレオレ詐欺が横行する現代の日本にも当てはまるだろう。カニバリズムで不要な人間を跡形もなく消滅させる「合成食品《ソイレント・グリーン》」という「リサイクル製品」だが、ナチスは虐殺したユダヤ人の人皮で椅子のカヴァー、マスク、ランプ・シエイドなどの「リサイクル製品」を製作しており、「合成食品《ソイレント・グリーン》」はある意味でアウシュヴィッツという「死の生産《リサイクル》の工場」でつくられているようなものだ。人肉ソーセージをつくる一家が登場する『悪魔のいけにえ』のモデルになった殺人鬼エド・ゲインは、ナチスの行為同様に、人間の皮から装飾品をつくっていた。

(9)たとえば、伊丹十三監督の『マルサの女2』(一九八八年)の導入部分は、人喰い人種の記号を巧みに使っている。バブル期の利権に絡む男たちが料亭でカニを貪っているが、地上げ業者の水死体のことが話題にあがり、膨れあがった死体はカニに喰われたのかもしれないと言われる。背後にはサンバ的な音楽も流され、擬似的に人間の血肉を啜って利権を得ている企業の男たちが、死体を食べたカニを食べることで間接的に人間を食べる「現代の人喰い族」として風刺される。また、和歌山県太地町でのイルカの追い込み漁を盗撮し、イルカを鯨の肉と偽装して販売していることなどを告発し、アカデミー賞長編ドキュメンタリー賞を受賞したルイ・シホヨス監督の『ザ・コーヴ』(二〇〇九年)は、「人喰い《カニバリズム》」の記号を利用した映画だともいえる。冒頭の冷凍マグロに銛をふるう業者、入り江に追い込んだイルカを銛で突きまくる漁師たちと、残酷な日本人の姿が強調され、イルカ漁の描かれ方に日本では抗議が噴出した。哺乳類であり人間と同等に頭が良いイルカを食べる日本人の「同族喰い《カニバリズム》」が非難されるわけだ。虐殺されたイルカの血で「入り江《コーヴ》」が真っ赤に染まるクライマックスの映像は、「イルカのアウシュビィッツ」としての日本を捏造するのに、圧倒的な説得力を発揮した恐怖のシーンである。

(10)一九九二年に三國連太郎が船長を演じて映画化された武田泰淳の小説「ひかりごけ」(一九五四年)では、一九四三年に日本陸軍の徴用船が難破し、真冬の知床岬に漂着した船長らの一行は、仲間の遺体を食べて生き延びてゆく。ひかりごけは罪の徴であり、人間を区別するものとして浮かびあがる。人肉を食べた船長は「あなた方と私は、はっきり区別できますよ。私の首のうしろには、光の輪がついていますよ。よく見て下さい。よく見ればすぐに見えますよ」と皮肉にかたるのである[二二五頁]。

(11)悪としてのインディアンは映画史に数多く登場したにもかかわらず、人喰いインディアンは見受けられないが、『ワイルド・アパッチ』(一九七二年)では、将校の死体に群がり腸をひきずりだすインディアンたちの姿が、死体を食べるゾンビのようである。

(12)現代は人が人を喰う「弱肉強食《カニバリズム》」の世界へと移行しているならば、人が人を喰うゾンビが時代の寵児となるのは不思議ではない[西山『恐怖の君臨』三章参照]。ゾンビを「労働者」の隠喩だと考えるジョージ・A・ロメロ監督は、黒人ゾンビに指導されたゾンビ集団が超高層ビルを攻撃する『ランド・オブ・ザ・デッド』(二〇〇五年)において、帝国主義への抵抗を描いていた。一九八五年、有機体と機械、男と女の境界線の融合を推進するSF作家ダナ・ハラウェイは「サイボーグ宣言」を唱えたが、格差社会の底辺で生きる主人公が、ゾンビがうごめく終末的日本を戦い抜いてゆく花沢健吾のコミック『アイアムアヒーロー』の第五巻では、「学歴も美貌も権力もカリスマもかまれたらみんな平等にゾンビ、最高じゃん」というネット上の書き込みがなされ、格差社会となった日本におけるあたかも「ゾンビ宣言」のようでもある。ちなみに、宮藤官九郎のシネマ歌舞伎『大江戸りびんぐでっど』(二〇〇九年)では、くさやの汁によってゾンビに変身して生きる人間が派遣として酷使されている。人種や階級が違っていても、消費者としては皆同じなのであると、『ゾンビ』の攪乱的要素を指摘できるように、「食べる」ことで抵抗を見せる「祝祭的人喰い(cannibal carvivalesque)」によって、ゾンビは格差社会の不平等に挑戦するのである。

◆第二部第一章

(13)「スターバックス・コーヒー」のロゴは歌声で船乗りを誘惑し、船を難破させる人魚セイレーンであり、最初の全身の人魚のロゴは、女性が足をひらいているようだと批判され、現在のものに変更された。歌声で船を難破させる「セイレーン」は「サイレン」と同根の言葉だが、この「人魚伝説」と「サイレン」を関連づけたのは、プレステのゲームを映画化した『サイレン(Forbidden Siren)』(二〇〇六年)であり、島民全員が消えて生き残った男がサイレンが鳴れば、外に出てはならないと「警告」する謎が解き明かされる。

(14)遭難時などに起こる食人行為は人々の関心の的である。たとえば、一九七二年にウルグアイ空軍の飛行機がアンデスの雪山に墜落し、生き残った二九名が死亡した仲間の死体を食べた事件は、ブラジルのドキュメンタリー映画『アンデスの聖餐』(一九七五年)、イーサン・ホークが主演した『生きてこそ』(一九九三年)、フランスのドキュメンタリー映画『アライブ――生還者』(二〇〇七年)のように、たびたび映画化されている。また、太平洋戦争末期のフィリピン戦線において、飢餓状態から人肉を食べる欲望に駆られた兵士を描く大岡昇平の小説『野火』(一九五一年)が、安保法案論争に揺れた戦後七〇周年の二〇一五年、『鉄男』の鬼才塚本晋也によって二度目の映画化を果たしている。

◆第二部第二章

(15)殺人犯の視点が取り入れられたのが『ハロウィン』だが、「私立探偵《プライベート・アイ》」とは手がかりを見逃さない眼光鋭い存在であり、レイモンド・チャンドラー原作を映画化した『湖中の女』(一九四七年)は、探偵フィリップ・マーロウの視点だけで映画が構成されている全編一人称の視線の映画である。

(16)「過食症《たべすぎ》」による肥満の「食べる女」も脅威だし、「拒食症《たべない》」という行為で父権性社会に抵抗する「食べない女」もまた脅威であり、両方とも矯正の対象となる。「食べること」と「性交すること」はつながるが、今村昌平監督の『楢山節考』(一九八三年)では、主人公の老女が年老いても歯がまだ三二本あることを嘲笑され、恥じて自ら歯を抜くシーンが展開する。神話において「牙の生えた膣《ヴァギナ・デンターター》」の脅威を示す女の怪物退治が繰り返し描かれてきたように、『楢山節考』のこのシーンは、老いてもまだなお女が「食べる/性交する」ことが、怪物的行為だと考えられることを示している。肥満は今でもフリークとしてメディアに登場するいっぽうで、また、痩せた身体も見世物となっている。スティーヴン・キング原作を映画化した『痩せゆく男』(一九九六年)のジプシーの呪いで痩せ続ける肥満体の男性弁護士、ブラッド・アンダーソン監督の『マシニスト』(二〇〇四年)の不眠症のために痩せてゆく機械工など、これらの不気味な痩身の身体は、映画のなかのフリークショーとなっている。また、拒食症についての「症例研究《ケース・スタディ》」として患者のドキュメンタリーが大量に出版されており、痩せた身体の様子とその原因が克明に描写されるが、それは拒食症がエンターティメントであることも示している。「症例研究《ケース・スタディ》」は拒食症の原因をさぐる「推理小説」にも近づくのである。「食べる女」も「食べない女」もフリークだとすれば、どうあっても女は怪物化されるのだろう。

(17)小野俊太郎は海中にひそみ船を沈めるゴジラに『海底二万里』の潜水艦ノーチラス号の脅威を指摘している〔『ゴジラの精神史』五四―五頁〕。

### ◆第二部第三章

(18)この意味では、戦争で片目を失った芹沢博士が新兵器を使いゴジラと共に海中に消え去るラストシーンが、白鯨と共に海中に沈んでゆく義足のエイハブによって、二年後に反復されたといってもよい。

(19)山の向こうに姿を見せ、巨大な足跡を残すゴジラは、ダイダラボッチなど巨人の図像でもあるが、安政大地震前の一八五四年にペリーの黒船が二度目に来襲してきており、「城鬼船」とも書かれた黒船の「蒸気船」は、その百年後に海の向こうから姿を見せるゴジラと重なるのである〔小野『ゴジラの精神史』七一―五頁〕。

(20)広島出身の作家大田洋子は一九四五年にはすでに『屍の街』を完成していたが、一九四八年に内容を大幅に削除されようやく出版できたように、日本人は原爆をかたることができなかった。いっぽうアメリカ人作家のジョン・ハーシーが一九四六年に雑誌『ニューヨーカー』に掲載したルポタージュは大反響を呼び、一九四九年には『ヒロシマ』として出版され、原爆関係資料の「正典《キャノン》」になる。第三者によって書かれた証言が主流になるのは、アウシュビィッツなどの場合ではありえない。橋の事故で命をなくした五人の人物の関係者に神父が彼らの来歴を聞いてゆくソーントン・ワイルダーの小説『サン・ルイ・レイの橋』(一九二七年)を参考して、ジョン・ハーシーは原爆投下から生き延びた六人の人物がかたった体験を「全知の視点」からまとめたのである。評価の高い『ヒロシマ』だが、それはオリエンタリズムに彩られ、ハリウッド映画で量産される生還したヒーローたちのスペクタクル物語に近い、アメリカ人による物語でしかなかった。黙祷が捧げられる八時一五分という時間も、アメリカ側が計画した投下予定時間であって、たとえ投下されたのが一五分ぴったりだとしても、落下時間のことも考えれば一五分であるはずがない。原爆はアメリカによってかたられてきたのである[柴田]。

(21)翌年に製作された続編『フランケンシュタインの怪物――サンダ対ガイラ』は、フランケンシュタインの怪物の細胞が変異し、人間を食べる海に住む悪のガイラが誕生し、山に住む善のサンダと格闘するという、山彦と海彦のような神話的モチーフの分身映画である。

(22)「原子」を意味する「アトム」という名前は、田中晋一による勧善懲悪の漫画『超人アトム　怪奇城の巻』(一九四八年)、放射能の影響で怪力を発揮する少年を主人公とする『少年少女譚海』(一九四九年七月)掲載の原研児による絵巻物『少年アトム』などに、すでに使われていたものだ[山本 九一一〇頁]。

(23)アメリカで原子爆弾は、その恐怖を和らげるために、「ミス原爆」「ビキニ環礁のケーキ・パーティ」の写真のように、食べ物や女性に移し替えられて、口当たりのよい一種のポップカルチャーとして女性化されてもいる[塚田「福竜・アンド・ビヨンド」一〇三頁]。

◆第三部第一章

(24)「見る」という行為は視線の男性的権力とつながるが、エイリアンに襲われた男性隊員たちは敵が「見えない」と悲鳴をあげ、結末でヒックスは両目を負傷している。

(25)これは日本のアニメーションにおいて、巨大ロボットを操縦するのに近く、『マジンガーZ』『機動戦士ガンダム』など機械の操縦は男性的領域であり、『新世紀エヴァンゲリオン』は、汎用人型決戦兵器エヴァに女性たちが乗り込むことで、イメージ転換を果たした。

◆第三部第二章

(26)頭の皮を剥ぐインディアンのイメージは、虫《バグ》の姿をしたエイリアンと地球連邦軍との戦いを描くロバート・A・ハインライン原作を映画化した『スターシップ・トゥルーパーズ』(一九九七年)に受け継がれている。アメリカン・ゴシックではヨーロッパの古城や廃墟からインディアンの洞窟などに舞台が移されたが、この映画では、惑星の洞窟で昆虫エイリアンが管を突き刺し、兵士の脳を吸うシーンが描かれ、頭脳を手斧で叩き割るインディアンの脅威がエイリアンに姿をかえて再生産されている。

## ◆第三部第三章

(27)ポー文学には、眼鏡をかけることを嫌う美男子が老女を美女と見間違う「眼鏡」、視線の位置で蜘蛛のことを都市を破壊する巨大な怪物だと見間違える「スフィンクス」など、光学的欺瞞の物語が少なくない。また、「ライジーア」の壁にかけてある豪華な「織物《タペストリー》」は、見る角度次第でちがった模様が見える。「この模様はある角度から見られたときにのみ、アラベスクの模様に見えるのである。今では珍しくないが、はるか昔から伝わる技法によって、これらの模様は角度によりちがって見えるのだ」[三三二頁]。この「織物《タペストリー》の模様」は、多彩な読み方を誘うポーのテクストの隠喩であることだろう。

(28)「告げ口心臓」は「禿鷹のような眼」をした老人の「邪悪な眼〈Evil-Eye〉」を憎むあまり、語り手が老人を殺害し死体を隠蔽するが、聞こえてくる心臓の音に錯乱して犯罪を自ら暴露することになる短編である。むろん、この音は語り手自身の心臓の音であり、老人は語り手の「邪悪な自己〈Evil-I〉」だったという「影殺し」の物語としても読める。ところが、そもそも、語り手の性別は書かれていないのだから、かりに語り手が女性ならば、この物語は老人の「眼」によって執拗に見つめられた女性が、その恐怖から老人を殺してしまうセクシャル・ハラスメントの物語となる。

(29)「江戸川」を「乱歩」するという名前を掲げ、日本のポーたる江戸川乱歩の「D坂の殺人事件」において、主人公は明智小五郎を犯人だと思い込んでいたが、「屋根裏の散歩者」では、郷田三郎が長屋の屋根裏を歩きまわり、穴から隣人の生活を覗き、隙間から毒薬をたらし密室殺人を企てる。事件を捜査するためにいた屋根裏から降りてきて、君の真似をしたという明智小五郎に驚愕した郷田三郎は、明智に自己のドッペルゲンガーを見出すのである。

(30)「ウィリアム・ウィルソン」において、舌津智之が読み込むように、鏡に映したように同じ容貌で「同姓同名」の二人の美男子には、ナルシズムの香りが漂うだけではなく、生殖という「自己複製」につながることのない「同性」間の愛の香りも漂うことだろう。クリストファー・バーザックは「影の賞賛のために」において、同性愛の結果、邪魔になって殺害されたウィルソンが、亡霊として語り手につきまとう話として、この短編を書き直している。

◆第四部第二章

(31)原作の挿絵のジャバウォッキーは、この怪獣のイメージを決定してきたが、チェコの人形アニメーション作家ヤン・シュヴァンクマイエルの『ジャバウォッキー』にはジャバウォッキー自体は登場しない。

(32)チェシャ地方では良質な「チェシャ・チーズ」が有名だが、体が段々消えてゆくチェシャ猫は、幻灯機などの光学機器による幽霊を見せる「幻想《イリュージョン》ショー」を思わせ、キャロルは家に出没する子供の幽霊を描く『ファンタスマゴリア』という詩も書いている。

(33)たとえば、センセーショナリズムや出版業界とポーの関係を問うジェラルド・J・ケネディ編の論集『エドガー・アラン・ポーへの歴史ガイド』(二〇〇一年)、ゴシック、SF、美学、大衆文化、奴隷制などのテーマでポーを読むケビン・J・ヘイズ編の論集『ケンブリッジ版エドガー・アラン・ポー・コンパニオン』(二〇〇二年)、生涯、コンテクスト、作品、受容などの枠組みでポーを解説するベンジャミン・F・フィッシャーの『ケンブリッジ版エドガー・アラン・ポー入門』(二〇〇八年)などである。

◆第四部第三章

(34)印象派のジャン・エプスタン監督の『アッシャー家の末裔』(一九二八年)では、語り手がアッシャー館に向かう馬車を探すが誰もがそれを拒み、ようやく一台の馬車が見つかるという、『ドラキュラ』の城に向かうジョナサン・ハーカーの姿を思わせるシーンが展開する。そもそも、J・O・ベイリーの解釈に従えば、「アッシャー家の崩壊」は、家が人間たちの精気を吸い取る吸血鬼の物語であり、棺から甦るマデラインは吸血鬼とも読め、ロデリックは吸血鬼になることを恐れているといえる。

(35)アッシャー館はロデリックの「精神内部《インナー・ワールド》」だが、ターセム・シン監督の『ザ・セル』(二〇〇〇年)では、人間の精神内部に入ることのできる特殊な装置を使い、女性心理学者が意識不明になった連続殺人犯の心のなかにサイコ・ダイブを試みる。殺人鬼の「見えない」心の闇が、不気味な心象世界として「視覚化」される点は目新しい。黒沢清監督の『リアル――完全なる首長竜の日』(二〇一三年)でもまた、昏睡状態の患者の意識の心象風景となった世界に入り込んで、患者と話をすることで覚醒させるという医学的実験が行なわれる。主人公の夫は、妻の「精神内部《インナー・ワールド》」において、要求された首長竜の絵を探すことになるが、首長竜の絵とは、主人公の夫妻が幼少時に友人を海で溺れさせた過去を、首長竜に襲われたという記憶を捏造した「隠蔽記憶《スクリーン・メモリー》」によってできたものであった。友人を死なせたという罪の意識は、昏睡状態の心象風景のなかで首長竜の姿になって二人を襲ってくる。

(36)幽霊のようなマデラインが、地下から本当に現われたかどうかというかたりの曖昧性は、屋敷に出没して子供たちを死に追いやる幽霊が、物語をかたる女性家庭教師の「神経」の影響による幻想かもしれないと読めるヘンリー・ジェイムズの『ねじの回転』(一八九八年)へと発展してゆく。女性家庭教師は塔や窓の外に出没する庭師と対岸に現れる前任の家庭教師の幽霊たちを目撃する。しかし、牧師の娘であった彼女は、雇用主に向けた恋心とそれを禁じる抑圧の結果、性的妄想を見てしまったのかもしれない。「ねじの回転」という題名は、読者をぎりぎりと怖がらせる拷問用のねじ、または、女性器にねじこまれてゆくペニス、これらが回転してゆくことを意味している。これまでに『ねじの回転』は、デボラ・カーが主演し原作に忠実な恐怖を見せる『回転』(一九六一年)、庭師(マーロン・ブランド)と前任の家庭教師が二人の子供に殺害されてしまう前日談『妖精たちの森』(一九七一年)、子供たちに窓の外や塔の上にいるところを目撃され、子供を死に追いやる家庭教師自身(リーリー・ソビエスキー)こそが幽霊だとも解釈できる『ダーク・プレイス――覗かれた女』(二〇〇六年)と、三回映画化されている。この主人公が幽霊だったというトリックは、「ねじが回転《ひね》」られ、しばしば映画で展開されるものである。M・ナイト・シャマラン監督の『シックス・センス』(一九九九年)では、幽霊が見えるという子供を助けようと、カウンセリングをしている精神科医自身(ブルース・ウィリス)が、じつは幽霊であったという結末に観客は驚愕した。『アザーズ』(二〇〇一年)では、光にアレルギーのある息子と娘を気遣って生活する母親(ニコール・キッドマン)が、幽霊が屋敷に入ってきたという子供たちを守ろうとするが、この母親は子供を殺害して自殺し、屋敷にとり憑いている幽霊だったことが判明する。屋敷に侵入してきたという幽霊は、新しくそこに越してきた人間たちだった。主人公が幽霊であったという視点の転換のきわみは、H・P・メンドーサ監督の『私はゴースト』(二〇一二年)であり、幽霊の意識の内部にカメラを合わせており、屋敷に現われる女の幽霊が、声しか聞こえない霊媒に導かれて、悪魔祓いで自分が殺されていたという死の真相を理解する実験的幽霊映画である。

(37)幻燈機《ファンタスマゴリア》の興行に「消える女性〈Vanishing Lady〉」という女性が消えるトリックがあり、女性人口が増加し、結婚できず余った女たちの植民地への移住が始まった一九世紀末ごろから、映画製作者ジョルジュ・メリエスによって映像トリックの手品として流行するが、ヒッチコックは列車内で老女がいなくなるという『バルカン超特急〈The Lady Vanishes〉』(一九三八年)の題名をここから拝借している[ベックマン 一二九―五一頁]。

(38)大学教授の平石貴樹は、ポーを題材にした推理小説『だれもがポオを愛していた』(一九八五年)を執筆している。ボルティモアに建つアシア家が爆破され、兄と妹が死亡するという設定は、地下の火薬に注目した筋立てなのである。論文形態のエピローグ「『アッシャー家の崩壊』を犯罪小説として読む」は、語り手がマデラインと共謀してロデリックを殺害した可能性を示唆し、解釈のうえでも面白い。

(39)洪水を連想させるこの水は、津波に飲み込まれそうな灯台を舞台にした未完のポーの最終作『灯台』につながってゆくのかもしれない。

◆第五部第一章

(40)原爆の原材料の「プルトニウム」は、この冥府の王の名前「プルート」からきている。

(41)犯罪者による実録の手記は、いつの時代、どこの国でも、読者の関心をひくものである。酒鬼薔薇聖斗と名乗った少年Aによる手記『絶歌』は、二〇一五年に話題をさらった。猫の片目をえぐるところから猟奇的嗜好を発展させ、殺人を犯した後、犯罪を自ら暴露するかのように、「淳君の頭部を、祖母の畑に埋めるのをやめ、自分の通う中学校の正門に晒す。それは考えうる限りいちばん間違った答えのように思えた」という少年Aは、ポーの天邪鬼を連想させ、犯罪を自ら暴露する「黒猫」の語り手に近づく印象を受けないでもない[九三―四頁]。さらに、少年Aは加害を加えた理由を、「視野に入るすべてのものをありのままに取り込んだ淳君のきらきら輝く瞳に、自分も含まれることが、耐えられなかった……いったい誰が信じられるだろう。受け容れられることで深く傷つくような、蛆がわき蝿がたかるほどに腐敗した心がありうることを……淳君の無垢な瞳が愛おしかった。でも同時に、その綺麗な瞳に映り込む醜く汚らわしい自分が、殺したいほど憎かった」と書いて、ポーの「告げ口心臓」において「邪悪な眼」を憎むあまり老人を殺害し、死体を隠蔽する語り手を思いださせる[一二五―一二六頁]。

(42)『荒野の用心棒』(一九六四年)以来、壮絶なリンチを受け続ける「マゾヒスティックな身体」を男たちに見せつけてきたクリント・イーストウッドは、リンチした者たちへの復讐をテーマとしている。『荒野の用心棒』では、胸に鉄板を張って銃弾を受けながらも何度も立ちあがってくるイーストウッドは、「起きあがる死体」として映画史にその姿を刻みつけた。『奴らを高く吊るせ』(一九六八年)では、無実の罪で縛り首になったカウボーイが、死を免れて後に保安官となり、リンチを行なった連中に復讐を遂げてゆく。また、町の人間たちに見捨てられ、四人の無法者とひとりで戦う保安官を描く『真昼の決闘』(一九五二年)を焼き直した『荒野のストレンジャー』(一九七三年)は、アウトローたちにリンチを受け、町の人々に見殺しにされた保安官の弟が、数年後に現れて町を崩壊に追いやるという異色作であり、最後に消えてゆく弟は保安官の亡霊のようにも見える。死から再生した男の物語は、会社の金採掘の暴力にさらされる人々の間に、死んだはずのガンマンが牧師の姿として現れる『ペイル・ライダー』(一九八五年)に継承されてゆく。八〇年代には死んだはずの映画ジャンルである西部劇が、死んだはずの男を描く『ペイル・ライダー』によって再生させられるわけだが、九〇年代にも『許されざる者』(一九九二年)を製作したように、西部劇を死なせようとはしないイーストウッドは、ゾンビ的映画作家である。

◆第五部第三章

(43)『ムカデ人間3』(二〇一五年)は、ジョージ・W・ブッシュ刑務所において、管理の究極の効率化を図るために、カウボーイ姿の所長が数百人の囚人たちを手術でつなげて巨大なムカデ人間にするというホラー・コメディで、イラク戦争でのアブグレイブ刑務所での捕虜虐待が告発されている。

(44)この女たちの製紙工場は、「子供を生む機械」にされた悲しい女たちの隠喩であるともいえるし、また当時ベストセラーばかりを機械的に書き続け、ホーソーンが「忌々しい物書きの女ども」と呼んだ女流作家たちへの揶揄とも取れるだろう。

(45)二〇〇六年、SF作家の瀬名秀明は『第九の日』収録の「メンツェルのチェスプレイヤー」を執筆し、自分が製作した猿型ロボットに密室で殺害される博士を登場させていた。機械という奴隷の叛乱を扱うことでポーの「モルグ街の殺人」へオマージュを贈り、黒人奴隷制と人造人間の問題を絡ませたのである。

◆第六部第一章

(46)『ジキル博士とハイド氏の奇妙な症例』が書かれた一八八六年には、フランスの精神病院で「ルイ・V」という仮名の穏やかな青年が、毒蛇に襲われたというトラウマが原因となったヒステリーの発作によって、暴力的で酒におぼれる無神論者に変貌してしまうという「症例」の英訳が雑誌『精神科学』において掲載されていた。男性のヒステリーは同性愛が身体言語を通して表明したものだとも考えられており、ショーウォーターは男しかでてこず、「クィアー通り」という言葉も記される『ジキル博士とハイド氏の奇妙な症例』を同性愛という「クローゼットの欲望」の表出の物語と解釈し、「ゆすりの家《ハイド》」に隠れ住むハイドをかばうジキルを、欲望を隠蔽し二重生活を送る同性愛者だとする[『性のアナーキー』一九〇—二二六頁]。ハイドの畸形的な身体は、ヒステリーや同性愛者などイメージだけではなく、チェーザレ・ロンブローゾの犯罪人類学、マックス・ノウダウの退化論、ストーカーもかかっていた梅毒の患者の図像など、世紀末の脅威のイメージの集大成でもある。

(47)アラン・パーカー監督の『ケロッグ博士』(一九九四年)は、青少年たちの性欲をおさえるために、健康食品ケロッグ・コーンフレークを一八九四年に発明したジョン・ハーヴェイ・ケロッグ医師のことを描き、おなじみの商品が意外な発明だったことを教えてくれる。

(48)『アウラ・ヒステリカ』には、シャルコーに撮影されたヒステリー女性患者レニャール・オーギュスティーヌの『ハムレット』の気がふれたオフィーリア的ポーズが収録されている。彼女のポーズは「フランス古典派の演技様式、あるいは無声映画のスティール写真の大げさなジェスチャアを思わせるものである」という[ショーワルター『心を病む女たち』一九五頁]。こうしたヒステリーの「演劇性」を考えれば、牧師たちが悪魔払いを行なう『エクソシスト』(一九七三年)において、悪魔に憑依されたリーガンの姿は、ヒステリー患者の図像の末裔だと考えてよい。『アウラ・ヒステリカ』には患者の癲癇によるブリッジ・ポーズも収められており、リーガンがブリッジ的姿勢で階段を下りてくる姿はこれを継承している。また、『死霊解脱物語《しりょうげだつものがたり》聞書《ききがき》』(一六九〇年)は、中田秀夫監督の『怪談』(二〇〇七年)の原作であり、幽霊が「神経」の影響で見えるという考えを批判し、「真景」と「神経」をかけた三遊亭円朝の『真景累ヶ淵』(一八八八年)が依拠した江戸時代の写本である。下総の国で夫に殺害された累の怨霊が、娘のお菊に憑依し、それを高僧の祐天が追い払うという事件を、「残寿」という人物が関係者たちから話をまとめ、書き記したという実録ルポタージュ的な形を取っている。ここにも菊が床から浮き上がり屈折するという『エクソシスト』と同じポーズが描かれているが、精神疾患が妖怪的扱いでしかなかったことを示唆している[菊地 九六—七頁]。『死霊解脱物語聞書《しりょうげだつものがたりききがき》』は、口承伝達という「声」ではなく「文字」の力によって、突拍子もない奇談をリアルな共同体の物語にしようとする仏教的パフォーマンスであった。文字で伝達されるこの事件に信憑性を与えることは、作者不在ではなしえない。そのためには、実在の関係者から死霊の憑依に関する話を収集し、因果話を紡ぎだしてゆく語り手の残寿という「署名」が必要だったのである

〔小二田 一五九―七三頁〕。悪魔祓いを撮影したPOV映画『ラスト・エクソシズム』（二〇一〇年）でも、ブリッジ・ポーズは恐怖の見せ場だが、ティム・バートン監督の『チャーリーとチョコレート工場』（二〇〇五年）では、青色の怪物に変身させられた憎らしい女の子バイオレットは、リーガンのブリッジ・ポーズで歩きだし、その図像を笑い飛ばす。

(49)推理小説として『ドラキュラ』を考えてみれば、ローレン・D・エスルマンの『シャーロック・ホームズ対ドラキュラ――あるいは血まみれ伯爵の冒険』（一九七八年）のようなパロディが書かれるのも、あながち荒唐無稽なことではないのかもしれない。

◆第六部第三章

(50)一味の男に「ロンブローゾのような馬鹿は見たことがない……歯や耳を見るだけで犯罪者がわかるだと」とオシポンは反論され〔七七―八頁〕、ロンブローゾの身体測定でアイデンティティが測られようとしたスティーヴィーはグリニッジ天文台爆破のテロの爆弾で吹き飛んでしまい、コートの名札によって身元が同定されるように、『密偵』にも二つの力が衝突している。

◆第七部第一章

(51)『サイコ』でノーマン・ベイツが壁穴から浴室の女を覗き死んだ母親になりきる姿は、映画を覗き見て感情移入した登場人物になりきる観客の皮肉なパロディを展開し、「見る男／見られる女」という構図を揶揄しているともいえる。ちなみに、ノーマン・ベイツは「アメリカ映画百年史の悪役ベスト」第二位である。

◆第七部第二章

(52)貞子のモデルとして、一九三六年に愛人の男根を切断し、それを持ち歩いた阿部定をあげることができる。また、原爆症の白血病に苦しみ、千羽鶴を六六四羽折ったが、一二歳の早すぎる死を迎えた広島の佐々木禎子という少女のことも指摘できよう〔ユー 一二八頁〕。

(53)髪で覆われ顔がどちらを向いているのかわからない貞子は、前に進むかどうか予測不能である。貞子はぎこちない動作で前進してくるが、これは女優の伊野尾理枝が後ろにさがるシーンが撮影され、映画はそれを逆に回しているためである。貞子の逆歩きは、逆立ちで歩く幽霊や『エクソシスト』のブリッジ・ポーズと同様に、秩序の転倒をあらわしている。

(54)隻眼は男性では独眼竜正宗のように、負傷をものともしない男らしさの証であるが、女性の場合には、お岩の図像のように、畸形の表象でしかなかった。だが『新世紀エヴァンゲリオン』で包帯姿の綾波レイが登場して以来、眼を隠す眼帯は、隠された心の傷の象徴ともなり、謎を包帯で包んだ神秘的な輝きを帯びてきた［沙月］。そして、アニメーションの戦闘少女たちが眼帯をつけ始め、二〇一六年に映画化された『アイアムアヒーロー』でも、片眼の女ゾンビが主人公を救うように、女たちも男性同様に隻眼の超人的なイメージを手中に収めだしたのである。

(55)口のない貞子とは逆に、一九七九年には口裂け女の都市伝説が流行していた。美しい顔に大きなマスクをかけた女は、子供に出会うと、「わたし、きれい」と尋ねる。「きれいだ」と答えると、マスクを取り、「これでも」と問う。真っ赤な口紅が塗られた口は、耳まで裂けていた。塾通いが増加し教育問題が激化した時代に、口裂け女に口をひらけば勉強のことばかりいう「教育ママ」を見出すのはたやすい。また、その裂けた口に「牙の生えた膣《ヴァギナ・デンターター》」を連想することも難しくない。口裂け女の顔は化粧で美しいが、化粧が文化が理想とする「流行／標準」の顔に近づくことだとすれば、それは顔の管理のことでもある。現在では意思をあらわす目や口元を化粧で目立たせるが、かつて日本では感情を見せない「顔隠しの化粧」が主流だった。眉毛を抜くことで目の表情を隠し、歯を黒く染めてひらかれた口の内部を隠すなど、感情を隠すことが美徳だった時代、化粧は顔の粗を隠すだけではなく、内面の意思も隠すことでもあった。口裂け女のマスクをした顔は「化粧《コスメティック》」で整っているが、裂けた口が露になるとき、お岩の顔が崩れるように、顔の「秩序／宇宙《コスモス》」が崩壊する。「口裂け女」の「崩壊する顔」は、口を封じ込められてきた女が、口をひらき意思を表明することで、秩序を撹乱させる脅威の顔なのである。

### ◆第七部第三章

(56)疫病の原因をさがし、安心を確立しようとする因果関係《ものがたり》への欲望、映画に出現する「うつす女」の表象については、西山『恐怖の君臨』の二章「エイズ感染の物語に感染しないために」を参照。

### ◆第八部第一章

(57)『オデュッセイア』が『地獄の黙示録』の根底にあるならば、兵士たちを歓喜させる三名のショーガールたちは、オデュッセウスを誘惑する三人の人魚ということになる。人魚姫の物語を下敷きにした宮崎駿監督の『崖の上のポニョ』(二〇〇八年)では、嵐の夜にポニョが波の上を走ってくるシーンに、ワーグナーの『ワルキューレ』をもじった曲が流れるが、ポニョの名前「ブリュンヒルデ」が、北欧神話の半神ワルキューレの姫の一人であることを考えると、『地獄の黙示録』のヘリが海上から襲撃してくるシーンも宮崎駿の念頭にあったのかもしれない。また、サム・メンデス監督の『ジャーヘッド』(二〇〇五年)では、湾岸戦争へと派遣される海兵隊たちが、訓練時に『地獄の黙示録』のこのシーンを鑑賞して拍手喝采をすることで、コッポラの演出が失敗していることが揶揄される。

◆第八部第二章

(58)稲生平太郎がいうように、昔から語り継がれるアイルランドの妖精の目撃譚には、目もくらむ光をあびて不思議な存在と遭遇したというUFO目撃譚にそっくりなものが存在するが、UFO目撃譚の発端は、一九四七年に民間パイロットのケネス・アーノルドがワシントン州上空で九つの高速で移動する物体を目撃したことに始まる[二四—三二頁]。そして、共産主義の侵入を警戒する赤狩り時期には、UFOの目撃例が増加してゆくのである。一九六一年にエイリアンに誘拐され人体実験をされたという、いわば「エイリアン誘拐体験記《アブダクション》」をかたり有名になった黒人男性と白人女性のヒル夫妻に、「インディアン捕囚体験記」から続く人種の混淆の問題を読み込めるように、UFO騒動が米国発祥の理由について、稲生は「国家の成立事情から固有の民間伝承、神話をもつことができなかったこの国は、まさに深層においてUFO体験を必要としていた」と、UFOに神話的意味を指摘する[四九頁]。

(59)石岡良治によれば、デジタルゲームは大戦中にアメリカが弾道や爆発地点の計算をするためのコンピューターを開発したことをひとつの契機とし、世界初のシューテングゲーム『スペースウォー』(一九六二年)は、MITの学生が宇宙開発用コンピューターPDP—1を使い製作したものである。実際このコンピューターは核ミサイル開発のためのものであり、戦争がゲームを誕生させたといえるのならば、湾岸戦争が「ニンテンドー・ウォー」というゲーム化するのは必然的なのかもしれない[一八六—七頁]。

◆第八部第三章

(60)東は以下のように述べている。「オタクたちが社会的現実よりも虚構を選ぶのは、その両者の区別がつかなくなっているからではなく、社会的現実が与えてくれる価値規範と虚構が与えてくれる価値規範のあいだのどちらが彼らの人間関係にとって有効なのか、たとえば、朝日新聞を読んで選挙に行くことと、アニメ誌を片手に即売会に並ぶことと、そのどちらが友人たちとのコミュニケーションをより円滑に進ませるのか、その有効性が天秤にかけられた結果である」[四三頁]。

# 引用文献

東浩紀『動物化するポストモダン――オタクから見た日本社会』講談社現代新書、二〇〇一年。

荒川紘『竜の起源』紀伊國屋書店、一九九六年。

アレンズ、W『人喰いの神話――人類学とカニバリズム』折島正司訳、一九七九年、岩波書店、一九八二年。

飯倉義之「井戸と屋敷と女と霊と――『都市における死』と皿屋敷怪談」横山康子ほか編『江戸怪談を読む――皿屋敷――幽霊お菊と皿と井戸』発行白澤社、発売現代書館、二〇一五年。一八七―二〇四頁。

池田智子『カニバリズムの系譜――なぜ、ヒトはヒトを喰うのか』メタ・ブレーン、二〇〇五年。

石岡良治『視覚文化「超」講義』フィルムアート社、二〇一四年。

いとうせいこう「固有名詞たちの反抗」大塚英志ほか『Mの時代――ぼくらとミヤザキ君』太田出版、一九八九年。

稲生平太郎『何かが空を飛んでいる』一九九二年、国書刊行会、二〇一三年。

イプセン『人形の家』原千代海訳、一八九七年、岩波文庫、一九九六年。

岩尾龍太郎『ロビンソンの砦』青土社、一九九四年。

――『ロビンソン変形譚小史――物語の漂流』みすず書房、二〇〇〇年。

内田樹・松下正己編『新版　映画は死んだ――世界のすべての眺めを夢見て』いなほ書房、二〇〇三年。

江戸川乱歩『D坂の殺人事件』一九二四年、創元推理文庫、一九八七年。

――『江戸川乱歩全集2　パノラマ島奇談』一九二六年、講談社、一九六九年。

大井浩二『金メッキ時代・再訪――アメリカ小説と歴史的コンテクスト』開文社出版、一九八八年。

――『センチメンタル・アメリカ――共和国のヴィジョンと歴史の現実』関西学院大学出版会、二〇〇〇年。

大塚英志『戦後民主主義のリハビリテーション――論壇でぼくは何を語ったか』角川書店、二〇〇一年。

――『「おたく」の精神史――一九八〇年代論』講談社現代新書、二〇〇四年。

――『物語消滅論――キャラクター化する「私」、イデオロギー化する「物語」』角川ONEテーマ21新書、二〇〇四年。

小澤英実「女と幽霊――リメイクされる女の性」河合祥一郎編『幽霊学入門』新書館、二〇一〇年。一〇六―一一九頁。

小二田誠二『江戸怪談を読む――「死霊解脱物語聞書」』発行白澤社、発売現代書館、二〇一二年。

小野俊太郎『フランケンシュタイン・コンプレックス――人間は、いつ怪物になるのか』青草書房、二〇〇九年。

――『大魔神の精神史』角川ONEテーマ21新書、二〇一〇年。

――『ゴジラの精神史』彩流社、二〇一四年。

――『フランケンシュタインの精神史――シェリーから『屍者の帝国』へ』彩流社、二〇一五年。

――『スター・ウォーズの精神史』彩流社、二〇一五年。

小野不由美『残穢(ざんえ)』二〇一二年、新潮文庫、二〇一五年。

加藤幹郎『「ブレードランナー」論序説——映画学特別講義』筑摩書房、二〇〇四年。

——『映画館と観客の文化史』中公新書、二〇〇六年。

加藤典洋『さようなら、ゴジラ——戦後から遠く離れて』岩波書店、二〇一〇年。

金原千佳「芹沢博士は何回ゴジラの名を呼んだか——一九五四年、記憶=想起をめぐる闘争」『ポップ・カルチャー・クリティーク　第三号(特集日米ゴジラ大戦)』青弓社、一九九八年。八二—九五頁。

川村湊『原爆と原発——「核」の戦後精神史』河出ブックス、二〇一一年。

川本徹『荒野のオデュッセイヤ——西部劇映画論』みすず書房、二〇一四年。

菊地章太『妖怪学講義』講談社、二〇一〇年。

キッシュ、マット『モービー・ディック・イン・ピクチャーズ——全ページイラスト集』柴田元幸訳、SWITCH PUBLISHING、二〇一五年。

ギルマン、サンダー・L『ユダヤ人の身体』管啓次郎訳、一九九一年、青土社、一九九七年。

草薙厚子『元少年Aの殺意は消えたのか——神戸連続児童殺傷事件手記に見る「贖罪教育」の現実』イースト・プレス、二〇一五年。

胡垣坤・曾露凌・譚雅倫編『カミング・マン——一九世紀アメリカの政治風刺漫画のなかの中国人』村田雄二郎ほか訳、一九九四年、平凡社、一九九七年。

小谷真理『女性状無意識　テクノガイネーシス——女性SF論序説』勁草書房、一九九四年。

——「キャロル狩り」『ユリイカ　詩と評論(特集150年目の『不思議の国のアリス』)』青土社、二〇一五年三月。六二—七一頁。

後藤篤「奇術師の『ダブル・トーク』——ポー、ロシア・モダニズム、ナボコフ」『ポー研究　第五・六号』日本ポー学会、二〇一四年。一八—二七頁。

沙月樹京「包帯、眼帯は柔らかな戦闘意思を表明する——ヘルンバインから新藤千尋まで」『TH四一号　特集トラウマティック・エロティクス』アトリエサード、二〇一〇年。六八—七三頁。

ジェイコブスン、マーク『GOJIRO——南太平洋の巨大トカゲと日本少年の愛と友情の物語』黒丸尚・白石朗訳、一九九一年、角川書店、一九九五年。

ジェイコブズ、ロバート・A『ドラゴン・テール——核の安全神話とアメリカの大衆文化』高橋博子監訳・新田準翻訳、二〇一三年、凱風社、二〇一三年。

シクスー、エレーヌ『メデューサの笑い』松本伊瑳子・国領苑子・藤倉恵子編訳、一九七五年、紀伊國屋書店、一九九三年。

——『ドラの肖像——エレーヌ・シクスー戯曲集』松本伊瑳子・如月小春訳、一九七六年、新水社、二〇〇一年。

柴田優呼『〝ヒロシマ・ナガサキ〟——被爆神話を解体する——隠蔽されてきた日米共犯関係の原点』作品社、二〇一五年。

下河辺美知子『トラウマの声を聞く——共同体の記憶と歴史の未来』みすず書房、二〇〇六年。

シュテッフェン、ウーヴェ『ドラゴン――反社会の怪獣』村山雅人訳、一九八四年、青土社、一九九六年。

ショーウォーター、エレイン『心を病む女たち――狂気と英国文化』山田晴子・薗田美和子訳、一九八五年、朝日出版社、一九九〇年。

鈴木光司『リング』角川書店、一九九一年。

――『性のアナーキー――世紀末のジェンダーと文化』富山太佳夫ほか訳、一九九〇年、みすず書房、二〇〇〇年。

スターケン、マリタ『アメリカという記憶――ベトナム戦争・エイズ・記念碑的表象』岩崎稔ほか訳、一九九六年、未來社、二〇〇四年。

ストーカー、デイカー／イアン・ホルト『新ドラキュラ上下』番由美子訳、二〇〇九年、メディアファクトリー、二〇一三年。

舌津智之「同性／同名のエロス――『ピエール』と『ウィリアム・ウィルソン』」『ポー研究　第五号・六号』日本ポー学会、二〇一四年。七三―八二頁。

芹沢俊介・高岡健『殺し殺されることの彼方へ――少年犯罪ダイヤローグ』雲母書店、二〇〇四年。

――『＜宮崎勤＞を探して』雲母書店、二〇〇六年。

ソンタグ、スーザン『新版 隠喩としての病――エイズとその隠喩』富山太佳夫訳、一九八八年、みすず書房、一九九二年。

ダイクストラ、ブラム『倒錯の群像――世紀末幻想としての女性悪』富士川義之ほか訳、一九八六年、パピルス、一九九四年。

高瀬祐子「遺された家と消える家――『アッシャー家の崩壊』に見るネイティブアメリカン」『ポー研究　第七号』日本ポー学会、二〇一五年。二三―三八頁。

高野泰志「都市の欲望――ポーの推理小説に見られるのぞき見の視線」『九州英文学研究　第三一号』日本英文学会九州支部、二〇一四年。七三―八〇頁。

高山宏「送・僕らは龍を殺せるか」荒俣宏ほか『ドラゴン殺し』メディアワークス、一九九六年。一九―三二頁。

――『メデューサの知――アリス狩り＊＊＊』青土社、一九八七年。

――『世紀末異貌』三省堂、一九九〇年。

武田泰淳『ひかりごけ』一九五四年、新潮文庫、一九六四年。

巽孝之「密告する動物園――『黒猫』鑑定」巽孝之・鷲津浩子・下河辺美知子編『文学する若きアメリカ――ポゥ、ホーソン、メルヴィル』南雲堂、一九八九年。八八―一〇八頁。

――『メタフィクションの謀略』ちくまライブラリー、一九九三年。

――『恐竜のアメリカ』ちくま新書、一九九七年。

――『リンカーンの世紀――アメリカ大統領たちの文学思想史』青土社、二〇〇四年。

――『増補新版　ニュー・アメリカニズム――米文学思想史の物語学』一九九五年、青土社、二〇〇五年。

――『「白鯨」アメリカン・スタディーズ』みすず書房、二〇〇五年。

――「批評研究の系譜」巽孝之・八木敏雄編『エドガー・アラン・ポーの世紀』研究社、二〇〇九年。八〇―九八頁。

――『三・一一の未来――日本・SF・想像力』笠井潔／巽孝之監修、作品社、二〇一一年。

田中聡『ニッポン秘境館の謎』晶文社、一九九九年。

塚田幸光「福竜（ラッキー・ドラゴン）・アンド・ビヨンド――エドガー・A・ポオとニュークリア・シネマの政治学」村上東編『冷戦とアメリカ――覇権国家の文化装置』臨川書店、二〇一四年。八九―一一七頁。

――「ゲイ・カウボーイと自閉するアメリカ――『ブロークバック・マウンテン』」越智道雄監修・小澤奈美恵／塩谷幸子編『映画で読み解く現代アメリカ――オバマの時代』赤石書店、二〇一五年。一六〇―七三頁。

筒井康隆『文学部唯野教授』岩波書店、一九九〇年。

ディディ＝ユベルマン、J『アウラ・ヒステリカ――パリ精神病院の写真図像集』谷川多佳子・和田ゆりえ訳、一九八二年、リブロ・ポート、一九九〇年。

杤山美知子『聖なるいかさま師　ポウ』京都あぽろん社、一九八八年。

富島美子『女がうつる――ヒステリー仕掛けの文学論』勁草書房、一九九三年。

富山太佳夫『ポパイの影に――漱石・フォークナー・文化史』みすず書房、一九九六年。

中田健太郎「人はときに世界を救う必要がある――演技と物語のあいだで」『ユリイカ　詩と評論（特集ＲＰＧの冒険）』青土社、二〇〇九年四月。一〇九―一二一頁。

西田博至「スピルバーグの戦争と肯定の炎」南波克行編『スティーブン・スピルバーグ論』フィルムアート社、二〇一三年。一四二―一六五頁。

西山智則『恐怖の君臨――疫病・テロ・畸形のアメリカ映画』森話社、二〇一三年。

――赤阪俊一、尾崎恭一、米村泰明編『パンデミック――〈病〉の文化史』人間と歴史社、二〇一四年。

バー、マーリーン・S『男たちの知らない女――フェミニストのためのサイエンス・フィクション』小谷真理ほか訳、一九九三年、勁草書房、一九九九年。

ヒューム、ピーター『征服の修辞学――ヨーロッパとカリブ海先住民、一四九二年―一七九七年』岩尾龍太郎ほか訳、一九八六年、法政大学出版局、一九九五年。

フィアット、クリストフ『フクシマ・ゴジラ・ヒロシマ』平野暁人訳、二〇一一年、明石書店、二〇一三年。

フィードラー、レスリー・Ａ・『アメリカ小説における愛と死――アメリカ文学の原型Ｉ』佐伯彰一ほか訳、一九六〇年、新潮社、一九八九年。

フィルブリック、ナサニエル『白鯨との闘い』相原真理子訳、二〇〇〇年、集英社文庫、二〇一五年。

藤崎康『戦争の映画史――恐怖と快楽のフィルム学』朝日新聞出版、二〇〇八年。

藤原新也『僕のいた場所』文春文庫、一九九八年。

プラーツ、マリオ『ペルセウスとメドゥーサ――ロマン主義からアヴァンギャルドへ』末吉雄二・伊藤博明訳、一九七九年、ありな書房、一九九五年。

ブルンヴァン、ジャン・ハロルド『消えるヒッチハイカー――都市の想像力のアメリカ』大月隆寛ほか訳、一九八一年、新宿書房、一九九七年。

――『くそっ！なんてこった――「エイズの世界にようこそ」はアメリカから来た都市伝説』行方均訳、一九八九年、新宿書房、一九九二年。

プレストン、リチャード『ホット・ゾーン（上巻、下巻）』高見浩訳、一九九四年、飛鳥新社、一九九四年。

ベンヤミン、ヴァルター『ベンヤミン著作集6　ボードレール』川村二郎・野村修訳、晶文社、一九四〇年、一九七五年。

ボルディック、クリス『フランケンシュタインの影の下に』谷内田浩正ほか訳、一九八七年、国書刊行会、一九九六年。

マイヤーズ、マニー『ポー最後の謎』横川信義訳、一九七八年、角川書店、一九八一年。

正木恒夫『植民地幻想――イギリス文学と非ヨーロッパ』みすず書房、一九九五年。

武藤浩史『「ドラキュラ」からブンガグ――血、のみならず、口のすべて』慶応義塾大学教養研究センター選書、二〇〇六年。

村上由見子『イエロー・フェイス――ハリウッド映画にみるアジア人の肖像』朝日新聞社、一九九三年。

――『ハリウッド100年目のアラブ――魔法のランプからテロリストまで』朝日新聞社、二〇〇七年。

元少年A『絶歌――神戸連続児童殺傷事件』太田出版、二〇一五年。

八木敏雄「巻頭言　ユビキタス・ポー」『エドガー・アラン・ポーの世紀』i-iv頁。

谷内田浩正「ボリス・カーロフの影の下に――訳者あとがきにかえて」『フランケンシュタインの影の下に』三三一―四二頁。

八尋茂樹『テレビゲーム解釈論序論／アッサンブラージュ』現代書館、二〇〇五年。

山崎浩一「ぼくらは何ひとつあの事件のことは知らない」『Mの時代』一六六―七〇頁。

山本昭宏『核と日本人――ヒロシマ・ゴジラ・フクシマ』中公新書、二〇一五年。
ユ、ジュネヴィーヴ「髪、ホラー、ジャンルのイメージ――中田秀夫の『リング』」岩城覚久訳『映像と批評[エチェ]ecce 第三号』森話社、二〇一二年。一二三―五六頁。
横内謙介「『企画物』としての宮崎事件」『Mの時代』一四九―一五七頁。

吉村和真「マンガに描かれた『ヒロシマ』――その〈風景〉から読み解く」福間良明・山口誠・吉村和真編『複数の「ヒロシマ」――記憶の戦後史とメディアの力学』青弓社、二〇一二年。一四〇―九四頁。

吉本光宏『イメージの帝国／映画の終わり』以文社、二〇〇七年。

四方田犬彦『テロルと映画――スペクタクルとしての暴力』中公新書、二〇一五年。

ラッカー、ルーディ『空洞地球』黒丸尚訳、一九九〇年、早川書房、一九九一年。

リー、ロバート・G『オリエンタルズ――大衆文化のなかのアジア系アメリカ人』貴堂嘉之訳、一九九九年、岩波書店、二〇〇七年。

リピット水田堯『原子の光(影の光学)』門林岳史・明知隼二訳、二〇〇五年、月曜社、二〇一三年。

ロイ、アルンダティ「『無限』の正義の算術」中山元編訳『発言――米同時多発テロと二三人の思想家たち』朝日出版社、二〇〇二年。五九―七五頁。

Bailey, J. O. "What Happens in 'The Fall of the House of Usher'?." *American Literature* 35 (1964) 445-66.
Barzak, Christopher. "For the Applause of Shadows." *Where Thy Dark Eye Glances: Queering Edgar Allan Poe*. Ed. Steve Berman. Maple Shade,N.J.: Lethe, 2013. 145-59.
Beckman,Karen. *Vanishing Women: Magic, Film,and Feminism*. Durham and Lodon: Duke UP, 2003.
Bernard, Kenneth. "*Edgar Huntry*: Charles Brockden Brown's Unsoloved Murder." *Libray Chronicle* 33 (1967): 30-53.
Brantlinger, Patrick. *Dark Vanishings: Discourse on the Extinction of Primitive Races,1800-1930*. Ithaca and London: Cornell UP, 2003.
Brown, Charles Brockden. *Charles Brackden Brown: Three Gothic Novels, Wieland, Arthur Mervyn, Edgar Huntry*. The Library of America,1998.
Bush, George. "The Liberation of Kuwait has Began." *The Gulf War Reader: History, Documents, Opinions*. Eds. Micah L. Sifry and Christopher Cerf. New York: Times Books, 1991.
Carroll, Lewis. *Alice's Adventures in Wonderland and Trough the Looking-Glass*. Penguin, 1998.
Conrad, Joseph. *The Secret Agent: A Simple Tale*. 1906. New York: Cambrige UP, 1990.
——— *Heart of Darkness*. 1899. Penguin, 1995.
Defoe, Daniel. *Robinson Crusoe*.1719. Penguin, 2003.
Doyle, Arthur Conan. *The Penguin Complete Sherlock Holmes*. New York: Penguin, 1981.
Franklin, H. Bruce. *Vietnam and Other American Fantasies*. Amherst: U of Massachusetts P, 2000
Ginsberg, Lesley. "Slavery and the Gothic Horror of Poe's 'The Black Cat.' *American Gothic: New Interventions in a National Narrative*. Eds. Robert K. Martin and Eric Savoy. Iowa City: U of Iowa P, 1998. 99-128.
Goddu, Teresa A. "Poe, Sensationalism, and Slavery." *The Cambridge Companion to Edgar Allan Poe*. Ed. Kevin J. Hayes. Cambridge: Cambridge UP, 2002. 92-113.
Griswold, Rufus Wilmot. "The 'Ludwig' Article". *The Recognition of Edgar Allan Poe: Selected Criticism since 1829*. Ed. Eric W. Carlson. 1966. Ann Arbor: U of Michigan P, 1970. 28-35.
Groven, David. *Gender Protest and Same-Sex Desire in Antebellum American Literature: Margaret Fuller, Edgar Allan Poe, Nathaniel Hawthorne and Herman Melville*. Burlington: Ashgate, 2014.
Hand, Richard J. "Paradigms of Metamorphosis and Transmutaion: Thomas Edison's *Frankenstein* and John Barrymore's *Dr Jekyll and Mr Hide*." *Monstrous Adaptations: Generic and Thematic Mutations in Horror Film*. Ed. Richard J. Hand and Jay McRoy. Manchester UP, 2007. 9-19.
Jones, David E. *An Instinct for Dragons*. New York: Routledge, 2002.
Krutch, Joseph Wood. *Edgar Allan Poe: A Study in Genius*.1926. New York: Russell & Russell, 1965.

Lemay, J. A. Leo. "The Psychology of 'The Murders in the Rue Morgue'." *American Literature* 54.2 (1982): 165-88.

Lemikin, Jonathan. "Archetypal Landscapes and *Jaws*. " *The Films of Steven Spielberg: Critical Essays*. Ed.Charles L. P. Silet. Lanham: The Scarecrow P, 2002. 3-13.

Linebaugh, Peter and Marcus Rediker. *The Many-Headed Hydra: Sailors, Slaves, Commoners and the Hidden History of the Revolutionary Atlantic*. Boston: Beacon P, 2000.

Mather, Cotton. "A Narrative of Hannah Dustan's Notable Deliverance from Captivity." *Puritans Among the Indians: Accounts of Captivity and Redemption 1676-1724*. Ed. Alden T. Vaughan and Edward W. Clark. Cambridge: The Belknap P of Harvard UP, 1981. 161-164.

———*Magnalia Christi Americana; or The Ecclesiastical History of New England*. 1702. 2vols. New York: Rusell & Rusell,1966.

Melville, Herman. *Moby-Dick or The Whale*. 1851. Penguin. 1992.

———*Billy Dudd, Sailor and Other Stories*. Penguin, 1985.

Munich, Adrienne Auslander. *Andromeda's Chains: Gender and Interpretation in Victorian Literture and Art*. New York: Columbia UP, 1989.

Nobokov, Vladmir. *Lolita*. 1955. Penguin, 1995.

Peeples, Scott. *The Afterlife of Edgar Allan Poe*. New York: Camden House, 2004.

Poe, Edgar Allan. *The Collected Works of Edgar Allan Poe*. 3vols. Ed. Thomas Ollive Mabbott. Cambridge: Harvard UP, 1969-78. Urbana and Chicago: U of Illinois P, 2000.

Robinson, Douglas. *American Apocalypses: The Image of the End of the World in American Literature*. Baltimore and London: The Johns Hopkins UP, 1985.

Saberhagen, Fred. *The Dracula Tape*.1975. New York: Baen, 1999.

Said, E.W. *Culture and Resistance: Conversations with E.W. Said*. Cambridge: South End P, 2003.

Shaw, George Bernard. "Edgar Allan Poe." *The Recognition of Edgar Allan Poe: Selected Criticism since 1829*. 95-100.

Stoker, Bram. *Dracula*. Ed. Nina Auerbach and David J. Skal. 1897. New York: Norton, 1997.

Tuttle, Lisa "Pets and Monsters: Metamorphoses in Recent Science Fiction." *Where No Man Has Gone Before: Women and Science Fiction*. Ed. Lucie Armitt. London and New York: Routledge, 1991. 97-108.

Vélez, Diana L. *Reclaiming Medusa: Short Stories by Contemporary Puerto Rican Women*. San Francisco: aunt lute books, 1988.

Weaver-Hightower, Rebecca. *Empire Islands: Castaways, Cannibals, and Fantasies of Conquest*. Minneapolis: U of Minnesota P, 2007.

Weinstock, Jeffrey Andrew and Tony Magistrale. Eds. *Approaches to Teaching Poe's Prose and Poetry*. New York: MLA, 2008.

Young, Elizabeth. *Black Frankenstein: The Making of an Amerian Mataphor*. New York: New York UP, 2008.

# あとがき——恐怖の世紀

暑かった二〇一五年の八月、国道六号線を仙台に向かって車を走らせた。福島第一原発付近を再び見ておきたいと思ったからである。六号線はずっとまっすぐに伸びている。黒いビニールに入れられた放射能を帯びた土壌の山が現れ、道の左右には警備員が番をする立ち入り禁止区域がでてくる。不思議な光景だ。危険と安全、穢れと清浄を分ける線。東日本大震災を描く園子温監督の『希望の国』(二〇一二年)が脳裏をかすめる。この映画では主人公の庭に立ち入り可能区域と禁止区域に分ける境界線がひかれていた。二つに割る不条理な線が印象的だった。そして、夏の福島で何よりも目をひいたのが、随所に建設中の防潮堤である。そびえたつ壁。そう、守りは完璧だ。だが、何か違うような気もする。再び僕の頭には映画のことがよぎる。『進撃の巨人』の巨大な壁。本書でも壁は重要なテーマだったが、こうした防潮堤は恐怖とのつき合い方を示している。たしかに、津波の巨大な暴力の前では、自然との調和や景観などとはいっておれない。しかしながら、この壁のなかで人間は安堵を覚えることができるのか。まったく向こう側が見えないのに。ゴジラは災害の隠喩であり、海の向こうから出現したが、防潮堤は本当にゴジラのような津波をくい止めてくれるのだろうか。

むろん、防潮堤の強化論は安倍政権が可決した安保法案ともどこかつながっている。安倍首相はこれで日本の守りは今後五十年間は大丈夫だと豪語するが、後藤健二と湯川遥菜を殺害したイスラム国のテロリストは日本の悪夢が始まったという。現代の戦争は国家同士の戦争というよりは、テロリズムのゲリラ戦に移行している。見えないテロリストたちといかに戦うのだろうか。北朝鮮は水爆実験を行ない、弾道ミサイルを発射し続ける。たしかに、日本は「恐怖の世紀」を迎えている。だが、そのなかでも最大のものは将来が見えない経済的不安なのではないか。「アベノミクス」というSF的な名前の経済政策が救ってくれるのか。かくして、僕の頭のなかでは「恐怖が君臨」する。じつは、僕自身、強迫神経症に近いところがあり、火のもとの確認には余念がない。消したかどうかの確認を意味なく反復し続けるのである。周りからみれば滑稽だが、これはこれでなかなか大変なのだ。いくら確認しても、和らぐことのない不安。安心を求めれば求めるほど、強くなる恐怖。前書『恐怖の君臨――疫病・テロ・畸形のアメリカ映画』(二〇一三年)は、恐怖について書くことで僕の恐怖を治癒しようとする試みだったが、本書はその姉妹編にあたる。さて、恐怖とどうつきあうべきか。

本書誕生の契機は、二〇一四年の慶應義塾大学における日本ポー学会第七回大会のシンポジウム「ポーとアメリカン・シアター」であった。パネリストとして同席していただいた文芸評論家の小野俊太郎先生は、僕の拙い発表をお聞きいただき、彩流社の高梨治さんをご紹介してくださった。高梨さんには、いろいろと真摯なアドバイスと優しい励ましをいただき、ほめて伸ばしてもらった。原稿が遅れるなど、色々とご迷惑をおかけしたことも含めて深謝したい。『ピグマリオン・コンプレックス』(一九九七年)を読んで以来、小野先生のご著書をずっと追いかけてきて、ゴジラや大魔神やモスラからシェイクスピアまで論じられる幅の広さには脱帽していたが、ポーのシンポジウムという意外なご縁でお会いすることができた。このめぐり合わせに感謝したい。同席していただいた大阪大学の貴志雅之先生には大学院生のころから色々とご指導をいただいていたが、一緒にシンポジウムでポーについて議論する日が来ようとは、これだから人生は面白い。ポー学会の会長の巽孝之先生には、ご著書からいつもながら多大なインスピレーションと、その驚愕の知識と視点からは到底足元にも及ばないという絶望をいただき、これまた感謝にたえない。本書はいろんな人との出会いのおかげである。

そして、何をおいてもあげなくてはならないのが、関西学院大学文学部英文科において、ゼミの指導教諭であった大井浩二先生のことである。振り返ってみれば、ポーの「黒猫」「アッシャー家の崩壊」は、卒業論文でも扱ったものだった。僕が大学院博士課程前期に入学した一九九四年は、日本でも「ニュー・ヒストリシズム」「カルチュラル・スタディーズ」などの研究方法が最先端としてようやく日の目を見始めたときだった。しかしながら、大井先生が現在の僕と同じ四〇代であった一九七〇年代は、文学テクストの内部だけを精密に論じる「ニュー・クリティシズム」の影響がまだ残り、文学が文学として研究されていた時代である。大井先生は『ナサニエル・ホーソン論――アメリカ神話と想像力』(一九七四年)のころから、そうした風潮のなかでテクストの外部にある文化を研究する必要性を説いておられた。文学の文化研究が主流となった現在は、先生からすれば、ようやく時代が追いついてきたというお感じになっていらっしゃるのかもしれない。第二部第二章で論じた『ジョーズ』は、一九九一年に先生が関西学院大学の「総合コース　アメリカ」という科目で論じられていたものである。この意味では第二部第二章は、二十年以上が経過してようやく提出されたレポートだともいえる。先生にお読みいただければ、これほどの幸福はない。

文系学部が役に立たないと風当たりのきつい昨今だが、学生のときに講義にも出席せずに映画館の暗闇で鬱々と見ていたホラー映画が意外に役に立った。役に立たないはずのものが、めぐりめぐって役に立つ。こういうことが人生なのかもしれない。そして、ダース・ベイダーのごとく、いつも黒づくめの服でいる僕の役に立たない講義を熱心に聞いてくれた学生たちにも感謝したい。人が大量に残酷な方法で死んでしまうホラー映画、これは男根の象徴だといった露骨なエロ話、エログロ趣味の満載の講義に苦笑いをしながらつきあってくれた皆さん、お疲れ様。僕の語《かた》／騙りがどこかで役に立ちますように。また、一年生のときからゼミ生として、なぜだか僕を慕ってくれた稲垣英恭君は、原稿をつぶさに読んで感想をくれた。卒業生の小澤日和さんにも、校正のときにずいぶんと助けてもらった。本当にありがとう。最後にテネシー・ウィリアムズの演劇『欲望という名の電車』(一九四七年)において、精神病院に送られることになったブランチ・デュボアが、精神科医の手を取りながら発した言葉をあげておきたい。学生のころ読んで妙に心に残っている言葉だ。

あなたさまが誰であれ、私はいつも見知らぬ方々のご親切にすがってやってきました。

二〇一六年　四月二日　僕の誕生日に

北朝鮮の核実験、アベノミクスの不振、大統領選挙のトランプ氏の勢い、黒猫のこーちゃんを抱いて恐怖の世紀を予感させるこれらのニュースを見ながら

西山智則

【著者】
**西山智則**
…にしやま・とものり
愛媛県新居浜市生まれ。
埼玉学園大学 人間学部教授
1999年、関西学院大学大学院 博士課程後期課程
文学研究科 英米文学専攻 単位修得満期退学
2015年、大阪大学 言語文化研究科 博士（言語文化学）
研究領域：エドガー・アラン・ポーおよびアメリカ小説・映画
単著『恐怖の君臨――疫病・テロ・畸形のアメリカ映画』（森話社、2013年）
共著『パンデミック――＜病＞の文化史』（人間と歴史社、2014年）など

フィギュール彩 59

**恐怖《きょうふ》の表象《ひょうしょう》**
映画《えいが》／文学《ぶんがく》における〈竜殺《りゅうごろ》し〉の文化史《ぶんかし》

二〇一六年五月二十五日　初版第一刷

著者――西山智則
発行者――竹内淳夫
発行所――株式会社 彩流社
〒102-0071
東京都千代田区富士見2-2-2
電話：03-3234-5931
ファックス：03-3234-5932
E-mail：sairyusha@sairyusha.co.jp
印刷――明和印刷（株）
製本――（株）村上製本所
装丁――仁川範子


ISBN978-4-7791-7062-1 C0374
**http://www.sairyusha.co.jp**